ARKANA

Liebe Dani,
möge dich dieses
Buch bei der Ent-
faltung deiner Gene
beflügeln.
Weihnachten 2002
dein Pi

Buch

Die Genesung von schwerer Krankheit hat Erhard F. Freitag in seinem Glauben bestärkt, dass Wunder jederzeit geschehen können. In diesem Buch spricht er über die Macht des Bewusstseins, was so viel heißt wie die Macht des Geistes und die daraus resultierenden Gesetzmäßigkeiten. Erhard Freitag ermutigt seine Leser, sich von Ängsten und Schuldgefühlen zu befreien und durch die Kraft der Gedanken ihren Lebensweg selbst zu bestimmen. Die Wirklichkeit entstand aus dem schöpferischen Geist. Mögen die Erwartungen auch noch so kühn sein, wer vertrauensvoll an die Zukunft denkt, den wird das Leben reich beschenken. Erhard Freitags affirmative Ausführungen sind eine Quelle der Inspiration für alle, die sich in ihrem Leben nach Glück und Erfüllung sehnen.

Autor

Erhard F. Freitag gründete 1974 in München ein Institut für Hypnoseforschung. Heute ist er einer der bekanntesten Hypnosetherapeuten Europas. Seine Arbeit basiert auf dem Konzept der Transpersonalen Psychologie und gilt als einmalig in Deutschland. Die Bücher von Erhard F. Freitag wurden in 12 Sprachen übersetzt und haben eine Gesamtauflage von über 4,5 Millionen erreicht.

Bei Goldmann sind von Erhard F. Freitag bereits erschienen:
Hilfe aus dem Unbewussten (10957)
Kraftzentrale Unterbewusstsein (11740)
Kraftzentrale Unterbewusstsein /
Hilfe aus dem Unbewussten (11977)
(mit Gudrun Freitag) Sag Ja zu deinem Leben (12208)
(mit Carna Zacharias) Die Macht Ihrer Gedanken (12181)
(mit Carna Zacharias) Die Macht Ihrer Gedanken / Erkenne
deine geistige Kraft (21570)

ERHARD F. FREITAG

Die Macht Ihres Bewusstseins

Vorwort von Jean Murphy

ARKANA

GOLDMANN

Umwelthinweis
Alle bedruckten Materialien dieses Taschenbuches
sind chlorfrei und umweltschonend.

Originalausgabe Dezember 2000
© 2000 Wilhelm Goldmann Verlag, München
in der Verlagsgruppe Random House GmbH
Umschlaggestaltung: Design Team München
Umschlagfoto: ZEFA-Picturebook
Satz: Uhl + Massopust, Aalen
Druck: Elsnerdruck, Berlin
Verlagsnummer: 21578
Redaktion: Birgit Förster
WL · Herstellung: Stefan Hansen
Made in Germany
ISBN 3-442-21578-1
www.goldmann-verlag.de

2. Auflage

Für Birgit, eine erwachte Seele

Sie sagte, als ich ihr dieses Werk widmete:

»Ich schenke dieses Buch dem Himmel und damit allen fühlenden Wesen, die im Herzen tiefe Sehnsucht verspüren, eins zu werden mit der Liebe. Und ich gebe es all jenen, welche Heilung erfahren möchten und welche sich berufen wissen, geistiges Gedankengut zu leben und zu lehren.«

Birgit Weber

Erhard F. Freitag
Heilpraktiker
Postfach 200816
80008 München
Tel.: 0 89/7 90 15 25
Fax: 0 89/7 90 13 56
www.efreitag.com
sekretariat.freitag@t-online.de

INHALT

WIE SIE ERFOLGREICH IN LIEBE
UND HARMONIE LEBEN

sein eigener Schatten · Bauen Sie Ihren Glauben auf das Grundgesetz des Himmels und der Erde · Mögen alle Wesen die Ursachen ihres Leidens erkennen und lernen, glücklich zu sein · Wieder pünktlich sein · Ihr Bewusstsein kreiert Ihr Schicksal · Die Energie, die Sie einsetzen, ist das Hindernis auf dem Wege zum Ziel · Verlassen Sie sich auf das wirkungsvollste Prinzip der Schöpfung · Hilf dir selbst, dann hilft dir Gott · Gott kann dem Gebet eines Gläubigen nicht widerstehen · Wer nichts zu lachen hat, ist arm dran · Finden Sie zur natürlichen Harmonie zurück · Wie Wunschvorstellungen von Ängsten aufgehoben werden · Dumme Gedanken hat jeder, aber der Weise verschweigt sie · Möchten Sie Ihre Lebensqualität selber bestimmen? · Lösungen! · Es gibt einen »Ort«, an dem alles bekannt ist · Den Seinen gibt es der Herr im Schlaf · Auf dem Weg sein ist alles · *Sie* sind Ihr Schicksal · Der emotional ausgeglichene Mensch · Selbsterkenntnis ist das machtvollste »Kapital«

Es herrscht eine Wechselwirkung zwischen Ihrem Geist und der Welt, die Sie umgibt · Hüten Sie sich vor negativen Wünschen, sie könnten in Erfüllung gehen · Sie können sich selber helfen · Wenn alles vielschichtig ist, so ist es dennoch zu verstehen · Beobachten Sie mit *liebenden* Augen

Wie Sie gesund durchs Leben gehen

Wie ich von einer schweren Krankheit geheilt wurde · Der Heilige (heilende) Geist hat mich gesund gemacht · Heilen und töten mit der Macht des Geistes? · Die Welt besteht aus Glauben · Die Neue Zeit ist die »Zeit des Erwachens« · Geistheilung ist Bestandteil aller Kulturen · Gesundheit ist ein natürlicher Zustand · Lernen auch Sie, voller Vertrauen an das zu glauben, was noch nicht ist, damit es werden kann

Mit Autosuggestion zu vollkommener Sehkraft · Der Geist in uns hört zu, wenn wir denken · Die Macht des Wortes

WIE AUCH SIE DEN REICHTUM DES LEBENS
GENIESSEN KÖNNEN

WIE SIE IN EINER GLÜCKLICHEN
PARTNERSCHAFT LEBEN KÖNNEN

ALLES LEBEN IST EIN EWIGER
TRANSFORMATIONSPROZESS

Mrs.
Dr. Joseph Murphy
Oceanside, CA, USA

Mr. Erhard Freitag has written for you an inspiring and relevant book,

»THE POWER OF YOUR CONSCIOUSNESS«.

Mr. Freitag has written lucidly and with confidence on how to use your innate power now to awaken to a life of greater abundance and to achieve peace, satisfaction, and serenity in this changing world.

You will awaken to the power of your own consciousness in your daily life and in your personal relationships, your career, and in every one of your activities. The simple processes and techniques set forth by Mr. Freitag will enable you to live your life more gloriously and with ever-increasing fulfillment.

The study and application of the great truths elucidated by Mr. Freitag in his worthy book will result in the most fruitful and rewarding experiences you have ever desired. You will move onward, upward, and Godward, and you will experience the joy of the life more abundant.

Jean Murphy
(Mrs. Dr. Joseph Murphy)
2000
Oceanside, California USA

Erhard Freitag hat ein bedeutsames und inspirierendes Buch für Sie geschrieben.

»Die Macht Ihres Bewusstseins«

Erhard Freitag schreibt klar und zuversichtlich darüber, wie Sie Ihre natürlichen Fähigkeiten einsetzen können, um zu einem Leben in größerem Reichtum zu erwachen, und wie Sie Frieden und heitere Gelassenheit in dieser sich wandelnden Welt finden werden.

Sie werden zur Macht Ihres eigenen Bewusstseins in Ihrem täglichen Leben und in Ihren persönlichen Beziehungen erwachen, ebenso wie in Ihrer beruflichen Laufbahn und in allen anderen Belangen. Die einfachen Anleitungen und Techniken, die Herr Freitag Ihnen vermittelt, werden Ihnen helfen, Ihr Leben großartiger und mit stets wachsendem Erfolg zu erleben.

Das Studium der Ewigen Wahrheiten, wie sie in diesem wertvollen Buch vermittelt werden, wird Sie zu den fruchtbarsten und wertvollsten Erfahrungen führen, die Sie sich jemals gewünscht haben. Sie werden sich weiter, höher und näher zum Göttlichen bewegen und werden wahre Lebensfreude im Überfluss erfahren.

Jean Murphy
(Gattin von Dr. Joseph Murphy)
Herbst 2000

VORWORT

Alles ist Bewusstsein

Wenn Sie jetzt noch unter der Last der Gewohnheit und der gnadenlosen Frustration zu ersticken drohen, dann möchte ich Ihnen mit diesem Buch helfen, Ihre volle Freiheit zu erlangen und wieder mit dem Leben versöhnt zu sein.

Mit dem Wissen von der »Macht Ihres Bewusstseins« werden Sie zukünftig mehr denn je die Wahl haben, Ihren Weg selber zu bestimmen. Wenn Sie lernen, von dieser allumfassenden »Macht« Gebrauch zu machen, dann wird auch Ihr Leben voller Wunder sein. Verstehen Sie vieles, was auf den folgenden Seiten steht, im übertragenen Sinne, folgen Sie nicht nur den Buchstaben, sondern dem Geist, in dem dieses Buch geschrieben ist.

Einige Texte wollen Ihnen Denkmodelle sein, entnehmen Sie, was immer Sie brauchen, und kreieren Sie mit ihnen Ihre eigene Welt. Ihr innerstes Wesen ist Freiheit, nutzen Sie sie. Ich bin zutiefst überzeugt davon, dass, wenn Sie nicht länger in vorgefertigten Bahnen denken, Ihre Einzigartigkeit sehr bald offensichtlich werden wird.

Lesen Sie dieses Buch in Ruhe zu Ende. Sie werden erkennen, dass Sie in diese Welt gekommen sind, um zu neuen Dimensionen der Freiheit und zu lebenswerten »Welten« aufzubrechen.

Dieses Buch enthält eine große Bandbreite an esoterischem Wissen und gewährt Ihnen einen tiefen Einblick in die Natur Ihrer persönlichen Realität.

Wer das hier beschriebene, noch vor hundert Jahren zur Geheimwissenschaft gehörende Wissen in seinen Alltag integriert, wird in die Mysterien des Lebens eingeweiht. In diesem Sinne werde ich mit den folgenden Seiten dafür Sorge tragen, dass Sie Ihre wahre Größe zu offenbaren beginnen. Für die »Welt« ist es von großer Bedeutung, dass es Ihnen gut geht, dass andere an Ihnen ein Beispiel haben und dass Sie ein Licht sind, das anderen den Weg leuchtet. Befreien Sie sich von den Fesseln der Vergangenheit, damit Ihre Gegenwart für die ganze Welt wohltuend ist und uns allen eine gute Zeit bevorsteht.

Der Begriff Gott ist im Laufe der abendländischen Kulturgeschichte leider negativ besetzt worden. Sprechen wir jedoch vom Sinn des Lebens, würde das Allesverbindende fehlen, wenn wir versuchen würden, auf IHN zu verzichten. Ich möchte IHN als das Ganze verstanden wissen. Das Wort Gott ist ein Sammelbegriff, gemeint ist die Quelle, aus der alles hervorgegangen ist und zu der, nach den Gesetzen der Welt, alles wieder zurückkehren wird. Der Begriff Gott steht für das Lebensprinzip, das in den Herzen *alles* Lebendigen seine Wohnstatt hat.

Ich selbst gehöre keiner Religionsgemeinschaft an, bin aber in einem hohen Sinne dem Kern aller Religionen verbunden. In meinem Buch »Die Kraft der inneren Heilung« bin ich bereits ausführlich auf diese im Wandel befindlichen höchsten aller Werte eingegangen. In vielen »Alten Glaubenssätzen« ist der Begriff »Gott« mit vielen Ungereimtheiten in der Geschichte des Christentums verquickt, lösen Sie diese unselige Hypothek auf, damit ER wieder hilfreich für Sie ist.

Wenn ich oft in Gleichnissen rede, dann geschieht es, weil ein Bild mehr sagt, als tausend Worte es vermögen, und weil die Alltagssprache zu wenig anschaulich ist, wenn vom Übergeordneten die Rede ist. Die bildhafte Sprache eignet sich zudem sehr viel besser, um eine Botschaft direkt in die Herzen der Leser zu bringen. Ich bediene mich in meinen Büchern biblischer Weisheiten, weil sie im Laufe der Jahrhunderte zu einem wichtigen

Bestandteil abendländischen Denkens geworden sind und sie mit ihren Aussagen meiner Geisteshaltung nahe stehen.

Dr. Joseph Murphy war der erfolgreichste Autor esoterischer Literatur des vergangenen zwanzigsten Jahrhunderts, ich bin ihm von Herzen dankbar, dass er mich an seinem universellen Verständnis teilhaben ließ und mich zu seinem Lehrbeauftragten ernannt hat.

Erhard F. Freitag
München und Puerto de la Cruz
Im Herbst 2000

Erläuterung einiger in diesem Buch
häufig verwendeter Begriffe

Rationale Intelligenz (IQ) lässt Sie wissen, was um Sie herum geschieht. Sie hat aber weder Herz noch Seele, und man muss sie deshalb als »lahm« bezeichnen.

Emotionale Intelligenz (EQ) lässt Sie »fühlen«, in welcher Situation Sie sich befinden, sie alleine aber ist »blind«.

Spirituelle Intelligenz (SQ) ist Ihre höhere Intelligenz und bildet das Fundament des *voll*kommenen Menschen. Nur mit ihr kann Ihr »IQ« und Ihr »EQ« *voll*ständig zum Ausdruck kommen.

Ihre Spirituelle Intelligenz ist Ihnen bisher bekannt als Intuition, als das Wirken Ihres höheren Selbst. Sie ist Ihr Schutzengel und symbolisiert zugleich die geistige Welt.

Ich verwende in diesem Buch meist noch die alther gebrachten Begriffe, aber mit Sicherheit wird sich in den nächsten Jahren die neue Definition durchsetzen.

Das *Höhere* oder *Überbewusstsein* ist eine nach oben offene »Skala«, über die sich jedem Suchenden im Laufe seiner persönlichen Entwicklung mehr und mehr übergeordnete geistige Sphären erschließen. Es ist jene Ebene, in der unerschöpfliche Weisheit und bedingungslose Liebe darauf warten, dass wir sie erkennen und zum Mittelpunkt unseres Lebens machen.

Wenn von *Bewusstsein* die Rede ist, dann meine ich damit *alles, was ist*, aber auch unser Tagesbewusstsein.

Das *Unterbewusstsein* ist die ausführende Instanz, die vom »rationalen Tagesbewusstsein kreierte Gedanken umzusetzen hat. Es ist lediglich die Exekutive im geistigen Gesamtgeschehen.

Der allseits verwendete Begriff *Karma* bedeutet so viel wie der »Weg«. Er wird im Hinduismus und Buddhismus häufig gebraucht, um auf das Gesetz von Ursache und Wirkung aufmerksam zu machen. Was auch immer jemand getan oder nicht getan hat, es ist immer eine »*Ursache*« und somit der Beginn einer daraus folgenden Wirkung. Wenn wir diesen Begriff überwiegend auf Vorkommnisse in diesem Leben beziehen, dann schweifen wir nicht allzu weit ins esoterische Fantasia des Weltbildes ab.

Der Begriff *Mentalität* ist gleichzusetzen mit *Persönlichkeitsstruktur* oder *unserer Eigenart*.

Der Begriff *Metaphysik* bedeutet Wissenschaft, die über die Natur des Gegenständlichen und des Erfahrbaren hinausgeht. Sie ist die Lehre von den letzten, nicht völlig verstehbaren Gründen und von dem Zusammenhängen des SEINS. Die Metaphysik ist notwendig, weil durch wissenschaftliche Begriffe alleine eine befriedigende Erklärung der »Welt« niemals möglich ist.

Seele nennen wir die Trägersubstanz allen Lebens. Wir können sie auch mit »Gottes-Geist« gleichsetzen. *Seele* oder *Geist* ist in allem, oder richtiger, ist alles. Im Stein, in der Pflanze, im Tier wie auch im Menschen ist es die Seele, die das Innerste ausmacht. Der »Geist« ist alles und alles ist Geist. Er erscheint in vielfältiger Form, sichtbar wie unsichtbar.

Sie sind Geist, der auf seiner Wanderung (Wandlung) durch Raum und Zeit in vielerlei Weise in Erscheinung tritt.

Sie sind *Geist* und ein Aspekt der *ALL*-Seele, die meist Gott genannt wird.

Der Begriff *Dualität* ist gleichbedeutend mit *Polarität,* beide sagen aus, dass alles ein Gegenüber hat.

Schwieriger wird es, wenn wir von *Nondualität* sprechen. Wenn es heißt, »Der Himmel hat kein Gegenteil«, dann bedeutet das: Das *ALL ist alles!* Es ist mit nichts vergleichbar, weil es kein anderes All gibt. *Allem!* kann also nichts (zum Vergleich) gegenübergestellt werden.

Wenn ich vom »*wissenschaftlichen Gebet*« spreche, dann möchte ich damit sagen, dass das Gebet kein »sinnloses Gestammel« sein soll, sondern eine gezielte Aktion und kein nebulöses Hoffen auf »Erlösung« von einem Übel.

Wenn vom »*Himmelreich*« die Rede ist, dann heißt das, in den Zustand von Glückseligkeit einzugehen. Genauso kann damit auch gemeint sein, das höchste Maß an Selbsterkenntnis zu erlangen. Der Himmel ist kein geographischer Ort, sondern ein Zurückkehren in den »paradiesischen« *Bewusstseinszustand*, aus dem wir hervorgegangen sind. In uns ist alles, was wir brauchen und was wir suchen, und bereits wenn wir uns auf den Weg machen, spüren wir grenzenlose Freude als Hinweis, dass wir auf dem richtigen Weg sind.

Über die so genannten »*Geistigen Gesetze*« wird in der New-Age-Literatur viel geschrieben. Zum Beispiel: Dass das Stärkere sich das Schwächere einverleibt, ist ein Naturgesetz und zugleich auch ein typisches Verhaltensmuster alles Lebendigen. Die

»*Geistigen Gesetze*« sprechen davon, dass der *Schöpfergeist* in jeder Gemeinschaft, also auch im Christus-Bewusstsein, in der Wahrheit, in Krishna, in Allah, in Jehova, im Schöpfer, im Erhalter, *der Allgütige Gott ist.* Eine Aussage der »*Geistigen Gesetze*« lautet, dass alles, was ist, sichtbar gewordener Geist ist. Wie wir »es« auch nennen, es gibt nur die eine, immer gleiche »*Göttliche Wirklichkeit*«, sie ist zum Teil sichtbar, zum Teil unsichtbar.

Wie innen so außen meint unter anderem, dass wir sind, was wir denken und sagen. Wer etwas sagt, der hat ge-äußert, was er denkt.

»*Ins Herz der Dinge schauen*« bedeutet, zu verstehen, warum etwas so ist, wie es ist. Wer es lernt, seine Aufmerksamkeit nach innen zu richten, der versteht, wie die Schöpfung gemeint ist.

»*Licht ist stärker als Dunkelheit*« will uns sagen, dass Gutes (Sinnvolles) auf lange Sicht immer siegreich ist.

Der *Mystiker* lebt aus dem Verborgenen. Er »sieht« die Wirklichkeit, sieht Sichtbares wie Unsichtbares. Für ihn sind Himmel und Erde eins.

Der Begriff »*Ewige Philosophie*« bedeutet, dass der Kern aller Religionen unberührt vom Zeitgeist, also »ewig« ist. Die Inhalte der »*Ewigen Philosophie*« befassen sich mit dem, was jenseits von Raum und Zeit ist.

Der Begriff »*Reiner Geist*« will uns vermitteln, dass es ein »*Nicht-denkendes-reines-bewusstes-Sein*« gibt. Reiner Geist ist unkonditionierter Geist und die Trägersubstanz von Allem.

In meinen anderen Büchern schreibe ich von der »*Macht Ihres Unterbewusstseins*« und möchte Ihnen damit nahe bringen, dass

Sie in sich eine »Werkstatt« haben, in der die von Ihnen getroffenen Entscheidungen umgesetzt werden.

Die *»Macht Ihres Bewusstseins«* hingegen vermittelt das Wissen um die generellen geistigen Zusammenhänge und lässt Sie begreifen, welche große Machtfülle Ihnen zur Verfügung steht.

Das Motto dieses Buches lautet *»Bewusstsein ist alles«*. Werden Sie sich dessen täglich mehr und mehr bewusst.

Trance. Mit Hypnose, Selbsthypnose, Mentaltraining, Autogenem Training oder Meditation wird ein Bewusstseinszustand angestrebt, der als *Trance* bezeichnet wird. *Trance* soll Ihnen helfen, den kritischen rationalen Verstand zu umgehen. Ein anderes Wort für *Trance* ist *Alpha*-Zustand. Wenn Sie in *Trance* oder in *Hypnose* beschäftigt sind, ist der kritische Intellekt weniger aktiv, und Ihnen kann suggeriert werden, dass Sie gesund sind, obwohl Sie vielleicht gerade noch im Krankenhaus auf Ihre Genesung warten. Wer *glaubt*, arm zu sein, und sich einreden will, reich zu werden, der wird kaum Erfolg haben. Wer sich dagegen in Trance versetzt und sich Reichtum suggeriert, der wird in diesem Zustand keinen größeren inneren Widerstand vorfinden und sein Ziel (leichter) erreichen. In der Bibel heißt es dazu: *Tue, als habest du empfangen, und Dir wird gegeben werden.*

Gebrauchsanleitung für dieses Buch:

1. Lesen Sie zunächst einmal alles in Ruhe durch. Eine Woche Urlaub wäre der richtige Rahmen für einen Start in ein erfülltes Leben.

2. Danach lesen Sie erneut und machen sich zusätzlich Notizen. »Eselsohren« und Zettelwirtschaft sind ausdrücklich erlaubt.

3. Wenn Sie Ihre Ziele erreichen möchten, dann wenden Sie sich aufmerksam dem Thema Affirmationen zu, und Ihre Träume werden sich erfüllen.

Es sind keine Wunder nötig, um ein erfülltes Leben mit der »Macht Ihres Bewusstseins« zu erfahren. Sie werden sich aber wundern, warum Sie so lange mit »kleinen Brötchen« zufrieden gewesen sind.

Willkommen

im Kreis der neuen möglichen Menschen, die dazu be-rufen wurden, vergessenes Wissen aus den Tiefen der Vergangenheit in die Welt zu bringen. Die hier beschriebenen Erkenntnisse sind uralt, zeitlos, und sie entsprechen dem Zeitgeist, der nach Lösungen ruft. Weil Sie gerufen haben, hat er geantwortet.

Indem Ihnen dieses Werk in die Hände gelegt wurde, erhielten Sie den Auftrag, sich zu »erinnern« und durch Ihr »Dasein« zu lehren, was die Welt im einundzwanzigsten Jahrhundert zu lernen hat. Es existiert jenseits des menschlichen Bewusstseins eine geistige Hierarchie, die besondere Seelen (be-)ruft, ein Baustein für eine neue, friedlichere Welt zu sein. Die folgenden Seiten beinhalten, zwischen den Zeilen, eine Botschaft, die für Sie persönlich bestimmt ist. Die »Geistige Welt« hat Sie als ihren irdischen Vertreter damit betraut, *aktiv* an einem weltweiten Erwachen mitzuwirken.

Fühlen Sie, dass etwas ganz Besonderes durch Sie »zum Ausdruck« kommen will? Lesen Sie weiter, und tun Sie, was die Stimme in Ihrem Herzen sagt, und es werden all die Wunder geschehen, nach denen Sie sich schon immer gesehnt haben.

Zur Einstimmung

Sind Sie bereit? Bereit für eine neue Erfahrung, die alles in Frage stellen könnte, was Sie über das Leben zu wissen glauben? Was Sie jetzt lesen werden, wird Ihr Bewusstsein verändern. Hinter der vertrauten Realität wartet das »Unfassbare«, im Verborgenen sind geheimnisvolle Mächte bereit, Ihnen zu helfen, wenn Sie mit mir auf eine große Reise gehen.

Hinter dem Augenscheinlichen liegt noch eine andere Wahrheit. Die nächsten Tage und Wochen werden Sie in die geheimnisvolle Welt Ihrer Vorstellungskraft gelangen.

Sie überschreiten, wenn Sie weiterlesen, die Grenze zu einer vielen Menschen noch unbekannten Dimension.

Sie werden bald erkennen: Die beste Verteidigung gegen die Unwägbarkeiten des Lebens ist das Wissen um die Gesetze des Denkens und Glaubens.

Wie Sie erfolgreich in Liebe und Harmonie leben

GEISTIGE GRUNDLAGEN

▶ Unsere Sehnsucht nach Erkenntnis ist des Lebens Gebot.

Bereits als Sie dieses Buch in Ihre Hände genommen haben, begann sich Ihr Leben zu verändern.

Sicher haben Sie sich schon oft Gedanken gemacht, warum es so unterschiedliche Schicksale gibt. Warum erleiden zwanzig Prozent der Menschen achtzig Prozent aller Unfälle? Warum besitzt eine kleine Minderheit achtzig Prozent aller Güter dieser Welt? Unendlich viele Menschen leben am Rande des Existenzminimums, unendlich viel Leid, Krieg, Armut und Krankheit gibt es auf dieser Welt, aber auch grenzenlose Freude, Luxus und geradezu phantastischen Reichtum. Warum hat ein Bill Gates solch einen atemberaubenden Erfolg? Warum sterben viele namenlose Menschen an Hunger, während Sie diese Zeilen lesen? Warum sterben an jedem Tag eines Jahres 35 000 Kinder an Unterernährung? Viele Reiche können bei allem Luxus, den sie sich leisten, nicht einmal ihre Zinsen ausgeben. Ich sah im Laufe meines Lebens in allen Teilen der Welt so viele verschiedene Schicksale, dass es mich sehr danach verlangte zu ergründen, warum das so ist. Viele haben mir glaubhaft versichert, dass sie ein ehrbares, gottesfürchtiges Leben führen. Unter ihnen kenne ich eine große Zahl fleißiger Zeitgenossen, die, um die »Götter« gnädig zu stimmen, regelmäßig in die Kirche gehen, dem Caritasverband oder dem Roten Kreuz von ihrem wenigen abgeben und doch weit, weit von ihren Zielen entfernt sind. Auf alle diese »Ungereimtheiten« gibt es einfache Antworten: Alles *in dieser* Welt folgt dem unerbittlichen Gesetz von Ursache und Wirkung.

Ob wir bisher Erfolg oder Misserfolg erfahren haben, unsere Lebensqualität ist immer die Antwort des Lebens auf unser So-sein. Alles, was wir sind oder was wir haben, ist die »Ernte« dessen, was *wir* gesät haben, und so ist natürlicherweise alles, was wir nicht sind oder nicht haben, genauso die Antwort auf unsere »Eigen«-Art. Ich kann Ihnen versichern, schon während des Lesens wird Ihnen dieses Buch helfen zu erkennen, dass es Ihnen möglich ist, auf der Sonnenseite der Welt ein freudvolles Leben zu führen. Von dem Tage an, an dem Sie bereit sind, die Gesetze des Denkens und Glaubens gründlich zu studieren, werden Sie sich der Machtfülle in Ihnen mehr und mehr bewusst, und eine neue schönere Welt tut sich Ihnen auf.

Es wartet eine geradezu magische Kraft darauf, mitzuhelfen, wenn Sie sich jetzt daranmachen, Ihre Lebensqualität auf ein neues lebenswertes Fundament zu stellen. Das Wissen von der »Macht Ihres Bewusstseins« ist der Schlüssel zum Glück dieser Welt, und es ist Ihre »Zeit des Erwachens«.

Angst und Unwissenheit sind Hindernisse auf dem Wege zu Ihrer Vollkommenheit. Wie Sie bereits im Vorwort gelesen haben, ist die beste Verteidigung gegen die Unwägbarkeiten des Lebens das Wissen um die Gesetze des Denkens und des Glaubens.

Alle Antworten auf Ihre Fragen liegen in den noch unergründeten Tiefen Ihres Geistes, und es gilt jetzt, diese »Schätze« in Ihr Bewusstsein zu heben.

► Für Können gibt es nur einen Beweis: das T U N.

Warum dieses Buch so wichtig für Sie ist

Meine Berufung ist es, »Suchende« zu beraten und ihnen zu helfen, an Körper, Seele und Geist zu gesunden und das Glück des Himmels und der Erde zu erfahren. All jenen, die krank sind, in einer unglücklichen Partnerschaft leben, zu wenig Geld haben oder einfach noch nicht die ihnen gebührende Stellung in der Gesellschaft gefunden haben, kann geholfen werden.

Die beste Maßnahme gegen ein ungewisses Schicksal ist das Erkennen der Zusammenhänge von Ursache und Wirkung auf der geistigen Ebene. Ich werde Ihnen von jetzt an zur Seite stehen, wenn Sie sich die Wunder wirkende Kraft erschließen, die Ihnen Ihr Leben gab, die alle Lebensprozesse lenkt und die auch für Ihre speziellen Anliegen da ist.

In den folgenden Kapiteln werde ich Ihnen anhand vieler Beispiele verständlich machen, dass es sehr wohl möglich ist, die geheimnisvollen Zusammenhänge zu durchschauen. Es ist leichter, sich dem Studium der Geistigen Gesetze zu widmen, als weiter mit seinem Schicksal zu hadern und ein sorgenvolles, armseliges Leben zu führen.

Sollten sich im Laufe der Lektüre oder in den nächsten Monaten Fragen ergeben, so haben Sie die Möglichkeit, mich oder auch meine Mitarbeiter zu besuchen. Ich habe über Jahre hinweg qualifizierte Mitarbeiter angeleitet, im Sinne der in meinen Büchern besprochenen Ewigen Philosophie zu lehren und zu therapieren. Es gibt keinen akzeptablen Grund, mühselig und beladen Ihr Leben zu »fristen«, für Sie ist jetzt die Zeit der Wandlung gekommen, und Ihre Sorgen haben ausgedient.

Ich versichere Ihnen, dass sich mit diesem Buch und den darin enthaltenen ewigen Wahrheiten ein sehr großer Teil Ihrer Probleme in »Nichts« auflösen wird.

Haben Sie schon einmal auf der Bank beobachtet, wie beim Prüfen von Geldscheinen durch ein besonderes Licht aus einem Hundertmarkschein in Sekundenschnelle ein wertloses Stück Papier wird? Bei Ihnen dagegen wird, wenn Ihr Schicksal im Lichte des erwachenden Bewusstseins erstrahlt, aus alten Negativsalden (Alten Glaubenssätzen) wie durch einen geheimnisvollen Zauber ein großes Guthaben werden.

Bei tausenden Ratsuchenden ist es mir gelungen, und genauso wird es auch Ihnen ergehen.

Das dritte Jahrtausend hat begonnen, und im Zeichen des Wassermannes hat die Erneuerung, die Zeit der Auferstehung im Geiste ihren Anfang genommen. Viele Millionen Menschen haben sich auf den Weg gemacht und beginnen, im neuen Bewusstsein zu denken, zu fühlen und zu handeln.

Vertrauen Sie den hier beschriebenen Gesetzmäßigkeiten und lassen Sie sich von der wunderwirkenden Kraft in Ihnen zur Heilung von Körper, Seele und Geist und zu neuer jugendlicher Frische führen.

Alles, was Sie brauchen, um zur höchsten Lebensqualität zu gelangen, haben Sie in Ihrem geistigen Fundus.

In der Werkstatt des Geistes befinden sich die Antworten auf alle anstehenden Fragen. Nutzen Sie Ihre innere Weisheit, und bereiten Sie sich auf etwas ganz Besonderes vor!

▶ Erfreuen Sie sich an der Schöpfung, aber vergessen Sie darüber nicht den, der sie erschaffen hat.

Das wissenschaftliche Gebet oder wirkungsvolle Affirmationen

Dieses Buch vermittelt Ihnen einen persönlichen Zugang zu den grenzenlosen Kräften, von denen das Universum erfüllt ist und die allem, was ist, Form, Funktion und Leben verleihen. Ich spreche von der Macht, die von den Religionen Gott genannt wird, zu der die Buddhisten »Leere« und die Taoisten das »Absolute« sagen. Es ist die Kraft, die das Gras wachsen lässt, Ihre Wunden heilt und Ihre Wünsche erfüllt, wenn Sie sie anrufen. Diese Macht ist immer zur Stelle, wenn Sie Hilfe brauchen, und es gilt, sich ihrer Allgegenwart bewusst zu sein.

Im Thomas-Evangelium spricht der Heilige (heilende) Geist zu uns:

»Ich bin das Licht, das über allem leuchtet, ich bin das All, das All entstand aus mir, und das All gelangte zu mir. Erhebe den Stein, und daselbst wirst du mich finden, spalte das Holz, und ich bin dort.«

Lernen Sie schon während des Lesens diese »Macht« für Ihre Ziele zu gewinnen, und gestalten Sie in eigener Regie Ihre neue Welt.

In allen von uns, im tiefsten Grunde unseres Wesens, wartet die All-Weisheit darauf, uns zu begleiten, wohin auch immer wir unsere Schritte lenken.

Indem Sie dieses Buch lesen, sind Sie bereits immatrikulierter Student an der Universität des Lebens, und Sie werden von Semester zu Semester mehr erfahren, wie Sie mit wissenschaftlichen Gebeten der »Macht« in Ihnen den Auftrag erteilen, Sie von nun an erfolgreich, gesund und glücklich zu machen.

▶ Es ist töricht und ein Vorurteil gegen die Ewige Philosophie, das Licht nicht sehen zu wollen, das auf jene strahlt, welche sich liebevoll mit der Natur des Geistes befassen.

Der neue mögliche Mensch

Leser haben mir geschrieben, dass sie meine geistige Anwesenheit während des Lesens und in der darauf folgenden Zeit gespürt haben. Genauso kommt es vor, dass sie nach einer Beratung oder nach einem Seminar meine geistige Präsenz spüren und so Trost und Führung erfahren. Was da vor sich geht, geschieht nicht durch mich persönlich, sondern infolge meiner bewussten Existenz in der vierten Dimension. Diese Phänomene sind bekannt, und es ist kein Geheimnis, dass der »personifizierte« Geist an Ihre »Türe« klopft, wenn Sie offen dafür sind. Ich lebe seit langem nicht nur in der dualen Welt, sondern habe im Nondualen meine Heimat gefunden.

Meine ehemalige abstrakte Gottesvorstellung wich dem in meinem Bewusstsein erwachenden, lebendigen Gott. Ich lebe seither als einer, der viele geworden ist. Mein Bewusstsein ist über den weltlichen Horizont hinausgewachsen und ich wurde das »Ich bin«, der Eine in vielen.

Ich bin kein Christ, kein Moslem, kein Jude und auch kein Buddhist. Ich bin nichts von allem und doch bin ich alles. Was ich in meinem Innersten bin, hat keinen Namen und keine Gestalt, und was Sie sehen, ist ein Spiegel, der Ihnen Raum für Interpretationen gibt. Ich habe begonnen, mich mit diesem Namenlosen zu identifizieren und zugleich allem, was Namen hat, zu entsagen. Was Sie sehen, ist nur meine der Welt zugewandte Seite. Sie aber ist »Maya«. Ich gebe dem »Ich bin« nach Belieben Ausdruck. Wenn Sie mir begegnen, dann bin ich der, den Sie sehen.

Ich bin, wie es im Islam heißt »Allah«, *alles und nichts*. In meinem wahren Selbst bin ich ohne Eigenschaften, ohne Gestalt, ich bin alles und deshalb mit nichts zu vergleichen.

Mein Äußeres ist wie ein Spiegel, alles, was Sie sehen, ist Lila, ist ein immer währendes Spiel der Formen.

Wenn auch Sie Ihre Aufmerksamkeit nach innen zu richten beginnen, dann werden Sie über Ihre zunehmende Selbsterkenntnis mich als eine Variante Ihrer selbst erkennen. Ich bin wie Sie, reine Glückseligkeit, höchstes Bewusstsein und allumfassende Intelligenz. Ich bin in meinem wahren Wesen unaussprechliche, ja für den normalen Menschen beängstigende Liebe. Alles im Universum ist von derselben Substanz, ist reines, bewusstes Sein.

Im Anfang war ich ein eingeschränktes Ich, das sich auszudehnen begann und sich jenseits von Raum und Zeit erkannte.

Sie sollten wissen, dass es Menschen gibt, die eine Verkörperung von Liebe sind. Ihr Wesen geht über das Sichtbare hinaus. Man kann sie nicht mit Worten definieren, denn ihr wahres Sein ist unaussprechlich. Alles, was Sie in mir sehen, ist Ihre Meinung, ist der Inhalt Ihres Traumes, den Sie immer noch träumen.

Je mehr Sie sich im weltlichen Sinne als »Person« empfinden, umso mehr trennt Sie von dem »Ich bin«.

Ich habe nicht, wie Sie vielleicht annehmen könnten, das Bewusstsein des Besonderen, sondern das des Urgrunds von allem Seienden. Hören auch Sie auf, sich in einer Rolle zu verhalten, beenden Sie das Spiel der Illusionen. Wachen Sie auf, es ist die »Zeit des Erwachens«.

Ich habe im weltlichen Sinne nichts getan, um diesen Zustand herbeizuführen, ich folgte, wie viele andere vor mir, als meine Zeit der Gnade gekommen war, dem »Ruf« in meinem Herzen.

Ich habe erkannt, dass ich in diese Welt gekommen bin, um den Menschen zu helfen, sich selbst zu finden. Ich begleite sie ein Stück weit auf ihrem Wege und helfe ihnen, ihr wahres Selbst zu erkennen. In dieser Erkenntnis erfahren sie die Wiedervereinigung mit dem Schöpfer und können ihre göttlichen Eigenschaften zum Ausdruck bringen.

Ich helfe den Menschen, ihr Herz zu öffnen, sodass sie mit den höheren Ebenen des Seins in Verbindung treten und lernen, mit ihrem höchsten Selbst in ständiger Kommunikation zu sein.

Es gibt nur einen Heiler, nur einen Therapeuten, und das ist unser innerstes Selbst.

Wer sich voller Sehnsucht zeit seines Lebens der »anderen Seite« der Welt widmet und mit dem sichtbaren und unsichtbaren Teil der Schöpfung »eins« geworden ist, der vermag auf geistige Reisen zu gehen, der kann an mehreren Orten zugleich sein und Hilfesuchenden zur Seite stehen. Wer im höchsten Selbst, im Bewusstsein der Göttlichen Allgegenwart verankert ist, der empfindet die Verantwortung, Gottes Werk in dieser Welt zu etablieren.

Ein selbstverwirklichter Mensch ist für die Welt ein harmonisierender Faktor. Seine Liebe zu allen Geschöpfen lässt um ihn herum ein Kraftfeld entstehen, das allem Lebendigen Frieden bringt.

Wer sich hingibt und sich mit Gott, mit dem Symbol der immer währenden Liebe, verbündet, dem wird die Gnade des Allerhöchsten zuteil. Wenn wir uns mit etwas Beständigem verbinden, dann werden auch wir beständig. Beständigkeit und Frieden kehren in uns ein und haben eine Wohnstatt in der Welt gefunden. Ich denke, in uns selbst friedlich zu ruhen und dann diesen Frieden auf andere auszustrahlen, ist wahrer Erfolg.

Wenn Sie nach dem Allerhöchsten streben, dann werden an Ihrem Weg viele »Blumen« (Sidis, metaphysische Fähigkeiten) stehen. Wer an die Himmelspforte klopft, dem wird aufgetan. Das heißt, wer seinen Geist auf das Gottgleiche richtet, der wird gottgleich und wird all die Hilfe erhalten, die er benötigt, um anderen zu helfen. Menschen, die anderen vorausgegangen sind, haben die Aufgabe, in vielfältiger Form für andere »da« zu sein und Leidenden den Weg ins Paradies zu weisen.

In der einschlägigen Literatur wird davon berichtet, dass Heilige nachweislich an zwei Orten zugleich erschienen sind. Es ist bekannt, das charismatische Persönlichkeiten ihren Schutzbefohlenen im Traum oder in »Tag-Gesichten« erscheinen und ihnen Antworten auf ihre Gebete bringen.

Wer einen spirituellen Lehrer hat, lange Jahre meditiert, den Geistigen Gesetzen folgt und seinen Geist nach »oben« richtet, der wird ganz selbstverständlich Eigenschaften hervorbringen, die außerhalb des weltlichen Verständnisses liegen. Das ist Evolution des Bewusstseins, dass, wer nach den höchsten Weihen strebt, über irdische Gesetze erhoben wird.

Von erleuchteten Meistern wird berichtet, dass sie über Wasser gehen. Diese Aussage sollte als Gleichnis verstanden werden und bedeutet, über den »Dingen« zu stehen. Die »Dinge« sind die Gesetze der Erde, und darüber zu stehen bedeutet, die Gesetze des »Himmels« *und* die der Erde *in sich zu vereinen.*

Jemand, der heil ist, vermag andere zu heilen. Heilungsgebete von Personen, die im höchsten Bewusstsein verankert sind, werden von der Macht des »Heiligen Geistes« getragen, und sie stellen die verlorene Verbindung des Menschen zu seinem »Ursprung« wieder her.

Auch Ihr Weg ist »Auferstehung«, ist der Weg des Erwachens, das heißt, auch Sie erheben sich im Geiste, und Ihrer Seele werden Flügel wachsen.

Wenn Sie zum Gottesmenschen (spiritueller Lehrer) werden wollen, dann wird Ihnen alle Hilfe gegeben, derer Sie bedürfen. Das meine ich, wenn in diesem Werk die Rede davon ist, dass Ihnen die kosmischen Kräfte zu Hilfe eilen.

Auferstehung heißt, Ihren Traum zu beenden und zum ewigen Leben zu erwachen, bedeutet, der Schöpfung zu dienen und sich dazu göttlicher Eigenschaften zu bedienen.

»Auf-zu-erstehen« ist das Ziel allen Lebens, und ich fordere Sie auf, »heraus«zukommen aus des Lebens Müh und Plag in das Licht, das heller ist als tausend Sonnen.

Nelson Mandela, Geistlicher und Staatspräsident von Südafrika sagt: *»Unsere tiefe Angst ist nicht, dass wir einer Sache nicht gewachsen sind. Wir haben Angst, weil wir unermesslich mächtig sind. Es ist unser Licht, das wir fürchten, nicht unsere Dunkelheit. Wir fragen uns, wer bin ich denn, dass ich leuchtend, hinreißend, begnadet und phantastisch sein darf?*

Wenn Sie sich klein machen, dient das nicht der Welt. Es hat nichts mit Erleuchtung zu tun, wenn Sie sich klein machen, damit andere um Sie herum sich nicht verunsichert fühlen. Sie wurden geboren, um das Licht Gottes zu sein, es ist Ihre wahre Natur. Es ist nicht nur in einigen von uns, es ist in jedem Menschen. Wenn wir unser Licht erstrahlen lassen, geben wir den anderen Menschen die Erlaubnis, dasselbe zu tun. Wenn wir uns von unserer Angst befreit haben, dann wird unsere Gegenwart ohne unser Dazutun andere befreien.

▶ Bemühen Sie sich, in jedem das Gute und Schöne zu sehen, und Sie erheben sich und den anderen, um gemeinsam mehr zu sein.

Ihr Glaube wird Berge versetzen

Wenn ein geplagter Mensch zu mir kommt, dann frage ich mich: »Was kann ich tun, dass dir geholfen wird, was dir sagen, um dich glücklich zu machen und dich daran zu erinnern, wie kraftvoll du bist?« In solchen Momenten wünsche ich mir, die rechten Worte zu finden, um ihn wissen zu lassen, dass alle Kraft in ihm ist.

In den Weisheitsbüchern vieler Religionen heißt es zu diesem Thema: *»Wisset, dass das Himmelreich in euch ist.«*

Das heißt ganz einfach: Alles, was wir zu unserem Glück benötigen, ist bereits da, ist in uns, wir müssen es nur erkennen und mit Leben erfüllen. Es wird immer das Maß Ihrer Selbsterkenntnis sein, das Sie zu Ihren Zielen führt. Darum sollten Sie noch heute damit beginnen, Ihre Größe, Ihre phantastischen Möglichkeiten zu erkennen und mit Leben zu erfüllen. Fürchten Sie Ihr Licht nicht, wie Nelson Mandela sagt, stellen Sie es keinesfalls unter den Scheffel, lassen Sie es leuchten, damit es ein Licht ist, das hilft, die Welt zu erleuchten.

Streben Sie in Ihrem langen segensreichen Leben nach *RECHTER ERKENNTNIS*, praktizieren Sie als Folge davon *RECHTES DENKEN*, lassen Sie *RECHTE TATEN* folgen, und von ganz alleine wird eine *RECHTE LEBENSWEISE* die Folge sein.

Es gilt für alle, die wir auf dem Weg sind, zu erkennen, dass zu allen Zeiten, in allen Kulturen, in allen Glaubensrichtungen bis in das letzte Detail die gleichen Wunder geschehen. Und das, weil immer der Glaube es ist, der uns unsere Ziele erreichen lässt. In unserer Sprache heißt es ja auch »Gläubige« und »Ungläubige«, und nicht nur in der Bibel wird beschworen, dass jedem nach seinem Glauben geschehe. Bis ins Kleinste lässt sich in der Psychosomatik (seelisch-körperliche Wechselwirkung) nachvollziehen, dass ein Mensch ist, was er denkt und was er glaubt.

Sobald Sie sich daranmachen, gezielt die wunderbare »Macht« in Ihnen einzusetzen, muss es, auf Grund bekannter Gesetzmäßigkeiten, *ganz einfach* zur Verwirklichung Ihrer Wünsche kommen.

Boris Becker fragte in jungen Jahren seinen Freund Harald S., was er denn einmal werden wolle. Die Antwort war ein Schulterzucken und: »Ich weiß nicht…« Er selbst wusste schon damals im Alter von zwölf Jahren, dass er einmal der beste Tennisspieler der Welt werden würde. Boris Becker ist dank dieser Überzeugung in die Geschichte des Sports eingegangen. Andere kommen in das Guinnessbuch der Rekorde, wenn sie ihr Bewusstsein mit der Vorstellung von außerordentlichem Erfolg füllen.

Wenn Sie an sich glauben können, dann wird auch bei Ihnen das Besondere zu Tage treten. Sicherlich gehört wie bei Boris Becker Talent dazu, wenn jemand wirklich an die Spitze will, aber die größte Begabung nützt wenig, wenn sie nicht von einem erfolgsbewussten Geist getragen wird.

Je klarer Sie wissen, was Sie wollen, umso eindeutiger fließt Ihre Energie in die richtige Richtung.

▶ Alles, was wir glauben, wird uns gegeben werden.

Im Anfang war der Geist, *er ist die Wirklichkeit*

Üblicherweise gehen wir davon aus, dass wir von vielerlei *äußeren* Ursachen an unserem Vorwärtskommen gehindert werden. Die meisten fühlen sich bedrängt, hilflos und als Opfer einer böswilligen Welt. Kaum jemand sieht die vollkommene Ordnung hinter der scheinbaren Unordnung. Um zu begründen, warum vieles im persönlichen Bereich nicht optimal verläuft, scheint die Phantasie keine Grenzen zu haben. Don Quijote glaubte, gegen feindliche Heerscharen anzukämpfen, und merkte lange nicht, dass es Windmühlenflügel waren, die sich im Kreise drehten. Er durchschaute nicht, dass immer wieder das Gleiche geschah. Weil *er* sich im Kreise drehte, trat *er* auf der Stelle. Diese bekannte Geschichte vermittelt uns, dass die Welt nicht feindlich ist, sondern dass es unsere unfreundlichen Gedanken sind, die uns Ungemach bereiten. Die meisten Menschen wissen nicht, dass sich nur wenig ändern muss und dass dies noch dazu im eigenen Zuständigkeitsbereich liegt. Was sie im Außen sehen, ist die *innere Schönheit* oder aber der Balken im eigenen Auge. Die Schönheit ist unser sonniges Gemüt, der »Balken« sind unsere abträglichen Gedanken. Wir haben die Freiheit, unsere Gedanken, wann immer wir wollen, zu ändern, aber entfliehen können wir ihnen nicht. Dunkle Wolken im Gemüt geben uns in unserem Schmerz allzu schnell das Gefühl, unser Schicksal ertragen zu müssen. In vielen Situationen glauben wir, ohnmächtig zu sein, und sind auf Grund *dieses Glaubens* dann auch oft unfähig zu handeln. Zu selten hinterfragen wir, ob wir vielleicht selber zu verantworten haben, was uns so gar nicht gefallen will. Der berühmte blinde Fleck lässt uns unsere Verantwortlichkeit nicht erkennen. Dabei ist das *auf uns Zukommende doch nur das von uns Ausgegangene, zu uns Zurückkehrende.* Der Balken im eigenen Auge gaukelt uns beim andern vor, was eigentlich bei uns selber im Argen liegt. Nicht irgendwo im Außen fängt das Problem an, sondern ganz konkret bei unserem mit negativen Glaubenssätzen überfrachteten Gemüt. Was es zu durchschauen gilt: *Außen* ist immer nur, was *innen* seinen Anfang nahm. Über das Verständnis dieser Zusammenhänge wird sich für die Menschheit in Zukunft eine neue, sehr viel liebenswertere Welt erschließen.

Wenn Sie akzeptieren, dass die Verantwortung für Ihre Lebenssituation bei Ihnen liegt, und dann jedoch nicht mit dem berühmten »Ja, aber« fortfahren, werden Sie die notwendigen Veränderungen selber treffen können. Es muss in Zukunft nicht mehr die ganze Welt auf den Kopf gestellt werden, damit sich etwas verändern kann!

Sie können schon, während Sie dies lesen, *selbst-bewusst* zur ersten, alles verursachenden Instanz gehen und den schöpferischen Geist, der Ihre wahre Natur ist, seine »Werke« tun las-

sen. Es wird schon bald zu großen, nicht mehr nur vorüberge-
henden Veränderungen Ihrer Lebensqualität kommen, und Ihr
neues Denken wird Sie zu bleibenden positiven Resultaten führen.

Wenn Sie beginnen, Ihr Gemüt *auf-zu-hellen*, dann ist die Zeit
der Dunkelzeit zu Ende, und »helle Tag« stehen Ihnen bevor.

Viele versuchen eifrig, die äußeren Umstände zu verändern,
und möchten, damit sich etwas ändert, anderen Vorschriften machen. Wer aber vor anderer Leute Türe kehrt, dessen Haus wird
dadurch bestimmt nicht ordentlicher werden.

Allzu viele erkennen nicht, dass sie Mangel leiden, weil sie sich
ihrer Möglichkeiten nicht bewusst sind und deshalb *Mangel
denken*.

Partner trennen sich, um die Pause zu nutzen und nach dem
»Urlaub« einen neuen Anfang zu versuchen. Das ist gut gemeint,
aber im Grunde zäumt man so das Pferd von hinten auf, weil,
wie wir wissen, schon nach kurzer Zeit die alte Disharmonie
wieder da ist. Der Grund für die allermeisten Zerwürfnisse liegt
nicht in zu viel Nähe, sondern in der eigenen abträglichen Meinung von sich, von Gott und seiner von Geheimnisvollem
durchdrungenen wundervollen Welt. Der Grund für Zerwürfnisse liegt in zu wenig *echter* Nähe und zu viel *ego*-zentrierten
Gedanken, Worten und Taten. Wenn es an Schönem und Gutem
mangelt, sollte man die eigene Einstellung überprüfen und ändern.

Die wirkliche Ursache für Streitigkeiten ist nicht eine unver-
schlossene Zahnpastatube, sondern es sind aversive Gefühle
über unser eigenes Unerlöstsein, die auf Kleinigkeiten übertragen werden und dadurch erst zur Krise führen.

Lassen Sie mich Ihnen einen wichtigen Satz mitgeben:

▶ Was uns Sorgen macht, sind nicht die vielen »Dinge«, die wir nicht wissen, es ist, was wir zu wissen »glauben«, was aber nicht wahr ist.

Es ist nicht wahr, dass Ihr Partner einen schlechten Charakter hat. Es ist nicht wahr, dass die Welt fehlerhaft ist, sondern Sie übertragen Ihren Ärger auf Ihren Partner und auf die Welt, und er/sie antwortet Ihnen.

▶ Die Un-Wahrheit bindet Sie, was wahr ist, macht Sie frei.

Wahr ist, dass Sie noch zu wenig über sich selber wissen, dass aber Ihre Befreiung heute begonnen hat und dass bald Ruhe in Ihre Seele einkehrt. Ihr Partner ist Ihr Echo oder der Spiegel, in dem Sie sich selber erkennen können. Wie man in die Welt hineinruft, so schallt es bekanntlich heraus.

Wahr ist, dass Sie Ihre Welt selber gestalten werden, wenn Sie den Geist in Ihnen als die alles verursachende Instanz erkannt haben und ihn dann tun lassen, wozu er da ist.

Wahr ist, dass die Wirklichkeit durchdrungen ist von Friede und Freiheit und vom reinigenden Feuer der Liebe. Alle Leiden dieser Welt beruhen nur auf verhängnisvollen Irrtümern unserer Vorfahren und werden von allzu vielen Menschen in ihrem Unwissen »bedenkenlos« fortgeführt. Viele verharren ein Leben lang in *ihren* Vorstellungen von den Gründen ihres Leidens, und weil sie nichts von ihrer Erlösung hören wollen, werden sie den Geistigen Gesetzen zufolge schmerzhaft fühlen müssen, was sie nicht hören wollten.

Welches Ego lässt schon gerne sein Weltbild korrigieren, auch wenn es noch so falsch sein sollte?

Während meiner therapeutischen Tätigkeit in einer großen

psychiatrischen Anstalt erlebte ich häufig, dass die Insassen alle anderen für verrückt hielten, aber glaubten, sie selber hätten immer Recht. Hohe Aggressionsbereitschaft und aufkommende Handgreiflichkeiten aber sind die natürlichen Folgen von Rechthaberei. Wer sich schuldig fühlt, greift an und wehrt sich aggressiv gegen die Erkenntnis, selber für seine Pleiten, sein Pech und seine Pannen verantwortlich zu sein. Wer Schuldgefühle hat, ist ein Gefangener seiner vermeintlichen Schuld und flüchtet allzu leicht in eine angstvolle Gedankenwelt. Wer sich schuldig fühlt, erwartet Strafe und greift zur Verteidigung vorsorglich an. Dabei könnte es so einfach sein, die Harmonie mit der Welt und dem, der sie »gemacht« hat, zu suchen und keine »bittere Medizin« zu brauchen.

»Wer aber unter euch ohne Schuld ist, der werfe den ersten Stein…«, heißt es, und so werfen sie denn in ihrer eingebildeten Schuld mit bösen Worten, mit Steinen, Granaten und Bomben.

Damit das Leben für Sie einfacher wird, sollten Sie Ihre Glaubenssätze überprüfen. Ist Ihr Weltbild angstbesetzt oder ist es vielleicht sogar ein Feindbild? Fühlen Sie sich schuldig? Sind Sie aggressiv oder depressiv? Wenn ja, dann lesen Sie so lange in diesem Buch, bis alle notwendigen Berichtigungen in Ihrem Geist stattgefunden haben.

Sie werden Ihr ganzes Leben von Grund auf neu gestalten, wenn Sie nicht länger beim anderen, also im Außen, nach Gründen für Ihre Probleme fahnden. Beginnen Sie noch heute mit den erwünschten Veränderungen in Ihrem Inneren. Außen etwas ändern zu wollen ist Schattenboxen und heißt, den zweiten vor dem ersten Schritt tun zu wollen.

▶ Ich will Sie nichts lehren, sondern Sie zu den Quellen Ihrer Weisheit führen.

Warum es so einfach ist

Die Ihnen bisher vermittelten Geistigen Gesetze erscheinen vielen geheimnisvoll, anderen sind sie zum selbstverständlichen Bestandteil ihres Denkens und Glaubens geworden. Die Geistigen Gesetze sind seit alters her Bestandteil der Ewigen Philosophie, und sie sind zugleich der Mittelpunkt aller Religionen. Sobald Sie es sich zur Gewohnheit machen, Ihren Geist durch Affirmationen über Ihre Wünsche zu informieren, wird sich Ihr Leben vollständig zum Guten wenden. Das Einzige, was Sie zu tun haben, ist, Ihrem Unterbewusstsein bildhaft Ihre erwünschte Vorstellung zu übermitteln. In der Werkstatt des Geistes werden dann all die faszinierenden Ereignisse kreiert, die Sie sich von Herzen wünschen.

Wenn Ihr Geist auf Ihre Ziele ausgerichtet ist, dann ist es ähnlich wie bei einem Laserstrahl, er ist lediglich eine hohe Konzentration von Licht. Das Licht einer Glühbirne kann einen Raum erleuchten, gebündelt allerdings schneidet es mühelos Stahl entzwei. Wenn in einem Stück Eisen die einzelnen Atome in die gleiche Richtung weisen, es also magnetisch geworden ist, dann vermag es Strom zu erzeugen. Bündeln Sie deshalb Ihre geistige Kraft, richten Sie Ihren Geist aus, und in diesem Ausgerichtetsein sind Sie der Schöpfer Ihres Lebens. Mögen auch die ersten Tage oder Wochen noch zu Ihrer Lehrzeit gehören, so werden Sie doch in absehbarer Zeit die Fäden Ihres Schicksals meisterhaft in den Händen halten.

So wie ein moderner PC sich Ihre individuellen Gewohnheiten einprägt und beispielsweise von Stunde zu Stunde besser Ihre Stimme versteht und Ihr gesprochenes Wort auf dem Bildschirm erscheinen lässt, so wird der Ihnen innewohnende

Schöpferische Geist lernen, Ihre Wünsche zu verwirklichen. Bei einem PC-Schreibprogramm können Sie mit Recht erwarten, dass Ihre Worte getreulich niedergeschrieben werden. Es prüft nicht, ob ein guter Text entsteht oder ob es sinnlose Sätze sind. Der PC kommt keineswegs auf die Idee, etwas anderem als dem von Ihnen Gesprochenen Ausdruck zu verleihen. Er tut, was Sie sagen!

»Im Anfang war das Wort, und das Wort ward wirklich.«

Diese hilfreiche Erfindung ist eine vereinfachte Kopie des Gehirns, dem größten Computer der Evolution. Sie haben das Recht zu sagen, was Sie wollen. Machen Sie ab heute davon bewussten Gebrauch, damit endlich auch auf dem »Bildschirm des Raumes« (in Ihrem Leben) in Erscheinung treten kann, was Sie sich sehnlichst erwünschen.

Wenn Sie Visionen haben, dann »sehen« Sie vor Ihrem inneren Auge, was werden soll, und es wird dem Gesetz zufolge Wirklichkeit werden. In der »Werkstatt« Ihres Geistes wird bildgetreu das, was Sie denken und *sehen*, in Form, Funktion und Erleben umgesetzt. Wenn Sie in Ihrem Garten Salat ernten wollen, dann werden Sie sicherlich junge Salatstecklinge pflanzen. Wenn Sie Äpfel ernten wollen, dann werden Sie sicher keine Birnbäume pflanzen. Sie wissen, alles gedeiht nach seiner Art. Die Mutter Erde wird getreulich hervorbringen, was Sie ihr überantwortet haben. Die Grundgesetze der Biologie kennen Sie und machen sich keine weiteren Gedanken darüber. Genauso einfach ist die Wirkungsweise des Schöpfergeistes, er bringt getreulich hervor, was Sie denken. Das ist die große Gerechtigkeit, von der in der esoterischen Philosophie so oft die Rede ist, nämlich, dass auf diese Weise immer jeder bekommt, was er »verdient« (gedacht, gesagt, getan) hat.

Mit Selbsthypnose zu einem neuen Leben

Ich habe bereits vor einem Vierteljahrhundert damit begonnen, Menschen durch einfache Suggestionstherapie zu helfen, ihre Lebenssituation von Grund auf zu verbessern.

Hypnose auf der Bühne ist zur Unterhaltung da, und die »inszenierte« Show verführt den Zuschauer zu glauben, dass der Kandidat nicht mehr Herr seiner Sinne sei. Richtig ist jedoch, dass Sie immer das »letzte Wort« haben werden, wenn es um Ihre persönlichen Belange geht.

Es ist also nicht möglich, Sie zu einer Handlung zu veranlassen, die Ihrer Wesensart zuwider ist, aber es ist sehr wohl möglich, Ihnen zu suggerieren, dass es Ihnen von Tag zu Tag besser und besser geht.

Ich überzeugte mich in meinen ersten Jahren an der Seite von Dr. Joseph Murphy davon, dass man mithilfe von Hypnose hochinteressante Phänomene hervorbringen kann. Ich stand auch einmal auf der Bühne der Münchner Lach- und Schießgesellschaft und schickte den Schauspieler Sammy Drexel auf eine imaginäre Reise nach Amerika, versetzte das Publikum in Trance und suggerierte ihm, tief und fest zu schlafen. Ich suggerierte den Zuschauern Wärme, und sie begannen, sich ihre Jacken auszuziehen. Es war im Grunde ein einfaches Experiment, ihnen während der Darbietung unterschwellig zu suggerieren, dass sie sich wohl fühlen und die Vorstellung genießen.

Es ist einem sachgerecht vorgehenden Hypnosetherapeuten ein Leichtes zu zeigen, dass der Geist in uns Suggestionen als wahr annimmt und entsprechend reagiert. Ich kann mir natürlich selber, wie zum Beispiel beim autogenen Training, suggerieren, dass mir warm ist. Ich kann mir suggerieren, dass ich erfolgreich bin, dass ich gesund bin oder was immer ich möchte.

▶ Durch unsere Freude bestimmen wir, wie viel Glück und Zufriedenheit unsere Tage erfüllt.

Was es zu unterscheiden gilt

In diesem Werk werde ich auf einfache Weise, die Arbeitsweise Ihres Unterbewusstseins aufzeigen. Wenn ich von »in Ihrem Geist« spreche, dann meine ich die Vorgänge in den unbewussten Ebenen in Ihnen.

Sie sind das Bewusstsein, das Wünsche kreiert, und das Unterbewusstsein ist die »Annahmestelle« und zugleich die ausführende Instanz für all diese Wünsche. Im Unbewussten werden unsere Eindrücke und unsere Erfahrungen gespeichert und auf Abruf wieder »erinnert«. Der Schöpferische Geist ist über seine Funktion als Gedächtnis hinaus für all die Phänomene verantwortlich, die mit Hellsehen, Gedankenübertragung, Telekinese etc. zu tun haben. Er informiert sich über das Geschehen um Sie herum durch Ihre fünf Sinne und hat zusätzlich die paranormale Fähigkeit »zu wissen«, was einmal sein wird. Er kann durch Telepathie mit anderen Menschen Kontakt herstellen und Materie bewegen, ohne dass jemand sie berührt. Er ist für Wunderheilungen verantwortlich und wird Ihnen Ihren gebührenden Platz verschaffen, wenn Sie von seiner einzigartigen »Macht« Gebrauch zu machen lernen.

Der Schöpferische Geist hat die Aufgabe, »Erträumtes« auf seine Weise wahr werden zu lassen.

Er ist ein Gewohnheitstäter, der Ihnen, wenn Sie es sich zur Gepflogenheit machen, an Reichtum, grenzenlose Freude, Erstrebenswertes und Gutes zu denken, alsbald zu all dem auch verhelfen wird. Es ist eine Frage Ihrer »geistigen Großwetterlage«, ob Sie reich oder arm sind. Reichtum entsteht aus Reichtumsbewusstsein, Armut aus Mangeldenken. Der Schöpfergeist ist auch mit von der Partie, wenn Sie oft krank sind, nichts zu Stande

46

bringen und Pleiten, Pech und Pannen Ihre täglichen Begleiter sind.

Den verbindenden Kanal zwischen unserer Ratio und unseren höheren Bewusstseinsebenen nennen wir Intuition. Hellsichtig zu sein bedeutet, intuitiv zu »verborgenem« Wissen zu gelangen. Jeder, der in »Verbindung« ist, weiß aus dieser unsichtbaren Quelle, was einmal sein wird. Es ist in jedem von uns ein lichter »Raum«, in dem alles bekannt ist und zu dem Sie Zugang haben, wenn Sie Ihre intuitiven Fähigkeiten schulen.

Was immer Sie entscheiden (was Sie des Öfteren denken, haben Sie damit entschieden), in der »Werkstatt des Geistes« wird Ihr Auftrag ausgeführt.

Es ist also hilfreich, wenn Sie sich mit »Bewusstsein« identifizieren, erkennen, dass Sie der »Entscheidende« sind, und die anderen Ebenen für Sie arbeiten lassen. Sie wählen, bestimmen, was werden soll, und der Rest der Mannschaft hat die Aufgabe, all das in »Form« zu bringen. Der Schöpfergeist ist Ihr unermüdlicher Diener, der durch seine besonderen Möglichkeiten hilft, Ihre Vorstellungen zu erfüllen.

Eine Affirmation »lebt« von der »Macht«, die ihr von Ihrem Glauben und Ihrer Begeisterung gegeben wird. Oder anders ausgedrückt, wenn Sie sich etwas vorstellen, dann wird diese Vision je nach der Stärke Ihres Glaubens mit Leben erfüllt sein.

Viele scheitern, weil sie zwar wissen, was sie wollen, aber nicht wirklich glauben können, dass es auch möglich ist.

Es ist das Gesetz der Polarität, dass zwei zusammenkommen müssen, um ein Drittes hervorzubringen. In der Biologie sind es Vater und Mutter, aus denen das Neue hervorgeht und das Leben eine Fortsetzung nimmt. Ich möchte hier verständlich machen, dass Ihre *Vorstellungen* und die *Begeisterung* für Ihre Idee das Erwünschte *zum Ausdruck* bringen.

Der eine Pol ist: »*Ich weiß, was ich will*«, er ist Ihre Vision, der andere Pol ist: »*Ich bin begeistert!*« Das heißt vereinfacht: Ihre Ideen werden Wirklichkeit, wenn Sie sie *freudig* begrüßen. Der Fachausdruck lautet: eine Vorstellung emotional besetzen. Es gilt also zu wissen, was Sie wollen, und sich darüber von Herzen zu freuen, nicht weniger und nicht mehr.

In der Bibel heißt es: Tue, als habest du empfangen, und dir wird gegeben werden. Gemeint ist: Wenn eingetroffen ist, was Sie wünschen, dann werden Sie sich sicher freuen, aber genau das sollten Sie bereits vorher tun. »Sehen« und fühlen Sie, was sein soll, und freuen Sie sich darüber, dann beginnt der kreative Geist in Ihnen mit der Verwirklichung. Zusammengefasst ist das in der Aussage:

▶ Glaube an das, was noch nicht ist, damit es werde.

▶ Ihre Aufgabe in der Welt besteht darin, Gutes Wirklichkeit werden zu lassen.

Die Friedensnobelpreisträgerin Mutter Teresa kannte die Macht der Affirmation

Es ist längst durch psychologische Tests bewiesen worden und auch Hauptthema der Ewigen Philosophie, dass wir sind, was wir denken und glauben. Wenn wir lernen, an das zu denken, was wir uns wünschen, beginnt die »Macht« in uns aktiv zu werden. Alle äußeren Betriebsamkeiten können um mehr als die Hälfte reduziert werden, wenn wir wissen, was wir wollen. Die ausführende Instanz wägt ab, wenn zwei oder mehrere »Meinungen« zu einem Sachverhalt existieren. Es ist immer die beein-drucken-dere, die ge-*wichtigere*, die sich durchsetzt und sich das Schwächere einverleibt. Wenn im Hintergrund, tief in uns, verborgene Zweifel wohnen, dann sind sie oft in der Mehrheit, und deshalb muss über uns kommen, was wir (insgeheim) befürchtet haben! Nicht aufgesetztes, so genanntes Wunschdenken, sondern unsere stärkere Vorstellung wird zu unserem Schicksal.

Ich flog vor einigen Jahren nach Kalkutta, um Mutter Teresa, eine der bewundernswertesten Frauen des Jahrhunderts, zu besuchen. Mir wurde während unserer Gespräche wieder einmal eindrucksvoll bestätigt, dass es unser Glaube ist, der Wunder vollbringt. Mutter Teresa sagte mir über ihr Selbstverständnis:

»Ich glaube an Gottes Liebe in uns Menschen *und dass er mir mit seinen himmlischen Mächten bei meinem Werk immer helfen wird. Ich bete täglich mehrmals* und danke, dass ich stark in meinem Glauben bin *und dass der Segen des Allerhöchsten weiterhin mit mir ist. Ich weiß, in uns Menschen ist all die Kraft, die wir benötigen, um unsere Ziele zu erreichen, und Gott segnet uns und unser Tun, wenn wir von Herzen darum bitten.«*

Es war keineswegs so, dass Mutter Teresa nur sich und ihre Aufgabe, für die Ärmsten der Armen zu sorgen, gesehen hätte. Als wir uns über Spiritualität unterhielten und ich ihr sagte, in welcher Weise ich den Menschen in Europa zu helfen versuche, sagte sie:

»Der physische Hunger hier in Indien ist nichts gegen den spirituellen Hunger bei Ihnen im Westen. Kümmern Sie sich um die Menschen, und geben Sie ihnen spirituelle Nahrung.«

Im Laufe unserer Gespräche betonte sie mehrmals, dass es der Geist Gottes in uns ist, der uns heilen wird, wenn wir gläubig zu ihm beten. Ich wurde von einem ihrer Mitarbeiter in die »Stadt der Freude«, wie ein Teil der mittlerweile sanierten Slumviertel genannt wird, geführt. Ich sah dort grenzenloses Elend, aber auch Hoffnung in den Augen vieler Menschen. Die Ärmsten der Armen hatten von Mutter Teresa gelernt zu hoffen und zu glauben, dass sie eines Tages von dem Elend erlöst sein werden.

Was uns von dieser großen Frau unterscheidet, ist im Grunde lediglich das Maß des Vertrauens in die Weisheit der Schöpfung. Dabei ist es doch das Maß der »Dinge« und das, mit dem wir selber jeden Tag aufs Neue gemessen werden. Der Normalsterbliche wünscht und hofft. Beim Glauben jedoch ist er zaghaft, und der ist schwerlich der Fels, auf den ER seine »Kirche« bauen kann. Wer die Friedensnobelpreisträgerin aus ihrer Biografie kennt oder den Film über sie gesehen hat, der weiß, dass es ihre Demut und ihre unumstößliche Gewissheit war, die sie in die Geschichte der Nächstenliebe hat eingehen lassen. Große Menschen wie diese wunderbare Seele sollten uns allen ein Vorbild sein, sie lehren uns Nächstenliebe *und unserer eigenen Kraft zu trauen.*

▶ Visionen sind Wegweiser, folgen Sie ihnen.

Ein besonderer Politiker

Als ich vor ein paar Jahren mit dem damals amtierenden österreichischen Bundespräsidenten und ehemaligen UNO-Generalsekretär Dr. Kurt Waldheim über eine Weltfriedensinitiative sprach, erkannte ich wieder einmal, dass gerade hohe Amtsträger sehr deutlich der Maxime des Positiven Denkens folgen. Auch seine »Kernaussage« war wie zu erwarten einfach. Er ist praktizierender Christ und glaubte, dass er mit Gott an seiner Seite »seinen Weg« nicht verfehlen konnte. Bundespräsident Dr.

Kurt Waldheim sagte: »*Ich hatte bereits in frühen Jahren die Vision, den Menschen zu dienen, und ich wollte helfen, die Welt liebenswerter zu gestalten. Ich wusste schon damals, dass ich meinen inneren Frieden finden musste, denn ohne ihn gibt es keinen wirklichen Erfolg im Außen. Als gläubiger Christ betete ich um meine innere Stabilität und um Frieden in der Welt. Ich wusste, dass ich aus meiner Mitte heraus in die Herzen der Menschen sprechen konnte, um sie dazu zu bewegen, friedlich miteinander umzugehen. Von meinem Vater wurde ich bereits in jungen Jahren darauf hingewiesen, dass ein erfolgreicher Mensch niemals selbstsüchtig ist. Er ist und bleibt dem Dienst an der Menschheit verpflichtet. Ich hatte immer ein klares Ziel vor Augen, ich wollte helfen, diese Welt menschlicher zu gestalten.*«

Natürlich war Dr. Waldheim fleißig und ehrgeizig, aber auch gewissenhaft bemüht, so gut wie nur möglich seine Aufgaben zu lösen. Er war ganz, das heißt mit Liebe, bei der Sache, wenn es um seine verantwortungsvolle Aufgabe ging.* Ehrlich zu sein und im Sinne des Ganzen zu handeln heißt, Gott (das Gute) an seiner Seite zu wissen. Im Grunde sind Dr. Waldheim und die im Buch beschriebenen Personen Menschen wie Sie. Im Gegensatz zur breiten Masse jedoch folgten sie ihrer Vision. Die »Großen« haben eine klare Vorstellung und produzieren nicht so viel »Sinnloses Gestammel«, wie es allgemein üblich ist. Eines der wichtigsten Rezepte auf dem Weg nach oben ist, sich nicht zu verzetteln und seine Kraft ausschließlich auf das angestrebte Ziel zu richten.

---

* Mehr über dieses Gespräch lesen Sie in meinem Buch »*Erfolg ist die Kunst des Machbaren*«, Ewert Verlag.

▶ All Ihre »Leiden« waren Wegweiser, die Sie für Ihre Orientierung brauchtet, und sie führen Sie zur Erlösung.

»Amma«, die ungewöhnlichste Frau, die ich kenne

Wo ist Ihre Grenze, wie weit reicht Ihre Vision im Leben? Ein einfaches Fischermädchen im Bundesstaat Kerala, Südindien, sehnte sich vor vierzig Jahren danach, den Menschen in Liebe zu dienen. Und weil sie nichts mehr ersehnte, als zu lieben und die Menschen von ihren Leiden zu erlösen, wurde aus ihr eine junge Frau, die heute von Millionen als Heilige verehrt wird.

(Amma) *Sri Sri Mata Amritanandamayi Devi* aus Kerala ist in ihrem Wesen einfach, weil »einer« mit dem Bewusstsein, den Schöpfer an seiner Seite zu wissen, mächtig ist und »ein-fach« *sein* kann.

Lassen Sie mich eine kurze Passage aus meinem Buch »Erfolg ist die Kunst des Machbaren« zitieren, in dem Amma mir ihre Geschichte erzählte:

»Ich bin in diese Welt gekommen, um den Menschen zu helfen, die Liebe zu finden. Indem ich ihnen helfe, sich selbst zu erkennen, geschieht es wie von alleine, dass sie »eins« werden mit Gott und dass sie seine Eigenschaften annehmen. Wer wie ich im höchsten Selbst, im Bewusstsein des Atman (Gott) verankert ist, empfindet damit auch die Verantwortung, Gottes Werk auf diesem Planeten zu etablieren.«

Amma wusste von Kindesbeinen an, dass sie etwas Besonderes für die Welt als Geschenk in den »Händen« hält. Sie hatte nichts an äußeren Werten, aber ein Herz voller Liebe.

Überlegen Sie einmal, wie Sie der Gesellschaft Ihre »Aufmerksamkeit« schenken könnten. Jeder ist ein »Original«, Gott sei es gedankt. Denn das, was uns Menschen voneinander unterscheidet, macht uns so wertvoll. Der eine hat eine Vision, der andere ein Herz voller Liebe und der Nächste sprüht vor Ideen. Einer glaubt an sich, und sein Glaube ist sein Geschenk an die Welt. Ein anderer liebt, und die Welt wird, weil er *da* ist, ein bisschen heller. Erkennen Sie Ihre Eigenart an, denn nur so können Sie Ihrer Einzigartigkeit Ausdruck verleihen. Jeder hat etwas zu geben, geben Sie, weswegen Sie gekommen sind, denn zurückhalten bedeutet Verderben. Glauben Sie ausschließlich, was *Sie* glauben wollen, glauben Sie vor allem an sich und keinesfalls irgendwelchen negativen Aussagen aus Ihrer Vergangenheit. Mein Geschenk an die Welt ist Herzensgüte und meine Präsenz in übergeordneten geistigen Ebenen, auf denen ich Menschen wieder zu ihrem Heil-sein zu führen vermag. Es ist mein Beitrag für die Welt, und er findet Einlass über die offenen Herzen von abertausend Verbündeten.

Sie wählen durch Ihr Denken, was werden wird. Es ist Ihnen freigestellt, heute Ihren Geist auf alles für Sie Erfreuliche auszurichten. Wählen Sie, was rein, was liebenswert, was es an löblichen Dingen gibt, sagte schon Paulus in seinem Brief an die Philipper. Wenn Sie durchschaut haben, dass es so einfach ist, dann wählen Sie jetzt, was mit der Zeit, die Ihnen in dieser Welt geschenkt wurde, geschehen soll! Etwas philosophischer gesagt: *Wenn Sie die Wahrheit erkennen (verstehen), dann werden Sie frei sein.*

Schon morgen werden Sie sein, was Sie heute denken, heißt es in der Ewigen Philosophie. Diese Kernaussage ist natürlich richtig, und wenn wir sie ein wenig relativieren, dann wird sie auch gleich annehmbarer. Gemeint ist damit: Ihr Heute besteht aus dem, was Sie gestern gedacht, gesagt und getan haben, und somit muss, was Sie heute denken, sagen und tun, morgen »Folgen« haben.

Sobald Sie dies annehmen können, werden Sie Ihren Gedanken eine klare Richtung geben. Heute er-schaffen Sie Ihr Morgen. Beginnen Sie mit diesem Wissen, die ersehnte neue Ausrichtung Ihres Lebens zu erschaffen. Ihr Geist wird zum Laserstrahl, punktgenau und höchst effektiv in seiner Wirkung. Es gilt, sich seine Denkgewohnheiten zu vergegenwärtigen und sie auf Begehrenswertes auszurichten. Vergegenwärtigen Sie sich Ihren Status, damit sich schon in naher Zukunft Ihre Erwartungen erfüllen. Weg vom Massendenken, hin zu individuellen, Leben spendenden Gedanken sollte Ihre Devise sein.

▶ Jegliche Suche nach Wissen ist immer auch die Suche nach dem Schöpfer.

Sind Sie ein Ergebnis allgegenwärtiger Massensuggestion?

Zu jeder Zeit unseres Lebens werden wir von allen Seiten mit vielfältigen negativen Aussagen (Suggestionen) konfrontiert. Wir alle wurden auf eine Weise beeinflusst, die uns bisher das Leben eher schwer gemacht hat, anstatt es uns zu erleichtern. Haben Sie nicht auch unzählige Male gehört:

»Das kannst du nicht, wie oft soll man dir das noch sagen, das wirst du nie schaffen, du bist zu dumm und wirst schon sehen, wo das hinführt.«

Die Welt ist voll von destruktiven Behauptungen und färbt unser Gemüt im Laufe vieler Jahre, ohne dass wir es bemerken, pessimistisch ein. Wir werden selten aufgefordert, unser Licht leuchten zu lassen, dafür aber erhielten wir allzu oft Dämpfer, sodass uns unser Strahlen vergangen ist. Wenn Sie im Laufe der Zeit destruktiven Suggestionen Glauben schenkten, dann muss, was Ihre persönlichen Belange betrifft, sehr vieles im Argen liegen. Sie werden in vielerlei Hinsicht der Meinung sein, zu kurz zu kommen, und aus diesem Grunde früher oder später im Abseits stehen. Ein guter Segler lernt »gegenzuhalten«, wenn der Wind von der Seite kommt. Er weiß, wie er die Segel setzen muss, und darauf kommt es im Leben an.

Man spricht von kultureller Massensuggestion, wenn die Menschen, ohne viel zu überlegen, einfach tun, was »man« schon immer getan hat. Wenn wir nicht alte Glaubenssätze überdenken und durch neue, zeitgemäßere ersetzen, werden wir weiter von »Althergebrachtem« manipuliert. Wer nicht aufpasst, dem wird allgegenwärtige Destruktivität die Freude am Leben drastisch reduzieren.

Sobald Sie aber mit gezielten Autosuggestionen »gegen«zuhalten lernen, wird es für Sie ein Leichtes sein, Ihre Lebensqualität zu verbessern und sich vor Negationen abzuschirmen. Ich selber lernte schon in frühen Jahren, die abwertenden Behauptungen aus meiner Jugendzeit zu neutralisieren und stattdessen aufbauende, erfolgsorientierte Gedanken in mein Unterbewusstsein zu implantieren.

Erinnern wir uns daran, wie in Deutschland während des Hitlerregimes Millionen Menschen gegen eine Volksgruppe aufgehetzt wurden und daraus eine nicht mehr gutzumachende geschichtliche Katastrophe wurde. Politische Machthaber haben zu allen Zeiten der Weltgeschichte mit Suggestionen ihre eigenen gefährlichen Ziele verfolgt und allzu oft auch erreicht. Wer von der Macht des Bewusstseins nichts weiß, kann natürlich keine positive Veränderung seines Status' erreichen. Wer nicht weiß, was mit Suggestionen möglich ist, kann leicht für negative Ziele missbraucht werden.

Die Machthaber des »Dritten Reichs« haben mit gezielter Hetzpropaganda die Macht des Geistes in einer schrecklichen Weise fehlgeleitet. Keine Bomben, nicht einmal die von Nagasaki und Hiroshima, waren in der Lage, sechs Millionen Menschen zu töten. Der Geist in uns kann von gewissenlosen Menschen manipuliert werden und zu schrecklichen Ereignissen führen.

Nehmen wir den vor einigen Jahren bekannt gewordenen Massenselbstmord einer religiösen Gruppierung in Südamerika. Es war »Gehirnwäsche«, die bei den Mitgliedern zu der Meinung geführt hat, dass der gemeinsame Tod der beste Weg sei, direkt in das ersehnte Himmelreich zu gelangen. Seien Sie schon aus persönlichem Interesse wachsam für destruktive Suggestionen, aber nutzen Sie die »Macht« in Ihnen, um Ihnen und der Welt beim Wachstum zu helfen.

Die Macht des Glaubens wird in allen Religionen genutzt, um »Gläubigen« den Himmel auf Erden zu bereiten, und es ist ganz offensichtlich, dass viele auch ihren Frieden finden, *weil sie glauben können*. Vereinfacht gesagt: Den allermeisten fehlt der »rechte« Glaube. Sie sehen oft nicht, was ist, sondern was man ihnen zeigt, und genau das nennt man Manipulation. Es gibt kein unabwendbares Schicksal, das Ihnen von außen auf Dauer auferlegt werden kann, es gibt nur das Schicksal, das Sie sich selber geschaffen haben. Suggestionen sind ein Werkzeug, mit dem man Sie manipulieren kann oder mit dem *Sie Ihre* Freude mehren können.

Sie können mit dem hier vermittelten Wissen klüger sein als der griechische Gott Zeus und sehr wohl wissen, was Sie zu tun haben. Sie verfügen über die größte Macht, die uns Menschen zugänglich ist, verwenden Sie sie weise, und kreieren Sie sich eine wunderbare neue Welt. Schreiben Sie mir, wenn es so weit ist und Sie ein Fest feiern.

▶ Wir glauben allzu leicht, dass das, was unsere physischen Augen nicht sehen, auch nicht existiert.

In Ihrem Bewusstsein liegt Ihr Schicksal

In allen Zeitaltern und in allen Kulturen sind Menschen aus unserer Mitte hervorgegangen, die etwas Besonderes geleistet haben. Denken Sie an Albert Einstein, der Großes im Bereich von Physik und Mathematik in die Welt gebracht hat. Der berühmteste Arzt des Mittelalters, Paracelsus, ist mit seinen noch heute gültigen Aussagen in die Medizingeschichte eingegangen. Das französische Genie der Kriegskunst, Napoleon Bonaparte, ist noch immer Vorbild für viele Politiker und Militärs, wenn es um geniale Strategien geht. Johann Wolfgang von Goethe hat bedeutende Weltliteratur hervorgebracht. Wolfgang Amadeus Mozart prägte die Musik des Abendlandes mit seinen unvergesslichen Kompositionen und hat damit Maßstäbe für alle, die ihn zum Vorbild wählten, gesetzt. Ich sah mir mit Ergriffenheit Michelangelos Pieta im vatikanischen Museum in Rom an. Die berühmten Maler, Vincent van Gogh, Manet, Toulouse-Lautrec, Chagall, sie alle prägten die Welt der Malerei mit ihrem Genie. Sie alle setzten die »Macht«, von der hier die Rede ist, für ihre Ziele ein. Alle großen Vorbilder der Geschichte hatten ihre *Visionen*, sie dachten Großes, und Großes folgte ihnen.

Es ist die Macht Ihres schöpferischen Geistes, der, wenn er bewusst »ziel-gerichtet« wird, vorbehaltlos alles tut, um Sie zu Ihren Zielen zu tragen. Wenn Sie erfolgreich sein wollen, dann helfe ich Ihnen, sich dieser Kraft in vollendeter Form zu bedienen. Es wird Ihnen möglich sein, weit über das normale menschliche »Maß« hinaus, Wunder in Ihr Leben zu rufen. Jesus sagte, wenn er auf seine Wunder angesprochen wurde: *»Ihr werdet noch mehr Wunder vollbringen als ich.«*

Er hatte Recht; es ist der neue mögliche Mensch jetzt am Anfang des einundzwanzigsten Jahrhunderts, der es lernt, diese große Kraft auf das Wohl alles Lebendigen auszurichten. Es ist das Erwachen des Bewusstseins, der Sprung vom Menschen zu den Göttern, der sich allerorts vollzieht und auch Ihnen helfen wird, zu den Glücklichen der Welt zu gehören.

Wenn es heißt: »*Der Geist weht, wo er will*«, dann ist damit gemeint: Er weht, wo er will, weil er den besten Weg zur Erfüllung Ihrer Wünsche kennt. Er hat Zugang zu allem, was einmal war und was einmal sein wird. Umschreiben wir es mit Allwissenheit, über die Sie in Ihrem Inneren verfügen, wenn Sie Ihre Aufmerksamkeit nach innen richten.

Der aus dem fernöstlichen Lebensraum bekannte Begriff von der »Akasha-Chronik« oder die neuere Definition vom »Kollektiv Unbewussten«, benannt durch den Psychologen Carl Gustav Jung, meint jenen Ozean des Wissens, von dem in spirituellen Schriften so viel die Rede ist. Mit diesem Ozean des Wissens, dem Ozean der Liebe, sind Sie verbunden, wenn Sie das bisher Unentdeckte zu entdecken beginnen und wenn sich das Geheimnisvolle für Sie offenbart. In den Tiefen Ihres Geistes ist der Zugang zu den »Schätzen« des Himmels und der Erde für Sie aufbewahrt, bis Sie sich ihrer bedienen.

▶ Haben Sie den Mut, sich Ihrer Weisheit zu bedienen, dann finden Sie Ihren eigenen Weg und müssen nicht anderen folgen.

Der Kern aller Religionen

Der althergebrachte Denkansatz für die Ursache unserer Sorgen und Probleme gehört zu den »alten Glaubenssätzen« einer sich mit großen Schritten erneuernden Gesellschaft. Das neue Jahrtausend kreiert ein zeitgemäßes neues Denken, und das hilft immer mehr »Suchenden« bei der Loslösung von alten Fesseln.

Das Wissen der Ewigen Philosophie ist so alt wie die Menschheit, und es ist gleichermaßen in allen Religionen zu finden. Wenn der Religionsbegründer der Christenheit von Gott sprach, der Begründer des Buddhismus von der Leere, Laotse vom Absoluten, der Prophet Mohammed von Allah, dann meinten sie alle den Geist, der *alles* geschaffen hat, der uns innewohnt und der uns wie ein gütiger Vater wohlgesonnen ist.

Die eigentliche Substanz der Großreligionen kommt aus derselben Quelle, aus jener Instanz, die *überall* ihre »Wohnstatt« hat und die, wenn wir sie in unser Weltbild mit einbeziehen, auch immer für uns da ist. Es gibt nur *ein* Gesetz, nur *einen* Geist, nur *eine* Substanz, und wir sind *eins* mit all dem.

Es ist richtig, wenn es heißt: *Wie innen, so außen,* oder religiöser ausgedrückt, *wie im Himmel, so auf Erden.*

Gemeint ist mit beidem, dass unsere geistigen Inhalte, unsere Gedanken und unsere äußere Welt nicht tatsächlich voneinander zu trennen sind. Sie erscheinen nur bei oberflächlicher Betrachtung verschieden. Aus Materie kann unsere Wissenschaft Energie werden lassen, und aus Energie wiederum kann Materie werden. Was Physiker erst aufwendig lernen mussten, ist schon immer unser Naturell. Wir denken, und es entstehen Situationen und Formen. Ihre Welt besteht aus Ihren Gedanken. Unser aller Welt besteht, wie könnte es anders sein, aus unseren Gedanken. Energie (Geist, Gedanken) und Materie, wir nennen es fälschlicherweise Wirklichkeit, sind lediglich zwei Aggregatzustände von ein und derselben »Ursubstanz«. Indem wir denken, *verdinglichen* sich Gedanken. Aus unseren Gedanken werden Formen und lassen *unsere* Welt entstehen. Albert Einstein sagte einmal in einem philosophischen Gespräch: Das Universum gleicht einem großen mathematischen Gedanken.

In der Schöpfungsgeschichte heißt es zu diesem Thema: *»Im Anfang war der Geist, und der Geist ward Wirklichkeit.«*

Das geistige und das materielle Universum bilden eine Einheit, die einander bedingt, das heißt, das eine geht aus dem anderen hervor und kehrt im kosmischen Zyklus wieder zur Quelle zurück. Aus einer anderen Perspektive betrachtet, ging der Geist in der Materie schlafen und erwacht, sich seiner bewusst werdend, in einem langen Evolutionsprozess im Menschen.

Wenn im Weisheitsbuch der Christenheit geschrieben steht: *»Das Himmelreich ist in euch«,* dann sollen uns diese Worte daran erinnern, dass Glückseligkeit und Vollkommenheit, wonach wir alle streben, in uns sind und wir sie uns nur ins Bewusstsein zu bringen brauchen, um sie in unsere »Welt« zu holen.

Himmel oder Hölle sind keine geographischen Orte, sondern Bewusstseinszustände, die wir selber kreieren. Wir *bestimmen* durch unser »So-sein« unser Karma und wählen, indem wir denken, sprechen und handeln, »wohin wir unser Haupt legen«.

Der Unterschied zwischen einem erfolgreichen und einem erfolglosen Zeitgenossen ist: Der eine erkennt, dass er über eine reiche Machtfülle gebietet, der andere weiß nichts von alldem. Er hat sehr vieles nicht gedacht, nicht getan, und deshalb fehlt ihm verständlicherweise vieles, obwohl der Schöpfer für alle »gedacht« hat.

Wer sich dem Leben *anschließt*, der erfährt in diesem Angeschlossensein reiche Fülle, wer sich ihm aber verweigert, den umgeht das Leben. Wer nicht »für das Leben ist«, wie könnte es *mit ihm sein*. Sich zu verweigern heißt, (zu) oft Nein zu sagen. Wenn es stimmt, dass »wie wir in den Wald hineinrufen, es herausschallt«, dann müssen auch all die Neins zurückkehren, die von uns ausgegangen sind.

Wer Ja sagt, ist offen, nein verschließt die Türen und heißt, nichts annehmen zu wollen. Auf diese Weise sorgt mancher für sein hartes Schicksal selbst, und das Leben in seiner unendlichen Fülle erreicht ihn nicht. Machen Sie sich bewusst: Jemand, der reich an guten Gaben die Welt betrat und dem geheißen wurde, glücklich zu sein bis an seiner Tage Ende, leidet Mangel. Man muss es schon einen folgenschweren Irrtum nennen und es dennoch verstehen. Um den, der mit der Mentalität des ängstlichen Neinsagers seinen Weg wählt, muss aus den vielen Neins ein Vakuum entstehen. Deshalb sagen Sie, sobald Sie sich Ihres »Reiches« bewusst geworden sind, Ja *zu sich und Ihrem Leben.*

Sie können immer davon ausgehen, dass das Leben unendlich barmherzig zu allen ist, *die mit ihm sind,* aber dass es auch schonungslos zu jenen ist, die nicht den Mut haben, es selber in die Hand zu nehmen.

Während Sie diese Zeilen lesen, ist die Zeit für Sie gekommen zu wählen, ob Sie Ihr Leben mit all dem Guten füllen wollen, das die Welt zu bieten hat. Bald schon werden Sie wissen, wie es anderen ergangen ist, die nicht zufrieden waren mit dem, was andere übrig ließen, und *Sie* werden entscheiden, was werden soll.

Erfüllen Sie Ihren Geist mit der erhebenden Vorstellung von einem wunderbaren Leben. Stellen Sie sich vor, wie es ist, wenn alle leidvollen Erfahrungen der Vergangenheit angehören.

▶ Das Glück im Außen ist eine Illusion, und wie jede Illusion muss es zeitlich begrenzt sein.

Dieses Buch befreit den Geist aus der »Flasche«

Meine Reisen auf der Suche nach dem Besonderen führten mich an viele heilige Orte. Überall fand ich ähnliche Situationen vor, überall auf der Welt sind Menschen in andächtiger Hingabe versunken und bitten Götter, Geister und Dämonen um Hilfe bei der Lösung vielfältigster Sorgen und Nöte. Überall geschieht es, dass Bitten um Heilung erhört werden und der Glaube an den dort angebeteten Geist gefestigt wird. Wenn an einem Wallfahrtsort Wunder geschehen, dann heißt das für den Hilfesuchenden verständlicherweise, dass die verehrte Gottheit ihn erhört hat.

Einfacher wäre es, wenn es zum geistigen Allgemeingut würde, dass nicht der dort vermutete Heilige, sondern der Geist, *der im Menschen seine Wohnstatt hat,* das Wunder bewirkte. Ihn hat der Betende angesprochen, und »Er« hat das Wunder herbeigeführt.

Weil die meisten Menschen aber nichts von der universellen Macht in ihren Herzen wissen, sind sie in Abhängigkeit geraten, und es wird für viele zum Gebot, einen persönlichen Schutzheiligen an ihrer Seite zu haben. Weil sie nicht an den Gott in ihren Herzen glauben können, bedürfen sie stattdessen der Protektion von Priestern, Geistern und Gelehrten.

Es ist erwiesen, dass an allen Wallfahrtsorten, in allen Glaubensrichtungen gleichermaßen Gebete erhört werden und dass allerorts auch Wunder geschehen.

Das würde bei oberflächlicher Betrachtung heißen, dass es viele Götter gibt und jede Religion Recht hat, indem sie an ihre Gottheit(en) glaubt, oder Gott zeigt sich uns Menschen in unserer Lieblingsform, weil wir ihn dann besser annehmen und verstehen können. Ihm ist die Vorstellung, die wir uns von ihm machen, gleich-*gültig.* »Er« gab uns von seiner Schöpferkraft, und wir machen, indem wir mit *gläubigen Herzen beten, von ihr Gebrauch*!

Nicht »Er« ist es, der ein Wunder vollbringt, sondern wir sind es, die auf »IHN« vertrauen und so selber das Wunder herbeiführen.

Erinnern Sie sich, dass Jesus sagte:
»Ihr werdet noch mehr Wunder vollbringen als ich.«
In der Schöpfung gibt es alles, was wir benötigen; wir müssen nur lernen, davon Gebrauch zu machen und zu erkennen, dass uns alle Macht gegeben ist. Alles, was in Ihrem Leben von Bedeutung ist, liegt weitestgehend in Ihrer Hand (Geist). Je früher Sie sich dieses Wissen zu Eigen machen, umso schneller werden Sie glücklich und zufrieden sein.

Mehrere tausend Jahre Kulturgeschichte haben uns zu dem Glauben geführt, dass Anbetung unter der »Federführung« von Priestern die Götter gnädig stimmt. Doch es ist immer nur die uns allen innewohnende Schöpferkraft, die das Wunder vollbringt. Ob wir uns nun an die Götter einer bestimmten Religion, an den einen Gott oder an die Allmacht in uns wenden, ist gleich-*gültig; denn »wer Gott nicht überall sieht, sieht ihn in Wahrheit nirgendwo«*. Wenn wir glauben können, dann haben wir angeklopft, und mit dem, was wir glauben, wird uns geantwortet. Glauben Sie an sich, damit Ihnen Ihr Glaube neue Welten erschließt und Sie ab jetzt am Glück des Himmels und der Erde teilhaben.

Aber weil der »Eine« überall zugegen ist, antwortet er Ihnen, wo immer Sie ihn anrufen: in Priestern, Geistern, Göttern, Dämonen, im stillen Kämmerlein, in allem, was ist.

Sie können kaum etwas Besseres für sich tun, als zu einigen dieser besonderen Orte zu reisen und selber zu erleben, mit welcher Hingabe überall um Erlösung gebetet wird. Sehen Sie mit eigenen Augen, wie junge und alte Menschen in Lourdes, in Indien, in japanischen Shinto-Schreinen Trost und Heilung erlangen.*

---

* Info zu solchen Reisen unter der Telefonnummer 089/3009141.

Ich selbst habe bereits in den 70er-Jahren unter der Anleitung von Dr. Joseph Murphy damit begonnen, Hilfesuchende mit Affirmationen wieder zu ihrer eigenen Kraft zu führen. Als mir damals Dr. Murphy begeistert von den nahezu unbegrenzten Anwendungsgebieten transpersonaler Hypnosetherapie berichtete, wusste ich, dass es meine Berufung ist, die Allmacht des Schöpfergeistes wieder in das Bewusstsein der Menschen zu rücken. Es ist Sinn meines »Daseins«, das über das Weltliche Hinausgehende *offensichtlich* werden zu lassen und Hilfesuchenden darzulegen, dass sie immer des Schöpfers allgegenwärtige Präsenz an ihrer Seite haben. Es war mir damals sehr schnell bewusst, dass ich auf diese Weise den Menschen besser dienen würde, wieder Wunder ins Leben zu »rufen«, und dass das neue Wissen mehr bewirkt als jede chemische Substanz. Jeder kann geheilt, glücklich und zufrieden sein, wenn er glauben kann, dass alles Erforderliche in ihm ist. Niemand muss weit reisen oder zu einem Wunderheiler gehen, muss nicht in die Ferne schweifen, weil das Gute in ihm schon lange darauf wartet, eine Stufe auf der Leiter zu seinem Glück zu sein.

Auf meiner Suche meditierte ich in fernöstlichen Ländern, zu Füßen Buddhas. Auch wenn er zurzeit »versteinert« auf die Gläubigen niederschaut, so ist er doch in unserem Geist zugegen. Ich beugte mich vor seiner vollendeten Bewusstheit, die vielen Suchenden ein Vorbild ist. Ich verbrachte eine lange Nacht andächtig in der Grabkammer der Cheopspyramide und vereinigte meinen Geist mit dem höchsten Bewusstsein der ägyptischen Gottheit Ra. Ich habe mein weltliches Wesen mit dem Christus-Bewusstsein verbunden, das in dem Buch »Ein Kurs in Wundern« zu uns spricht. Was ich auf meiner langen Reise suchte, habe ich gefunden. Es ist jener Geist, der uns geschaffen hat, der in uns wohnt und den wir immer um Hilfe bitten können, wenn wir seiner bedürfen.

Ich erkannte, dass des Lebens Gebot die Suche nach der

höchsten Erkenntnis ist. Ich suchte und fand meinen Glauben. Seit vielen Jahren gebe ich ihn weiter an all jene, die nach (Er-) Lösung streben. Mein Glaube gab mir die Kraft, jenen, die zu mir kommen, zu helfen, sich selber zu finden und *zu sich zu kommen*. Wer aber »gefunden« hat, dessen Lebenssinn hat sich erfüllt und der hat ausgesorgt.

Der Geist der Schöpfung ist stets zu Diensten, sprechen Sie ihn an, machen Sie noch heute die ersten Schritte, um Ihre Sonnenseite des Lebens zu betreten.

Träumen Sie jetzt eine Weile von Ihrem Leben, damit Sie bald schon Ihren Traum leben.

Humorvoll könnte man sagen, der Geist in der »Flasche« ist frei, wenn Sie sich öffnen, sich selbst erkennen und von nun an eine offene Schale sind.

▶ Wenn Sie Ihre Probleme nicht lösen können, dann lösen Sie sich von ihnen.

Bauen Sie ein neues (geistiges) Haus, damit Schönes und Edles sich verwirklichen kann

Weil das Thema dieses Buches nicht ganz alltäglich ist, scheint einiges vielleicht zunächst noch schwer verständlich. Damit Ihnen der immense geistige Schatz der Ewigen Philosophie zugute kommt, rate ich Ihnen, dieses Buch langsam *und* mehrmals zu lesen.

Verinnerlichen Sie das Geschriebene Schritt für Schritt. Neu ist im Grunde nichts, in Ihrem Geist, inmitten von Ihnen also, ist, was Sie hier lesen, wohl bekannt. Wenn Sie während der nächsten Tage spüren, dass altbekanntes Wissen aufsteigt und Sie sich gewissermaßen erinnern, dann sind Sie mit dem Allwissenden Geist in Verbindung. Dieses Gefühl der Verbundenheit gilt es zu genießen, damit zukünftig eine fortwährende Kommunikation möglich ist.

In der Ewigen Philosophie heißt es: *»In Ihnen ist ein besonnter Raum, in dem alles auf ewig bekannt ist«,* und es ist meine Aufgabe, Sie, während Sie lesen, mit diesem »besonnten Raum« vertraut zu machen.

Im Grunde gilt es nur, Wohlbekanntes erneut in Ihr Bewusstsein zu rufen.

Sollte Ihnen das Geschriebene zunächst schwierig erscheinen, dann wird sich das im Laufe der weiteren Lektüre mit Sicherheit ändern. Sie sind lediglich noch ungeübt in dieser Thematik. Niemals in der Geschichte der Menschheit wurden die Weisheiten der Geistigen Gesetze öffentlich gelehrt. Nur Geheimbünde haben sie unter dem Siegel der Verschwiegenheit an Auserwählte weitergegeben. Es war der Egoismus von Elitegruppen, die um ihres besonderen Status' willen allein von diesem Wissen Gebrauch machen wollten. Die Weisheiten der Ewigen Philosophie haben im geistigen Gebäude noch zu wenig Raum, um der Masse leicht begreiflich zu sein. Die Erfordernisse der nahen Zukunft werden uns lehren, uns mehr und mehr dieses »Schatzes« zu bedienen. Das in diesem Buch beschriebene Wissen wird über *Sie* bei vielen Menschen »Einlass« finden und ihnen damit helfen, ein Leben in Freiheit zu führen.

▶ Der Kopf ist dem Menschen nahe, das Herz ist auf Gottes
  Seite.

Über Ihre innere Verbindung haben Sie
Zugang zu den Schätzen der Welt

Über die grenzenlosen Möglichkeiten, unser Leben frei zu gestalten, wissen die Normalsterblichen nur wenig. Wer sich für
die verborgenen Gesetze nicht interessiert, wird schwerlich die
ganze Bandbreite seiner Chancen zu einem glücklichen Leben
erfassen und eher auf Sparflamme leben, als an der unendlichen
Fülle teilzuhaben. Nicht interessiert zu sein heißt aber auch,
nicht wissen zu wollen, was vollkommene Gesundheit ist, was
wirkliche Zufriedenheit bedeutet und wie Reichtum sich anfühlt. Interesse zu haben bedeutet hingegen, neugierig auf unbekannte, faszinierende Welten zu sein und das Leben in seiner
Unvergänglichkeit zu begreifen. Das Leben sucht ständig nach
neuen Gelegenheiten, sich selber zu erfüllen, und braucht Sie,
damit an Ihnen ein Beispiel für seine grenzenlose Schönheit
sichtbar wird. Das Leben ist immer bemüht, Ihre Wege zu ebnen
und Ihre Visionen zu erfüllen. Wenn Ihnen etwas einfällt, dann
ist es der All-Geist, der Ihnen einen Vorschlag macht und einen
Beitrag zu Ihrem Glücklichsein leisten will.

Alles, was Sie sind, alles Edle, Gute und Gottgleiche, Ihre Inspirationen sind »Gaben«, die Ihnen von dieser großen kreativen
Intelligenz gegeben wurden. Diese Kraft ist immer zugegen und
weiß, wann Sie etwas brauchen, und sie hilft Ihnen weiter, wenn
Sie ratlos sind. Diese Intelligenz in und hinter den Dingen
schenkt Ihnen zur rechten Zeit einen Einfall, damit Sie auf den
richtigen Weg kommen und Ihre Ziele für Sie erreichbar werden.
    Es gilt, den unsichtbaren Aspekt der Schöpfung in Ihre Überlegungen einzubeziehen. Kommunizieren Sie mit der geistigen

Welt, sprechen Sie sie an, und Sie werden Antwort erhalten. Wenn Sie im »Gespräch« sind, dann geschieht es immer öfter, dass Sie zur rechten Zeit am rechten Ort sind.

Das Unsichtbare in der Schöpfung ist der Ursprung, es ist die Quelle, aus der alle Prozesse des Lebens ihren Anfang nahmen. Jedes Ihrer Organe unterliegt der Order des Unsichtbaren, das alles zur Vollkommenheit führt. Das nicht Sichtbare ist in der Schöpfung sichtbar geworden, ein Teil zeigte sich, der andere blieb unoffenbart. Ein Aspekt des Schöpfergeistes wird für das menschliche Auge einsehbar, ein anderer wird sichtbar, wenn wir das Auge der Kontemplation (drittes Auge) öffnen.

Im ostasiatischen Myanmar sagt man:

▶ Im Anfang, auch der Zeit, hat sich der Eine, Unoffenbarte, zu einem Teil seines Seins in die Vielheit begeben.

Einen Teilbereich zu offenbaren heißt, dass nicht alles sichtbar, aber dennoch »wirklich« ist. Dieser unsichtbare Aspekt des Ganzen hält die Fäden in seinen Händen und verbindet jedes mit jedem. Dieser Unsichtbare ist der große Choreograf und führt Regie hinter den Kulissen. Ohne ihn auskommen zu wollen bedeutet, die Schöpfung in ihrer Unendlichkeit nie zu erfahren und ihre göttliche Idee zu verfehlen. Wer aber den Sinn des Lebens nicht begreifen kann, für den müssen alle Weisheiten leere »Worte« bleiben. Rationalen Denkern und Atheisten fehlt in ihrem Denken das Wichtigste, nämlich das verbindende Element, ohne das ein umfassendes Verstehen niemals möglich wird.

Wenn Innen und Außen gleich sind, dann muss diese unsichtbare innere Verbindung früher oder später auch im Außen zu Tage treten. Indem die Menschen sich »vernetzen«, schuf der Große Geist seine Entsprechung in der Welt. Satelliten lassen uns über Kontinente hinweg miteinander kommunizieren. Das Internet ist ein technisierter Ausdruck unseres Wunsches nach Verbundenheit, es verknüpft Milliarden Köpfe und Herzen zu einem globalen Gefühl des Einsseins. Was innen ist (nicht sichtbare Verbundenheit), kam nach außen (www.efreitag.com) (Sekretariat.Freitag@t-online.de), und wir nutzen es, weil es uns von Nutzen ist und weil es Sie und mich im wahrsten Sinne zu Verbündeten macht. In einem weltweiten technischen Nervensystem sind wir miteinander eins geworden. Das Bewusstsein der Einheit expandiert, wir erkennen, dass die Natur sich durch uns ausdrückt und dass sie in allem unser Vorbild ist.

Es existiert eine Intelligenz im Kleinsten wie auch im Größten, die die Interessen des Einzelnen *und des Ganzen* wahrnimmt, und jeder kann, wann immer er es will, an ihr partizipieren, indem er das Wort an sie richtet.

Bei jedem Vorgang, immer wenn etwas vor sich geht, führt der Unsichtbare Regie. Ihn gilt es in allem zu erkennen, wenn wir verstehen wollen, was die Vorsehung mit uns vor-ge-sehen hat.

Wenn Sie einen Menschen anrufen möchten, dann können Sie unter den vielen Telefongesellschaften wählen, und die Verbindung wird hergestellt. Wenn Sie aber eine Verbindung zu »allem« wünschen, dann wählen Sie das »kosmische Netz«, das der Schöpfer in seinen »Händen« hält und das seine »Schnittstelle« in Ihrem Herzen hat.

Machen Sie sich bewusst, welche Vielfalt sich Ihnen bietet und was Ihnen alles an Wunderbarem zur Verfügung steht, wenn Sie das, was Sie sehen, und das, was Sie nicht sehen, mit in Ihr Denken und Handeln einbeziehen. Das Ganze ist die Schöpfung, einen Teil sehen Sie, einen anderen nicht, alles aber als eins zu erkennen hilft Ihnen, in Freiheit Ihren Weg zu wählen, wo immer Sie auch hinwollen.

Astrophysiker haben herausgefunden, dass ca. neunzig Prozent der Materie im Universum, die zur Erklärung ihrer Denkmodelle nötig sind, nicht sichtbar ist. Ihre Hochrechnungen ergeben also, dass dem offenbaren Teil des Universums neun zehntel nicht offenbar gegenüberstehen. Genau das lässt sich als Gleichnis auf den Menschen übertragen; er hat noch nicht begonnen, den unsichtbaren Teil seines Seins in sein Selbstverständnis aufzunehmen. Wie aber kann er dann seine Vollkommenheit erfahren? Wie könnte er je in das »Herz der Dinge« sehen, wenn er nur die äußeren Umrisse zur Kenntnis nimmt?

Auch wenn Sie dies noch nicht richtig verstehen können, der Geist, der alles durchdringt, wartet an der Schwelle Ihres neuen Bewusstseins, um Sie zu einem höheren Verständnis der »Dinge« zu führen. Lesen Sie dieses Kapitel am besten noch einmal, und wenn Sie Hilfe brauchen, dann schließen Sie die Augen und wenden sich nach innen. Von dort kommt die Antwort, die Sie verstehen lässt.

Die folgende kleine Geschichte soll Ihnen zeigen, dass gerade in schwierigen Zeiten Hilfe nahe ist.

Fußspuren im Sand

Eines Nachts träumte ich, dass ich mit Gott an meiner Seite den Strand entlangging, und vor uns erschienen Bilder aus meinem Leben am Himmel.

In jeder dieser Szenen bemerkte ich zwei Paar Fußspuren, eine von mir, die andere von meinem göttlichen Vater.

Als die letzte Szene meines Lebens vor uns auftauchte, sah ich, dass viele Male nur ein Paar Fußspuren auf dem Pfad meines Lebens zu sehen war. Ich bemerkte auch, dass dies ausgerechnet während der schwersten und härtesten Zeiten meines Lebens der Fall war.

Darüber war ich sehr betroffen, und so fragte ich: »Vater, du sagtest, dass, wenn ich mich einmal entschieden habe, dir zu folgen, du mir zeit meines Lebens zur Seite stehen würdest. Aber nun stelle ich fest, dass während dieser schweren Phasen nur eine Fußspur zu sehen ist. Ich verstehe nicht, warum du mich in den Zeiten, wo ich dich am meisten brauchte, verlassen hast.

Und Gott antwortete: »Mein geliebtes Kind, ich liebe dich und ich würde dich in Zeiten des Leids und der Irrwege nie im Stich lassen. Als du nur eine Fußspur sahst, so war das die Zeit, in der ich dich getragen habe.«

▶ Wo etwas erschaffen wird, muss einer sein, der es geschaffen hat.

Wer sucht, dem fehlt etwas

Was immer Sie suchen mögen, es zeigt, dass Sie etwas außerhalb Ihrer Selbst vermuten, was Sie zu Ihrem Glück benötigen. Es zeigt, dass Sie glauben, von etwas getrennt zu sein.

Der Philosoph Graf Dürckheim sagte zu diesem Themenkomplex: »*Hör auf zu suchen, lass dich finden.*« Goethe sagte: »*Wohl denen, die sich selber genügen.*« In den Weisheiten der Ewigen Philosophie heißt es: »*Alles ist in dir*«, und wenn der Prophet der Christenheit uns vor zweitausend Jahren hat ausrichten lassen: »*Wisset, das Himmelreich ist in euch*«, dann wollen uns diese Worte eindringlich darauf hinweisen, dass wir nicht mehr suchen müssen und bleiben können, wo wir sind. Etwas Äußeres zu brauchen, um glücklich zu sein, ist ein verhängnisvoller Irrtum.

Es ist Ihr Glaube an Mangel, der Sie nicht erkennen lässt, dass Fülle um Sie ist, *gleich da, wo Sie sind*. Fühlen Sie in sich hinein, es ist alles »hier und jetzt«, ergreifen Sie geistig Besitz davon. Ihr Erbe ist Allmacht, Allwissenheit, All-Liebe, alles, was Sie wollen. Aber ein Erbe muss man antreten, damit man etwas davon hat.

Es heißt: »*Was du erhalten von deinem Gott, erwirb es, um es zu besitzen.*«

▶ Alles ist ein Ausdruck einer Liebe, die unser Vorstellungsvermögen weit übersteigt.

Wenn Sie Ihre Ängste mit Liebe umhüllen, dann werden Sie liebevoll

Wir wissen aus vielerlei Erfahrungen, dass alle Lebewesen Liebe und Zuwendung brauchen, wenn sie gedeihen sollen.

Liebe muss nicht immer Dimensionen haben, wie sie in der Literatur beschrieben wird. In unseren alltäglichen Begegnungen ist es bereits ein Fortschritt, wenn wir die Selbstachtung eines Mitmenschen nicht verletzen und ihm vermitteln, dass er liebenswert ist.

Es ist der erwachende Geist in der Schöpfung, der uns auffordert, einander zu lieben, um an den schönen Seiten des Lebens teilzuhaben.

Jeder ist eine Individualisation des allgegenwärtigen Lebensprinzips, das allem eine Seele gab. Die Seele in allem, also auch in Ihnen, ist Geist, ist Gott, ist das Prinzipielle, das in vielfältiger Form als Individuelles in Erscheinung tritt.

Beten Sie und *glauben* Sie, dass ein Wunder geschieht, und Ihr Gebet wird erhört werden

Wenn Sie am Morgen Ihren Geist mit positiven Gedanken und Visionen erfüllen, dann wird es für Sie keinen so genannten Alltag mehr geben. Es ist sehr einfach; nach dem Erwachen sollten Sie Ihren Geist auf den vor Ihnen liegenden Tag richten. »Sehen« Sie die einzelnen Ereignisse in der von Ihnen gewünschten Form, und der Schöpferische Geist wird Ihnen zur Seite stehen und Ihnen helfen, den Tag freudvoll zu erleben.

Es ist Ihre Schöpferkraft, die hervorbringt, was Sie in den Tiefen Ihres Geistes an Wünschen in sich tragen. Vielen ist bereits in großer Not geholfen worden, als sie lernten, diese »Macht« anzurufen. Die Geschichte der Menschheit ist voll von Berichten, in denen sich immer und immer wieder verhängnisvolle Situationen zum Guten gewandelt haben. Sie selbst kennen sicherlich viele Ereignisse, in denen Menschen auf wunderbare Weise aus großer Not errettet wurden.

Bei einem Bergwerkunglück, als mehrere Bergleute verschüttet wurden, beteten Zehntausende um Rettung, und das Wunder geschah. Alle, die einem schrecklichen Tod entrinnen konnten, sagten übereinstimmend, dass sie während der Dunkelheit, der Angst und Not ihren Gott gerufen haben.

Wenn mehrere Menschen gemeinsam verunglücken, dann nennt man das eine karmische Gemeinschaft. Die aber, welche am Unglückstag frei hatten und nicht in die Grube fuhren, hatten ein anderes persönliches Karma und somit eine andere persönliche Realität. Es ist keineswegs Zufall, wer vom Leben ein machtvolles »Zeichen« oder nur aus der Presse vom leidvollen Schicksal anderer erfährt.

Diese Kraft, welche den einen ein Unglück erfahren lässt und dem anderen ein Buch in die Hände legt, »lässt mit sich reden«. Es gilt nur zu lernen, es in der rechten Weise zu tun und ihr unsere Wünsche deutlich zu machen. Werten Sie es als ein Zeichen des »Himmels«, dass Sie jetzt lesen und Ihr Geist offen dafür ist, Gutes zu erfahren.

In Ihren »Händen« liegt im doppelten Sinne des Wortes die Antwort auf Ihre Fragen, und Sie können sehr wohl davor bewahrt werden, dass Ihnen ein Unglück widerfährt. Die Macht in Ihnen ist bei all Ihren Vorhaben Ihr Verbündeter, bedienen Sie sich ihrer.

Bald schon wird es zu Ihrem Wesen gehören, dass Sie ohne den Umweg des Leidens zu einem sorgenfreien Leben finden.

Es gibt wissenschaftliche Untersuchungen, die nachweisen, dass Gebete eine *wunderbare* Möglichkeit sind, selbst über große Entfernung hinweg einem Kranken oder in Not geratenen zu helfen.

Dass ich noch lebe, verdanke ich den Gebeten vieler Freunde, die mir ihre Liebe schickten, als meine Not am größten war. Ich wurde durch großes Leid in sehr frühen Jahren auf den direkten Weg zum Gottesbewusstsein geführt und lernte bereits damals, mit den göttlichen Mächten zu »reden« und mit ihrer Fürsorge mein Leben zu gestalten, wie es *mir* erstrebenswert erschien.

Alte Glaubenssätze:
Es ist, wie es ist.
Der Mensch denkt, Gott lenkt.
Man muss nehmen, was man bekommt.

Neue Glaubenssätze:
Ich bin der Schöpfer meiner Welt.
Der »Vater« und ich sind eins.

▶ Die Stille ist es, die uns den Weg weist.

Heute ist ein besonderer Tag

Von heute an werden auch Sie in der Lage sein, auf praktische
und einfache Art und Weise mit wirkungsvollen Affirmationen
(Suggestionen) mehr Gutes hervorzubringen und dabei weniger
als bisher dafür zu tun. Bei mir fing alles damit an, dass ich von
Dr. Joseph Murphy angeleitet wurde, mit der Macht des Geistes
direkter und bewusster mein Leben zu gestalten. Im amerikanischen Sprachgebrauch heißt es: »Auch ein Wolkenkratzer hat
einmal als Keller angefangen.« Und so fing ich als Erstes damit
an, durch tägliche Affirmationen mein Unterbewusstsein mit
Leben spendenden Gedanken zu erfüllen. Ich begann mein bis
dahin geringes Selbstwertgefühl umzuwandeln und pilgerte zum
Schrein des Vertrauens, der inmitten meiner Seele auf mich wartete.

Es dauerte nur eine kleine Weile, bis offensichtlich wurde,
dass etwas Großes im »Gange« war. In wenigen Tagen schon
veränderte sich mein Selbstwertgefühl und damit ganz natürlich
alle meine »äußeren« Angelegenheiten. Es kam in kurzer Zeit
durch weniger »Reibungsverluste« zu sehr viel mehr Leichtigkeit in meinem Leben. Ich begann den »Mist« meiner Vergangenheit als Dünger für meine zukünftigen großen Taten zu nutzen. Direkter gesagt, ich begann vieles zu verstehen und konnte
mit meinen Erkenntnissen aus meinen früheren Misserfolgen
vieles besser machen.

Dr. Murphy war hellsichtig und sagte, lange bevor ich selbst daran dachte, dass ich viele erfolgreiche Bücher schreiben würde. Jahre später begann ich meine Gedanken und mein mittlerweile größer gewordenes therapeutisches Wissen zu Papier zu bringen. Meine ersten Bücher entstanden. Es sind mittlerweile acht, und sie sind in zwölf Sprachen in hoher Millionenauflage verkauft worden. Ich habe in den vergangenen fünfundzwanzig Jahren genau wie Dr. Murphy in vielen Ländern Vorträge vor einer ständig wachsenden Zuhörerschaft gehalten. Mein Leben änderte sich vollkommen, und mit der in diesem Buch beschriebenen einfachen Gesetzmäßigkeit wurde aus einem mittelmäßigen Menschen ein zufriedener Zeitgenosse, der seinen Weg gefunden hat.

Ich habe diese Kurzfassung meiner »Laufbahn« niedergeschrieben, um Ihnen damit zu vermitteln, dass es Ihnen ganz und gar genauso möglich ist, Ihrer Persönlichkeit entsprechende Erfolge zu haben. Jedem, aber auch jedem, der sein Leben auf eine erfolgreichere Basis stellen möchte, ist es möglich, seine Berufung zu finden und ein Segen für die Welt zu sein.

Heute ist ein sehr besonderer Tag, weil Sie heute damit beginnen, dem Besonderen an Ihnen »Ausdruck« zu verleihen. *In* Ihnen ist etwas Einzigartiges, das schon lange darauf wartet, sich zu offenbaren und Balsam für Ihre Wunden zu sein. Beginnen Sie jetzt! Gehen Sie eine Stunde spazieren, denken und glauben Sie, dass Großes *durch Sie* in die Welt kommt, *und so wird es sein.*

Was in diesem Buch für Sie persönlich niedergeschrieben wurde, ist ein Garant für jenes Glück, das Sie sich schon immer gewünscht haben und das Ihnen verheißen wurde, als Sie in die »Welt« gekommen sind.

Was immer Sie erfahren wollen, schlagen Sie eine Seite auf, und Sie werden den Rat finden, den Sie gerade zu diesem Zeitpunkt suchen. Es ist keineswegs vermessen, hier noch einmal den Geist aus dem Thomas-Evangelium zu Wort kommen zu lassen, der sagt:

»Lies dieses Buch, und daselbst wirst du mich finden, tue, wie dir geheißen, und ich werde mit dir sein.«

Wann immer ein Kind Hilfe braucht, nie wird ein gütiger Vater sie ihm verweigern. Es stimmt schon: *»Wer anklopft, dem wird aufgetan«*, wer die schöpferische Allmacht anruft, dem wird geantwortet werden. Es gibt in uns allen einen »besonnten« Raum, in dem alles auf ewig bekannt ist. Das heißt, noch bevor Sie fragen, ist die Antwort bereits gegeben. Weil Sie »gerufen« haben, unterhalten wir uns beide, Sie, indem Sie lesen, und ich, indem ich niederschreibe, worum Sie baten.

Dieses Werk ist all jenen gewidmet, die noch mühselig und beladen sind, aber auch von ganzem Herzen bereit sind, die Schönheit und alles Glück dieser Welt zu erfahren. Und es ist all jenen ein willkommenes Werkzeug, deren Licht bereits zu leuchten begonnen hat. Dieser Schöpfergeist ist Ihre wahre Natur, darauf gilt es sich zu besinnen, darauf können Sie »bauen«, und auch bei Ihnen wird das Glück Einzug halten.

Alter Glaubenssatz:
Es gibt ein Schicksal und somit Vorbestimmung.

Neuer Glaubenssatz:
Ich erschaffe mir mein eigenes Schicksal (Karma) durch meine Gedanken, Worte und Taten.

▶ Die Ursehnsucht des Menschen ist das Universelle, er sehnt sich nach Frieden – Liebe – Freude – Gemeinsamkeit – Gesundheit und nach Harmonie. Sein Tun aber ist nur allzu oft auf das Individuelle ausgerichtet, und so ist er im Geiste fern von dem, was er wirklich will.

Wenn ein Mensch mit reinem Geist spricht und handelt, dann folgt ihm die Freude wie sein eigener Schatten

Beginnen Sie zuerst damit, Ihr Gemüt zu reinigen, das heißt, befreien Sie sich von »Altlasten«, und vergessen Sie, was einmal gewesen ist. Was sein soll, was Sie möchten, dem sollte von heute an Ihre alleinige Aufmerksamkeit gelten, und sonst nichts.

Alles, was Sie sich wünschen, können Sie sich vorstellen, und was Sie sich vorstellen können, ist damit in den Bereich Ihrer persönlichen Realität gekommen. In allen Werken, in denen über dieses Thema geschrieben wurde, wird mit Recht behauptet, der Geist im Menschen ist es, der all die Wunder hervorbringt, die er denken, sagen, fühlen und glauben kann.

Die Welt ist voller Reichtum, voll von glücklichen, zufriedenen Menschen, gleichzeitig aber auch voll von Schläfern, die in ihrem eingeengten Bewusstsein nicht zur Kenntnis nehmen, welche »Macht« ihnen zur Verfügung steht. Diese Menschen träumen einen »hässlichen Traum«, wie es in dem bemerkenswerten Buch »Ein Kurs in Wundern« heißt. Ein böser Traum aber ist erst zu Ende, wenn der Träumende erwacht!

Um Erfolge »ins Leben zu rufen«, gilt es lediglich, aufzuwachen und zu lernen von der »Macht Ihres Bewusstseins« in rechter Weise Gebrauch zu machen. Sobald Sie sich Ihrer Schöpferkraft bewusst sind, beginnt die alles verändernde Wandlung, und Sie können gesund, glücklich und wohlhabend sein.

Zweitens sollte Ihr Geist ausschließlich auf Ihre Ziele gerichtet sein. Beginnen Sie, sich mit ihnen zu identifizieren. Ihr Bewusstsein sollte ziel-gerichtet sein auf alles, was Ihnen erstrebenswert erscheint und Sie sich von Herzen wünschen. Wenn die Vision Ihres Lebens in Ihren Gedanken, Worten und Taten Ausdruck findet, dann muss auf Grund einfacher Gesetzmäßigkeiten das nicht Erwünschte für Sie weniger bedeutend sein. Ihre schöpferische Kraft wird immer die gewichtigere von zwei oder mehreren Vorstellungen verwirklichen.

Es ist das Gesetz dieser Welt, dass das Stärkere sich das Schwächere einverleibt.

Wenn jemand den Wunsch hat, Wohlstand zu erlangen, und gleichzeitig befürchtet, arm zu bleiben, dann wird aus den Tiefen des Unterbewusstseins die gravierendere, gewichtigere, mehr Raum einnehmende Vorstellung zum Ausdruck gebracht. Wenn wir hoffen, von einer schweren Krankheit zu genesen, aber zugleich befürchten, nicht mehr gesund zu werden, dann wird das die stärkere Emotion sein, und es kommt »über« uns, was wir befürchtet haben. Kurz vor einer Prüfung ist es besser, voller Vertrauen das gewünschte Ergebnis zu imaginieren, als bis zur letzten Minute den Lernstoff zu pauken. Vertrauen Sie darauf, dass Sie alles Nötige gelernt haben und am Ende dieses wunderbaren Tages ein Freudenfest feiern werden.

Was immer Ihnen das Leben angetan haben mag, es gibt kein Leid, gegen das nicht auch ein »Kraut« gewachsen wäre. Welche Blessuren Sie auch immer davongetragen haben, lesen Sie, wie es anderen gelungen ist, trotz allem wieder erfolgreich und glücklich zu sein.

Wer zu lange mit seinem Schicksal hadert, wird so nur seinen leidvollen Status weiter festigen und unnötig lange unglücklich sein. Es ist jedem möglich, seinen Geist zu fokussieren, sodass aus unseren positiven Gedanken eine positive Realität wird.

Drittens sollten Sie lernen, sich so zu fühlen, als sei Ihr Wunsch bereits in Erfüllung gegangen. In der Bibel heißt es:

»Glaubet, dass ihr empfangen habt, und es wird euch gegeben werden.« Für den Schöpferischen Geist in uns gibt es keine Zeit, es existiert nur das ewige Jetzt, und deshalb sollten wir das, was wir wollen, als bereits existent *erleben*. Vielleicht ist es nicht ganz leicht, wenn Sie (noch) krank sind, sich dennoch gesund zu fühlen. Für den Schöpfergeist gibt es kein vorher und kein später, sondern nur das, was Ewig ist. Wenn Sie etwas denken, glauben und fühlen können, dann wird in der Werkstatt Ihres Geistes mit der Verwirklichung begonnen. Deshalb bleibt es ohne nennenswerten Erfolg, wenn Sie affirmieren: »Ich werde reich.« Etwas werden zu »sehen« heißt, etwas in die Zukunft zu verschieben: »Ich bin reich.« Es gibt für den Schöpfergeist nur das Jetzt, und deshalb zählt nur »heute«, sonst nichts.

»Wo zwei oder drei in einem Namen vereint sind«, sagt der (Schöpfer-)Geist, »da will auch ich sein.« Wenn also Ihre Gedanken, Worte und Taten übereinstimmen, dann ist Ihre schöpferische Macht aktiv.

Viertens: Wecken Sie durch Ihre Erfolge in anderen den Wunsch, es Ihnen nachzutun, und Sie werden viele Freunde an Ihrer Seite haben. Jeder Moment, in dem Sie glücklich sind, ist ein Geschenk an die Welt. Lehren Sie durch Vorbildlichkeit, und Sie werden feststellen, dass lehren und lernen eins sind. Indem wir anderen ein Vorbild sind, helfen wir ihnen, und genau die Hilfe, die wir gewähren, kehrt zu uns zurück.

»Gib, auf dass dir gegeben wird.«

Fünftens: Beginnen Sie, aktiv zu sein, denn der Dinge harren, die da kommen, ist Fatalismus und würde Sie zwingen, mit dem zufrieden zu sein, was andere übrig lassen. Niemand sollte damit rechnen, dass sich etwas tut, ohne dass *er etwas tut*. Unsere Zukunft ist immer das, was wir daraus machen. Um Ihnen dabei hilfreich zur Seite zu stehen, hat Ihr höheres Selbst dieses Buch in Ihre Hände gelegt.

Sechstens: Wenn Sie täglich bemüht sind, jemandem eine Freude zu machen, dann, so versichere ich Ihnen, kehrt wieder Sonnenschein in Ihr Leben zurück.

Dieses Buch soll Ihnen helfen, die Welt neu zu verstehen und mit der immer währenden Freude, die unser allerinnerstes Wesen ist, verbinden. Überzeugen Sie sich in den folgenden Tagen davon, dass Sie zu den Gewinnern dieser Welt gehören, dass unermesslicher Reichtum darauf wartet, Ihr Leben zu verwandeln, *und dass Sie etwas ganz Besonderes sind*!

Meine »Laufbahn« begann, als Dr. Murphy in München zu mir sagte: »Du bist etwas ganz Besonderes.« Er forderte mich auf, diese Aussage zu meiner Affirmation zu machen und zu beobachten, was geschieht. Heute sagen viele, denen ich begegne, zu mir: »Du bist etwas Besonderes.«

Erkennen Sie: Das, was Sie denken, fühlen und sagen, verdichtet sich zu Ihrer Zukunft, es wird Form, Funktion und Erleben.

Im Wissen um *»Die Macht Ihres Bewusstseins«* liegt alles, was Sie benötigen. Sie sollten nun voller Freude Ihren Zielen zustreben.

Ich lehrte im Laufe von zweieinhalb Jahrzehnten viele unglückliche Zeitgenossen, sich von dieser großen Kraft führen zu lassen, und ich habe mit eigenen Augen erlebt, wie Wunder über Wunder geschehen sind.

Viele Millionen Menschen in dieser Welt haben gelernt, von der allen innewohnenden »Macht« Gebrauch zu machen. Es ist weder etwas Neues, noch müssen Sie etwas Besonderes dafür tun. Ihnen ist wie allen anderen ein Blankoscheck in die Wiege gelegt worden, und auf ihm steht nichts von geerbter Sünde, sondern: »*Seid glücklich alle Zeit.*« Praktizieren Sie die hier beschriebene Gesetzmäßigkeit, damit bald Gutes auf Ihrem »Konto« verrechnet werden kann!

Wenn Sie es wirklich wünschen, dann wird der Schöpferische Geist in Ihnen all die Wunder hervorbringen, die Sie sich schon immer gewünscht haben. In Ihrem *Selbst-Bewusstsein* eröffnet sich Ihnen im wahrsten Sinne das Paradies, das Ihnen in allen Weisheitsbüchern verheißen worden ist. Ein unermesslicher Schatz an Werten, an Ideen, an großartigen Denkmodellen wartet darauf, von Ihnen entdeckt *und mit Leben erfüllt zu werden*. Alles, was Sie für Ihr neues Leben wissen müssen, steht zur Verfügung, wann immer Sie (ernsthaft) danach verlangen. Es ist die Weisheit Ihres höheren Selbst, die nur darauf wartet, dass Sie anklopfen und Ihnen »aufgetan« werden kann. Es gehört zu Ihren Rechten, aber auch zu Ihren Pflichten, durch Ihr Leben von der Schönheit der Welt Zeugnis zu geben. Jeder von uns ist einzigartig, also offenbaren Sie Ihre wahre Natur und zeigen von heute an Ihre Besonderheit.

Es gehört zu den entscheidensten Schritten auf dem Weg nach »oben«, davon überzeugt zu sein, dass Sie in Ihrer *Eigenen-Art* zu Großem berufen sind. Ich werde Sie mit dem Allerhöchsten in Ihnen vertraut machen, und Sie werden sich nicht mehr wundern, wenn Wunder geschehen.

Gehen Sie jetzt am besten eine Stunde spazieren und wiederholen einige hundert Mal die Affirmation: »*Ich bin etwas Besonderes, ich bin etwas Besonderes…*«

Bei vielen Erfolgreichen begann das neue Leben mit positiven Aussagen/Affirmationen. Es heißt vollkommen richtig: Was Sie über sich denken und sagen, zu dem sind Sie, *weil Sie es sagten*, geworden. Deshalb: Erklären und bestimmen Sie, dass Sie gesund, erfolgreich, liebevoll und wunderbar sind. Machen Sie *niemals, niemals* ein negatives Statement über sich selbst. Der Schöpferische Geist in Ihnen hört zu und würde, wenn Sie damit nicht aufhören, zum »Ausdruck« bringen (müssen), was *Sie selbst* über sich gesagt haben. So genannte normale Zeitgenossen haben über sich und die »Welt« keine besonders gute Meinung, sie sind schnell mit destruktiver Kritik zur Stelle und aktivieren damit natürlich keineswegs ihre Besonderheit. Und weil diese Menschen so sind, leben sie ein mittelmäßiges angestrengtes Leben voller Mangel.

Man könnte es Dummheit nennen, aber es ist nur Unbewusstheit *und beruht auf der Unlust zu verstehen, was eigentlich offensichtlich ist.*

So genannte »Dummheit« ist lediglich mangelnder Wille, folgerichtig zu denken und sich am Geschehen der Welt *verantwortlich* zu beteiligen. Aus dieser Sicht betrachtet, beruht Mittelmäßigkeit nur auf einer Verweigerungshaltung, einer Art inneren »Kündigung« dem Leben gegenüber.

Doch nun haben Sie beschlossen, von heute an »Ja« zu sagen *zu sich und der Welt, und somit begonnen, zu einem strahlenden Wesen zu werden.*

Es sind nicht die vielen »Dinge«, die wir nicht wissen, durch die wir in die Irre geführt werden. Es sind die vielen Dinge, die wir meinen zu wissen, *die aber nicht wahr sind.* Was immer Sie auch über sich glauben mögen, in den Tiefen Ihres Geistes wartet die Erkenntnis, wer Sie wirklich sind. Sie werden schon bald Ihre Eigenheiten verstehen und *»Herr Ihres Schicksals«* sein. Im Licht der Erkenntnis werden die »Spinnweben« überholter Glaubenssätze weggefegt, und Sie werden frei sein, zu lachen und zu tanzen, wann immer es Ihnen gefällt.

▶ Wir suchen außen, was doch immer schon innen auf unser Kommen wartet. Was wir suchen, ist weder räumlich noch zeitlich, sondern es ist reiner Geist und entzieht sich jedweder weltlichen Betrachtung.

Bauen Sie Ihren Glauben auf das Grundgesetz des Himmels und der Erde

Das Grundgesetz der Welt ist das Gesetz von Ursache und Wirkung. Auf die Lebensqualität eines Menschen bezogen heißt das, sein Denken und Glauben ist die Ursache *seiner persönlichen Realität*. In der Geschichte der Menschheit, in allen Religionen, wird immer wieder von beachtenswerten Wundern berichtet. Überall auf der Welt gibt es Wallfahrtsorte, an denen Wunder geschehen, für die bisher keinerlei *wissenschaftliche* Erklärung gefunden werden konnte. Dabei ist es so leicht zu verstehen, dass es immer nur der Glaube war, der Unheiles wieder heil werden ließ. Was Sie zu tun haben, um Ihr Leben auf eine neue, befriedigende Basis zu stellen, ist einfach: Beginnen Sie, das Gesetz des Denkens und des Glaubens als das wichtigste Gesetz Ihres Lebens anzuerkennen.

Was immer ein Mensch erreichen will, er muss sich verständlicherweise berufsspezifisch bilden und auf diese Weise versuchen, zu den Besten seiner Zunft zu gehören. Er sollte das Wissen zusammentragen, um in seinem Beruf kompetent zu sein und höchste Anerkennung zu finden.

Wenn Sie aber nicht nur in einem Bereich Ihres Wesens erfolgreich sein wollen, sondern Ihre Möglichkeiten in einer größeren Bandbreite zum Ausdruck bringen möchten, dann erweitern Sie Ihr Denken auf das, was jenseits weltlicher Maßstäbe sein Zuhause hat. Fügen Sie, wie es im christlichen Kreuz symbolisiert ist, der Horizontalen die Vertikale hinzu. Horizontales Denken bedeutet, die Welt rational *zu betrachten*. Fügen Sie mit der Vertikalen Ihrem Denken eine weitere Dimension hinzu und beginnen Sie damit, Ihren Geist auf das zu richten, was keine Worte hat. Wenn in Ihrem Denken Himmel und Erde, *das Sichtbare und das Unsichtbare* zu einer Einheit werden, dann haben Sie die Mächte *und Gesetze* der geistigen Welt an Ihrer Seite.

»Wenn Sie Himmel und Erde zu einem machen, sodass das Himmlische nicht himmlisch und das Irdische nicht irdisch sein wird, dann werden Sie eintreten in das Königreich.«

Das heißt, wenn das *Himmlische und das Irdische* von Ihnen als eine Einheit verstanden wird, dann ist Ihnen verständlich, was anderen verschlossen bleibt. Dann werden Sie mehr darüber wissen, wie die »Welt« in ihrem Innersten funktioniert, und dieses Wissen wird Sie zu Ihren Zielen tragen.

Ist es nicht auch Ihr Wunsch, nicht nur etwas, sondern viel Gutes zum Ausdruck zu bringen? Wenn Sie all Ihre Talente leben wollen, dann sollten Sie dafür sorgen, dass dieses »Wissen« der »Fels« ist, auf den Sie Ihr Leben bauen. Ihr Verständnis von der geistigen und der materiellen Welt sollte das Fundament sein, auf das Sie Ihr »Reich« errichten.

Wie es im Volksmund heißt, kommt alles Gute von oben. Gemeint ist: Das Hohe adelt das Niedere.

Wenn Sie glauben können, dass Ihnen alles möglich ist, dann ist es auch so. Wenn Sie etwas denken können, dann können Sie es sagen. Wenn Sie es sagen können, dann können Sie entsprechend handeln, und es tut sich der Himmel auf.

Lernen Sie auch an das zu glauben, was noch nicht ist, damit es geschehen kann. Es gibt nichts außer der Gesetzmäßigkeit von Ursache und Wirkung, das heißt nichts anderes, als dass alles seinen (guten) Grund hat.

Dass Sie (noch) so sind, wie Sie sind, liegt an all dem, was Sie (noch) glauben, denken, sagen und tun. Jeder Gedanke, jedes Wort, alles, was Sie »von sich geben«, kehrt zu Ihnen als Form, Funktion oder Erleben zurück. Ihre Lebensqualität lässt sich aus Ihrer Art zu denken erkennen. Beginnen Sie deshalb noch heute, Ihre alten Glaubenssätze zu überprüfen, und ersetzen Sie sie wenn nötig durch konstruktive Gedankenmuster. Nehmen Sie in Ihr Bewusstsein auf, dass Sie ein Bindeglied zwischen Himmel und Erde sind.

Wie ein Gärtner eine junge Pflanze dem Schoß der Mutter Erde übergibt und dem Gesetz der Biologie vertraut, so säen Sie, indem Sie denken. Vertrauen Sie, dass Ihre Gedanken vom Schöpferischen Geist in Ihnen genauso zum Ausdruck gebracht werden wie der Same des Gärtners von unserer Mutter Erde.

Gedanken werden nach dem Gesetz von Ursache und Wirkung »*veräußert*«. Gedanken ver-*ding*-lichen sich. Ihr Leben, in all seinen Details, ist die Antwort auf Ihre früheren Stimmungen, Ideen, Worte und Taten. Ihre Gegenwart ist das Ergebnis Ihrer *vergangenen* Gedanken und Ihre Zukunft das Ihrer *gegenwärtigen* Gedanken.

Durch Ihre Gedanken haben Sie also *vergegenwärtigt*, was *jetzt* ist!

Wenn Sie etwas ändern möchten, dann sollten Sie anerkennen, dass die Aussage über das Gesetz von Ursache und Wirkung richtig ist, und diese Erkenntnis dann mit Leben erfüllen. In der Schöpfungsgeschichte heißt es:

»*Im Anfang war der Geist, und der Geist ward Wirklichkeit.*«

Wie aber im Großen, so auch im Kleinen, auch zu Beginn Ihrer Existenz war der »Geist«, und aus ihm sind Sie »*geworden*«.

Sie, Ihr ganzes Leben, alles ist aus Gedanken gewebt.

▶ Zu lieben bedeutet, eine Türe zu höheren Dimensionen zu öffnen, heißt, eine Botschaft zu hören, die für Sie bestimmt ist.

Mögen alle Wesen die Ursachen ihres Leidens erkennen und lernen, glücklich zu sein

Wenn Sie verstanden haben, dass der Geist die erste Ursache ist, dann können Sie damit beginnen, sich eine schönere Welt zu kreieren. In der christlichen Theologie wird davon gesprochen, dass der Schöpfer den Menschen nach seinem Ebenbild geschaffen hat. Das bedeutet nicht, dass ER und wir gleich aussehen, sondern dass ER uns von seiner Schöpferkraft gegeben hat, damit wir in seinem Geiste *unsere* Welt erschaffen.

In unserem *Inneren* sind wir wie ER reiner (Schöpfer-)Geist.

Wenn es heißt: »Ein neuer Himmel, eine neue Erde«, dann ist damit gemeint, dass, wenn wir neue Gedanken in uns aufnehmen, sich daraus eine neue Welt für uns formen wird.

Die Ursache aller Leiden ist vereinfacht gesagt ein angsterfülltes Gemüt. Der weltweite desolate Zustand ist das Ergebnis zu vieler ängstlicher und deswegen zerstörerischer Gedanken, Worte und Taten, die zu allem Überfluss von den Massenmedien bedenkenlos multipliziert werden. Pessimismus statt Optimismus ist zahllosen Menschen zum Naturell geworden, und weil das so ist, haben die Pessimisten mit den Massenmedien ein ideales Instrument entwickelt, um ihre Angst global zu verbreiten.

Wenn Sie bei diesem »Wahn-Sinn« nicht mitmachen wollen, dann brauchen Sie nur Ihre Zeitung abzubestellen und Ihr Fernsehgerät konsequent auszuschalten, wenn wieder einmal von einem hochgespielten Geschehnis berichtet wird. Brauchen Sie wirklich eine Zeitung, die Ihnen vornehmlich berichtet, wo wieder etwas *nicht* in Ordnung ist? Es ist nur logisch, dass Sie mit dem »Bazillus« Angst infiziert werden, wenn Sie pausenlos mit

Skandalen, Mord und Totschlag konfrontiert werden. Wie kann ein angstvolles Gemüt aber anderes als wieder Angstmachendes hervorbringen? Wenn ein Mensch seelisch vergiftet wird, dann wird er irgendwann damit beginnen müssen, all das wieder von sich zu geben. Wer Gift und Galle spuckt, befreit sich lediglich von dem, was er über einen langen Zeitraum geschluckt hat, aber lassen Sie ihn bei dieser Befreiung alleine sein, damit Sie nicht zu viel von seinem Leid abbekommen.

Vermeiden Sie möglichst alles Destruktive, beginnen Sie stattdessen, in Ihr Bewusstsein aufzunehmen, was Ihnen Freude macht, was Ihnen erstrebenswert und gut erscheint. Füllen Sie Ihr geistiges Haus mit Gedanken an glückliche Ereignisse, machen Sie sich Gedanken über rechte Erkenntnis, um dann über rechte Gedanken zu der erwünschten Lebensfreude geführt zu werden. Beginnen Sie, mit liebevoller Autorität Klarheit in Ihrer geistigen Welt zu schaffen, damit diese neue Ordnung Neues hervorbringt.

Alte Glaubenssätze:
Vorsicht ist besser als Nachsicht.
Glauben heißt nicht wissen.
Es kommt anders, als man denkt.

Neue Glaubenssätze:
Wenn wir unser Licht erstrahlen lassen, geben wir den anderen Menschen die Erlaubnis, dasselbe zu tun.

Wenn wir uns von unserer Angst befreit haben, dann wird unsere Gegenwart ohne unser Dazutun andere befreien.

Es sind nicht die vielen »Dinge«, die wir nicht wissen, die uns das Leben schwer machen, sondern es ist das, was wir zu wissen glauben, *was aber nicht wahr ist.*

▶ Mit der Kraft der inneren Weisheit zur rechten Zeit am rechten Ort sein.

Wieder pünktlich sein

Vielen scheint es nicht zu gelingen, ihre Termine einzuhalten. Die viel geliebten Ausreden wie Stau, Schnee und Eisglätte sind nicht der Grund für die Unzuverlässigkeit, sondern es ist ein meist unbewusstes Verhaltensmuster, das zum verspäteten Losfahren führt. Wenn auch in einigen Kulturen Unpünktlichkeit als Ausdruck von persönlicher Freiheit verstanden wird, so ist es doch in den westlichen Ländern schnell mit Problemen verbunden, wenn man z. B. unregelmäßig zur Arbeit erscheint. Wer dieser Eigenart den Kampf ansagen möchte, kann mit Autosuggestionen schnell Abhilfe schaffen. Wiederholen Sie mehrere Wochen zwei- bis dreimal täglich, zehn Minuten lang:

»Ich bin zuverlässig und in jeder Hinsicht vertrauenswürdig. Alles ist Rhythmus, eins greift in das andere, und ich trage mit meiner Klarheit zur Freude und zum Gleichklang der Welt bei. Ich bin eine starke positive Persönlichkeit, zuverlässig, vertrauenswürdig und hilfreich allen, die mit mir sind. Von Tag zu Tag verändert sich meine Persönlichkeit mehr und mehr zum Guten, und ich erfahre Anerkennung von meinen Mitmenschen. Ich sehe meine guten Charaktereigenschaften vor mir und erfreue mich an ihnen. Ich bin ein Fels, auf den man bauen kann. Es ist gut, dass es mich gibt!«

Alter Glaubenssatz:
Die Zeit reicht einfach nicht.

Neuer Glaubenssatz:
Ich bin zuverlässig. Weil ich mich liebe, gewähre ich mir Zeit und Raum.

▶ Vergleichen Sie sich nicht mit anderen, Ihre Einzigartigkeit ist es, weswegen Sie hier sind.

Ihr Bewusstsein kreiert Ihr Schicksal

Machen Sie sich bewusst, dass der Schöpferische Geist in Ihnen ein dienstbarer Geist ist, der ausführt, was Sie entschieden haben. Er hat zwar Zugang zu unendlicher Weisheit, überlässt aber weitestgehend Ihnen die Entscheidung, was werden wird. Sie halten mit *Ihren Gedanken* das Steuer in der Hand. Das Gesetz des Lebens gewährt Ihnen die Freiheit, Ihren Lebensweg und damit Ihr Schicksal selber zu bestimmen. Was auch immer Sie denken mögen, es war Ihre Entscheidung, und sie verdichtet sich zu dem, was spirituell veranlagte Menschen Karma (der Weg) nennen. Sie sind frei zu denken, zu sagen, zu tun, was immer Sie wollen, und es gilt, von dieser Freiheit weise Gebrauch zu machen. Sobald Sie der Meinung sind, einer Herausforderung nicht gewachsen zu sein, haben *Sie entschieden*, und Ihr getreuer Diener muss dafür Sorge tragen, dass es so kommt, wie Sie entschieden haben. Sie haben mit Ihrer Aussage Order gegeben, und der Geist in Ihnen ist der Erfüllungsgehilfe, der ausführen wird, was man ihm »übertragen« hat.

Wenn es heißt, Sie sind Ihres Glückes Schmied, dann ist damit gemeint, dass Sie mit Ihrer negativen oder positiven Einstellung bestimmen, was in Ihrem Leben geschehen wird. Es ist für uns Menschen ein großes Glück, dass uns diese Freiheit gewährt wird, gibt es doch nichts Bedeutenderes, als frei zu sein. Ihre Freiheit ist Ihr höchstes Gut, hüten und nutzen Sie es, damit das Glück eine Wohnstatt bei Ihnen hat.

Bewusstsein ist alles, machen Sie sich diese einfache Aussage immer wieder klar, und wenden Sie das Gesetz des Geistes zu Ihrem Wohl und zum Wohl derer, die um Sie sind, an.

Wer bereits in Gedanken destruktiv ist, der baut Mauern anstatt Brücken. Der legt *sich selber* Steine in den Weg und glaubt, in unwegsamem Terrain zu sein. Weil alles im Grunde seiner Natur Geist ist, ist alles geistigen Ursprungs, und so sind es logischerweise auch Ihre geistigen Aktivitäten, die sich zu Ihrem Schicksal verdichten.

Glauben Sie konsequent an das Gute in Ihrem Leben, und wiederholen Sie täglich immer wieder in großer Gewissheit konstruktive Gedankenmuster. Fleiß und kontinuierliches Denken an Gesundheit, Wohlstand und beruflichen Erfolg führen Sie sicher zu Ihren Zielen. Stellen Sie von heute an keine negative Behauptung mehr auf. Streichen Sie die Sätze *»Das kann ich nicht, dazu reicht mein Geld nicht«* aus Ihrem Wortschatz.

Freuen Sie sich über den Reichtum, den Sie bei anderen antreffen, weil Freude der eine Pol ist, der das für Sie wirklich werden lässt, worüber Sie sich freuen. Nehmen Sie diesen einfach klingenden Satz ganz bewusst in sich auf:

»Freuen Sie sich über Reichtum, weil Freude eine entscheidende Zutat ist, durch die wirklich *wird, was Sie sich wünschen.«*

Damit von jetzt an vieles besser ist und Sie all die lobenswerten Eigenschaften und erstrebenswerten Güter dieser Welt Ihr Eigen nennen können, sollten Sie jeden Tag Ihr Gemüt mit lebensbejahenden Gedanken füllen.

Affirmation:

»Die unendliche Macht meines Schöpferischen Geistes verhilft mir zu einem glücklichen und erfolgreichen Leben. Ich habe mich für das Glück entschieden, und es klopft täglich an meine Tür. Gesundheit und Überfluss sind in mir und um mich. Voller Vertrauen wende ich mich dem Leben zu. Die Liebe Gottes erfüllt meine Seele, danke, Vater, dass es so ist!«

Affirmationen sind *Bejahungen*, und Sie öffnen mit ihnen die Türe zur Schatzkammer Ihres Geistes. Sie aktivieren so Ihren Ideenreichtum und werden immer von vielen guten Einfällen begleitet sein. Was Sie jetzt, in diesem Augenblick, fühlen, was Sie jetzt sind, ist das Ergebnis Ihrer vergangenen seelischen »Großwetterlage«. Sie wissen, alles gedeiht nach seiner Art, und nach dem geistigen Gesetz von Ursache und Wirkung konnte es nicht anders kommen, als es *ist*. Wenn Sie eine schwierige Situation beenden möchten, dann brauchen Sie nur die Richtung Ihrer Gedanken zu ändern. Denken Sie an das Gute, das werden soll, und der Anfang ist gemacht, dass sich die leidige Situation zum Guten wendet. Überlassen Sie es dem Schöpferischen Geist nach eigenem Ermessen, das heißt auf »Seinen Wegen«, zur Verwirklichung Ihrer Wünsche beizutragen. Haben Sie Vertrauen, Sie brauchen sich nicht um Details zu kümmern und können Ihrer Kreativität freien Lauf lassen. Sagen Sie regelmäßig zum Schöpfergeist: »Nicht mein, sondern Dein Wille geschehe.« Sie bestimmen mit Ihren positiven, konstruktiven Gedanken die Qualität Ihres Lebens, aber lassen Sie den Geist in Ihnen den besten Weg zur Erfüllung Ihrer Wünsche finden.

»Meine Wege sind nicht eure Wege« ist die Botschaft der geistigen Welt, die über unsere Propheten zu uns gelangte. Das heißt, sehen Sie sich am Ziel; wie Sie dorthin kommen, das überlassen Sie der Instanz, die wir am besten als *»unendliche Weisheit in uns«* umschreiben können. Bei wichtigen Entscheidungen sollten Sie sich entspannen, ruhig werden und mit Zuversicht Ihr Ziel »vor Augen« haben.

Alles, was Ihnen richtig und logisch erscheint, wird von Ihrem Schöpferischen Geist auch akzeptiert werden. Überzeugen Sie sich immer wieder, dass das, was Sie sich wünschen, machbar, erfreulich, gut und rechtens ist. Halten Sie mehrmals täglich ein begeisterndes Plädoyer, dass Ihnen zusteht, was Sie sich wünschen, damit Sie haben und geben können, was andere nicht haben.

Alter Glaubenssatz:
Es kommt anders, als man denkt.

Neuer Glaubenssatz:
Wenn ich entscheide, was werden soll,
dann bin ich meines Glückes Schmied.

▶ Liebe ist aus der Ewigkeit gekommen. Sie ist ein Angebot, mit ihr zu gehen und zum ewigen Leben zu erwachen.

Die Energie, die Sie einsetzen, ist das Hindernis auf dem Wege zum Ziel

Haben Sie nicht auch schon erlebt, dass Ihnen ein Wort nicht eingefallen ist? Sie bemühten sich wahrscheinlich auch längere Zeit vergeblich und gaben schließlich auf. Ein Bekannter erzählte mir, wie es ihm gegangen ist, als er energisch nach einem Begriff fahndete; er sagte: »Ich suchte neulich nach dem Wort Ozon. Nach mehrmaligen Versuchen wusste ich zwar, dass es mir schon noch einfallen würde, wenn ich aufhören würde, mich willentlich anzustrengen, aber mein Ego wollte sich durchsetzen. Nach mehreren Stunden vergeblicher Mühe, ich war mittlerweile wütend geworden, antwortete mir mein Unterbewusstsein voller Galgenhumor mit dem Wort Alzheimer, aber nicht mit dem gesuchten Wort. Ich gab entnervt auf, das heißt, ich überließ es der geistigen Instanz, mir den Begriff zukommen zu lassen. Am nächsten Tag erst fiel mir ein, was ich mit dem Einsatz von Willen nicht zu Stande gebracht hatte.«

Genau dasselbe geschieht, wenn Sie zu willensbetont Ihre Ziele *verfolgen.* Wenn Sie dagegen Geduld haben und lernen, der Verwirklichung Ihrer Wünsche *entgegen*zusehen, wird die ausführende Instanz ohne nennenswerten Energieaufwand zu arbeiten beginnen. Die mit Freude empfundene Vision bereitet den Weg zum Ziel besser als jede Form von geistiger Anstrengung. Seien Sie ein Visionär, der voller interessanter Ideen ist und in froher Erwartung der Dinge harrt, die da kommen. »Sehen« Sie Ihren Erfolgen entgegen, laufen Sie Ihnen nicht nach. Vertrauen Sie, und vermeiden Sie es, willentliche Energie einzusetzen.

Sie können haben, was Sie wollen, besonders, wenn Sie es nicht mehr wollen.

Diese paradox klingende Aussage ist richtig. Ich möchte Ihnen anhand der Eigenheit unseres Geistes bewusst machen, dass mit dem Willen beim Verwirklichen Ihrer Lebensziele zugleich auch Bewusstsein walten sollte. Eher bekommen Sie einen Kollaps, als dass Sie mit willentlicher Kraft zum Ziel gelangen.

Der bekannteste Psychologe des neunzehnten Jahrhunderts, der Amerikaner William James, befasste sich bereits mit der geistigen Instanz in uns. Er sagte: *»Im Menschen verborgen sind die Kräfte, die die Welt bewegen.«*

Wenden Sie sich, wann immer Sie wollen, an diese weltbewegende Autorität, bauen Sie ein inniges, vertrauensvolles Verhältnis zu ihr auf, und Sie haben den machtvollsten Verbündeten auf Ihrer Seite. Albert Einstein sagte, als er über das Zustandekommen der epochalen Relativitätstheorie befragt wurde: *»Neunzig Prozent war Intuition, zehn Prozent intensive Geistesarbeit.«*

Intuition ist, vereinfacht gesagt, der Kanal, über den aus den Tiefen Ihres Geistes das Wissen aufsteigt, das Sie brauchen, um Ihr Ziel zu erreichen.

In Ihnen ist das Wissen, wie Sie gesund, erfolgreich und glücklich werden können. Der Schöpferische Geist in Ihnen weiß, welches Ihre Berufung ist. Er weiß, wie Sie am besten zu Wohlstand gelangen, er ist zuständig für alle Belange, die für Sie von Bedeutung sind. Je mehr Sie mit ihm vertraut sind und sich ihm anvertrauen, desto leichter werden Sie auch zu Ihren Zielen geführt werden.

Affirmieren Sie:
»Der Allweise Geist führt und lenkt mich alle Zeit und wird mir den besten Weg zur Erfüllung meiner Wünsche weisen.«

▶ Das Beste, das Sie für andere tun können, ist immer noch das, was Sie für sich selber tun.

Verlassen Sie sich auf das wirkungsvollste Prinzip der Schöpfung

Fühlen Sie in sich hinein, wie viel innere Widerstände der Verwirklichung Ihren Zukunftsvisionen noch entgegenstehen. Streichen Sie Negationen aus Ihrem Wortschatz, weil sie sonst zu Steinen werden, die Ihnen im Weg liegen.

Sind Sie ein Optimist oder eher das Gegenteil? Ein überzeugter Pessimist fragte mich in einem Seminar, ob er nicht besser befürchten sollte, dass es gut geht, wenn er etwas plante? Er war stets davon überzeugt, dass nicht zu Stande kommt, was auch immer er sich wünschte. Er glaubte an die Aussagen jenes anderen »Murphy«, der bekannt wurde mit »Murphy's Law«. Er sagt:

»Was schief gehen kann, geht schief«,
aber ist das etwas anderes als »Gleich und Gleich gesellt sich

gerne«? Hier kommt ebenso zum Ausdruck, dass das Gesetz der Resonanz immer gilt.

»Ein Unglück kommt selten allein«

meint, dass alles das *ihm* Entsprechende anzieht. Und das bestätigt das Gesetz des Denkens und Glaubens.

Die Schöpferische Instanz kennt keinen Widerstand, alles, was im »Fluss« ist, erreicht auch sein Ziel. Sie brauchen keine große Energie oder gar Zwang anzuwenden, um erfolgreich zu sein. Unterlassen Sie Gewaltanstrengungen, vertrauen Sie stattdessen voll und ganz auf »Die Macht Ihres Bewusstseins«.

Der bekannte deutsche Politiker Franz Josef Strauß sagte einmal: Man muss seine Vorstellungen »aussitzen«. Mit aussitzen meinte er, geduldig abwarten.

▶ Höflichkeit ist eine Münze, die den bereichert, der sie ausgibt.

Eine Untersuchung ergab, dass dreizehn Prozent aller Menschen die Voraussetzung hat, zur Führungsmannschaft zu gehören. Die übrigen siebenundachtzig Prozent sind nicht daran interessiert, mehr zu tun, als ihnen notwendig erscheint. Dreizehn von hundert wollen »weiter«kommen. Sie sind interessiert, lesen Bücher vielfältigster Art, bilden sich weiter und kommen weiter. Das Gesetz von Ursache und Wirkung ist überall am Werk, und es ist offensichtlich: Wo eine Vision ist, da ist Schöpferkraft. Jeder »Unternehmer« weiß: Wer mehr rein gibt, der bekommt mehr raus, und wer spart, an dem wird gespart.

Eine neuere Studie hat ergeben, dass in naher Zukunft zwanzig Prozent der Menschheit achtzig Prozent des Weltkapitals in den Händen haben wird. Beachten Sie die allerorts stattfindenden Fusionen großer Unternehmen, Kapital findet zu Kapital, die Reichen werden reicher, und die Armen werden aufgefordert, es ihnen gleichzutun (sich zu verbünden, sich zu solidarisieren). Das Wichtigste für Sie aber ist: Sie können bestimmen, zu welcher Gesellschaftsschicht Sie gehören. »Kaufen Sie sich ein«, investieren Sie Ihr Kapital, und denken Sie daran, dass Ihre »Werte« zunächst nicht auf der Bank, sondern in Ihrem wachbewussten Schöpfer-Geist sind. Wie ein guter Kaufmann investieren Sie bereits als erstes Zeit. Sie lesen und bekommen so das Wissen, wie es weitergeht. Die zweite Investition ist: Probieren Sie aus, was Sie wissen und was Sie als richtig erkannt haben.

Ich selber kaufte mir 1973 ein Buch von Dr. Joseph Murphy. Ich investierte also als Erstes 20,– DM, meine »Begeisterung« über das Thema erweckte in mir den Wunsch nach mehr, und ich investierte weitere ca. 4000,– DM, um den Autor im fernen Los Angeles kennen zu lernen. Aus diesem »Einlagekapital« ergab sich eine vollkommene Veränderung meines Status. Können Sie sich vorstellen, dass es die bestangelegten 4020,– DM meines Lebens waren? Ich wollte ans Licht, ich habe gesucht und gefunden.

Für Sie stellt sich im Grunde nicht die Frage, ob Sie weiterkommen wollen. Indem Sie dieses Buch in Ihren Händen halten, ist offensichtlich, dass Sie zu jener elitären Klasse gehören, die, früher oder später, den »Lauf der Dinge« mitbestimmt.

Immer und überall, in der ganzen Schöpfung, polarisieren sich die Verhältnisse. Das heißt, Gleiches kommt zu Gleichem, wo viel ist, kommt viel hinzu, wo nichts ist, wird auch noch genommen, was da ist. Hier liegt keine soziale Ungerechtigkeit vor, sondern das Gesetz der Resonanz lässt *Ähnliches* zueinander finden. Es ist gerecht, *dass Sie sind*, was Sie denken. Indem Sie denken, wählen Sie, und nach dem Gesetz wird außen wie innen sein. »Himmel« und »Erde« (Ihre Gedanken und Ihre Realität) sind eins.

Affirmation:

»Ich habe und deshalb gebe ich. Ich kreiere wundervolle Ideen, und mein Schöpfergeist mit seinem unendlichem Wissen führt mich zum ersehnten Ziel. Mein innerer Reichtum ist mein Kapital, das ich an der Börse des Lebens in jede beliebige Währung

eintauschen kann. Mein geistiger Reichtum verhilft mir zu ma-
teriellem Wohlstand, zu Gesundheit und Glück.«

Alter Glaubenssatz:
Was können wir schon gegen die da oben machen.

Neuer Glaubenssatz:
Der Geist in mir kreiert meine Welt. Ich weiß, ich bin erfolgreich, weil ich Mensch bin und weil ER mich nach seinem Ebenbild geschaffen hat, erschaffe ich jetzt meine Welt.

▶ Sie sind nicht böse, wenn Sie nicht gut sind, Sie sind nur säu-
  mig und faul.

Hilf dir selbst, dann hilft dir Gott

Es gibt eine Vielzahl von Definitionen, was Krankheit ist, und
genügend Denkansätze, wie wir zur Gesundheit zurückkehren
können. Viele dieser alten Glaubenssätze aber beinhalten nur
*Halb*wahrheiten und sind damit natürlich auch nur ein *halber*
Ansatz, zum Ziel zu kommen. Ihr Wunsch, in jeder Beziehung
»ganz und gesund« zu sein, wird nur erfüllt werden, wenn Sie
verstehen, dass zwei zusammenkommen müssen, um ein Drittes
hervorzubringen. (Ihre Vorstellung *und* Ihre Freude über die
Vorstellung verwirklichen, was Sie sich vorstellen.)
 Wenn ein Denkmodell Körper und Geist nicht als Einheit an-
erkennt, dann muss es immer Stückwerk bleiben. Alle Formen
der körperlichen (symptomatischen) Therapie helfen nur inso-
weit, als sich dieses »Hoch« über ein beginnendes besseres Kör-
pergefühl auch auf mentale Bereiche überträgt. Immer dann
aber, wenn eine Therapieform den Erkrankten darauf verweist,

dass er sich selber helfen muss, wird nachhaltige Besserung in Aussicht stehen. Ohne eigene Leistung fehlt die Basis, und die Symphonie des Lebens wird unvollendet bleiben. Was auch immer *man* Ihnen an Symptomenbehandlung angedeihen lässt, es ist nur eine Teilbehandlung.

Die Weisheit *»Gott segnet nur das, was du dir selbst geschaffen hast«* ist ein deutlicher Hinweis darauf, ein gerüttelt Maß an »Eigenleistung« auf Ihrem Weg zu vollkommener Gesundheit einzuplanen, und dass wir prinzipiell, wenn wir etwas leisten, noch etwas dazubekommen.

»Wer viel gibt, erhält viel zurück, von wem wenig ausgeht, zu dem kann nur wenig zurückkehren.«

Deshalb betone ich so oft:

»Seien Sie ein Visionär, bereichern Sie die Welt mit Ihren großartigen Ideen. Sie wird Ihnen antworten, und Sie werden immer an einem »reich« gedeckten Tisch Ihren Ehrenplatz haben.«

Es ist das Gesetz des Ewigen, auf das Sie bauen können; was immer Sie haben, es gibt einen »Nachschlag«. Haben Sie Schulden, dann haben Sie Probleme; haben Sie Plus auf ihrem Konto, dann sollten Sie investieren, sonst kommt das Finanzamt.

Sie können aus dem, was Sie haben, erkennen, was zukünftig sein wird. Haben Sie nichts, dann »schweigen alle Lieder«. Haben Sie etwas, dann kommt etwas hinzu. Viel oder wenig, beides vermehrt sich. Sie sollten erkennen, dass Sie sehr viel haben, damit noch mehr hinzukommt und *Sie* zu denen gehören, die geben und zufrieden sind.

Alter Glaubenssatz:
Es ist, wie es ist.

Neuer Glaubenssatz:
Geben und Nehmen ist eins.

▶ Sie gebieten, während Sie beten, über eine große Machtfülle.

Gott kann dem Gebet eines Gläubigen nicht widerstehen

Wie sollte Gott unsere Gebete ignorieren, ER ist das Gesetz, das in Kraft tritt, wenn wir beten, imaginieren oder den Schöpfergeist auffordern, etwas für uns zu tun. In meinen Büchern habe ich ausführlich darüber geschrieben, dass Gebete ähnlich wirken wie oft wiederholte Affirmationen. Im Gebet und während Sie etwas affirmieren, richten Sie Ihren Geist auf das erwünschte Ziel, und in der Werkstatt des Geistes beginnt zu »werden«, was Sie bildhaft vor sich sehen. Sie »sehen« Ihr Ziel, und wenn Sie es sehen und daran glauben können, ist alles Notwendige vorhanden, damit es *wirklich* wird. Ob nun Ihr Glaube mehr ein Hoffen ist oder ob er auf Ihren wissenschaftlichen Erkenntnissen der geistigen Zusammenhänge beruht, ist nur quantitativ von Bedeutung. In Ihrem Geist ist das Erwünschte bereits Wirklichkeit, und es braucht nur noch ein wenig Zeit, damit es auf dem »Bildschirm des Raumes« erscheinen kann. (Gottes Mühlen mahlen langsam, aber fein.) Wie an allen Wallfahrtsorten, so in allen Religionen, immer wenn ein Wunder geschieht, ist dieselbe Kraft am Werke. Überall im Universum »herrschen« die gleichen Gesetzmäßigkeiten, und sie warten darauf, dem erwachenden »Bewusstsein« zur Seite zu stehen.

Das Prinzip, dem alles zu Grunde liegt, ist allgegenwärtig. Nutzen Sie es noch heute, sprechen Sie es an. Sagen Sie innen, was Sie außen erwarten, und es wird zum *Aus-druck* kommen.

Alter Glaubenssatz:
Der Mensch denkt, Gott lenkt.

Neuer Glaubenssatz:
Er gab mir von seiner Schöpferkraft, und so bin ich der Entscheider, bin ich mein Schicksal, bestimme ich, was werden wird.

▶ Alle Dinge haben ihr inneres Sein.

Wer nichts zu lachen hat, ist arm dran

Es gilt, die Eigenheiten des geistigen Prinzips möglichst umfassend zu verstehen, um optimale Ergebnisse zu erzielen. Es gibt keinen Zufall, alles entspricht dem Gesetz, dass das eine aus dem anderen hervorgeht. Die gesamte Schöpfung gleicht einem Fortsetzungsroman. »Eins« bedingt das andere und so fort. Beginnen Sie, *die Ursachen* festzulegen, die das zur Folge haben, was Sie möchten.

Lassen Sie uns im Folgenden konkret in die Funktionsweise des Schöpferischen Geistes Einblick nehmen, damit Sie Ihrer Vollkommenheit näher kommen.

Die nächsten drei Seiten sind etwas mühevoll, aber es lohnt sich, der Wegweisung zu folgen.

Der Schöpferische Geist spricht die Sprache der Bilder. Es heißt, ein Bild hat mehr Informationsgehalt als tausend Worte. Es ist deshalb wichtig, sich bildhaft *vor*-zustellen, was Sie sich wünschen. *Stellen Sie sich vor, was Sie wollen.* Man nennt das auch Imaginieren oder Visualisieren.

Es ist zu wenig, sich zu wünschen, gesund, wohlhabend oder erfolgreich zu sein. Die Werkstatt Ihres Geistes braucht klare Anweisungen, um eindeutige Ergebnisse hervor*zu*bringen.

Die erste Frage muss lauten: Haben Sie Ziele, und sind diese für Ihr Unterbewusstsein auch offensichtlich? Wie Sie wissen, ist die Wirklichkeit (das was wirkt) auf der geistigen Ebene. Außen ist immer nur die Entsprechung von dem, was innen seinen Anfang nimmt, was innen *vorgeht*!

Träumen Sie von Ihren Wünschen? Erleben Sie sich bereits in der erstrebten Situation? Indem Sie klare *Vorstellungen* haben, schaffen Sie den ersten Pol.

Ihre Wünsche müssen auf den »Boden« gebracht werden, sie dürfen nicht frei im »Raum« schweben. Das heißt, um Sie konkret zum Ziel zu führen, ist ein zweiter Pol erforderlich. Weil wir in einer bipolaren Welt leben, hat alles zwei Seiten (Pole), das eine bedingt das andere. Alles hat ein Gegenüber, alles in der Welt ist bedingt! Warm ist das Gegenteil von kalt, hell das von dunkel. Wir stellen dem Guten das Schlechte gegenüber. Mit dem einen können wir das andere bewerten. Wenn es zehn Grad minus ist, dann wissen Sie, wie weit die Temperatur von Wärme entfernt ist. Um eine Glühbirne zum Leuchten zu bringen, sind zwei Pole Voraussetzung. Erst wenn Strom von Minus zu Plus fließt, tritt die »Erleuchtung« ein.

Wenn oftmals von Polarität die Rede ist, dann ist damit gemeint, das *eine* braucht ein *Zweites*, um ein *Drittes* hervorzubringen. Konkret heißt das, Sie brauchen *Ziele* und *Freude*, um Ihre Wünsche zu verwirklichen. Stellen Sie also Ihrem Ziel die Freude zur Seite, und Sie haben die beiden Pole, die nötig sind für den Schöpfungsakt.

Die erste Bedingung, damit sich Ihre Vorstellungen erfüllen können, ist also, ein Ziel zu haben, und die zweite ist, von Ihrem Ziel begeistert zu sein.

Es genügt nicht, Ihr Ziel sachlich und nüchtern vor sich zu sehen. Das Ziel vor Augen zu haben ist der eine Pol, fehlt der andere, dann kann das Ziel nicht »*begeistert*« (verwirklicht) werden. Mangelhafte »Begeisterung« ist der Grund, warum viele nicht erfolgreich sind. Es herrscht vielerorts ganz offensichtlich ein großer Mangel an Freude. Allzu viele sind nicht wirklich fähig, sich von Herzen zu freuen, sie können nicht richtig lachen und sind deshalb auch nicht »wirklich«. Wer im wahrsten Sinne des Wortes nichts zu Lachen hat, dessen Wünsche bleiben in der »Luft« hängen, und er wird ein Leben lang mit den Zähnen knirschen, wird mit sich, Gott und der Welt unzufrieden sein.

Nehmen wir als Beispiel die Biologie: Vater und Mutter kommen zusammen, damit ein Kind *zur* Welt kommen kann. In esoterischen Kreisen besteht die Meinung, dass für die Qualtät (seelische Erhabenheit) einer inkarnierenden Seele die Liebe und die Begeisterung während der Zeugung von entscheidender Bedeutung sind. Es liegt die Vermutung nahe, dass die Lust, die wir empfinden, eine sinnvolle Zugabe des Lebens, Verlangen nach sich selber ist.

Der eine Pol ist also: *Ich weiß, was ich will;* der andere Pol: *Ich bin begeistert.* Wenn beides zusammenkommt, sind Sie Ihren Zielen nahe. Lassen Sie in Ihrem Herzen ein loderndes Feuer brennen, Ihre Augen sollten glänzen und funkeln, wenn Sie davon sprechen, was Sie sich wünschen.

Geben Sie Ihrer geistigen Energie Richtung und richten Sie Ihre Aufmerksamkeit auf das Erwünschte. Der »Vater« ist der Geist, der »Sohn« der Gedanke, und er ruft nach Freiheit. Er will raus aus Ihrem Kopf, will in Raum und Zeit in Erscheinung treten. In der Schöpfungsgeschichte heißt es richtig: *»Im Anfang war der Logos«.*

Gesellen Sie Ihrer Vorstellung (erster Pol) vom Leben als zweiten Pol große Freude hinzu, und Sie können guter Hoffnung Ihrer Zukunft entgegensehen.

Wir kennen das Gleichnis vom Vater, Sohn und Heiligen Geist.

Der Geist ist der Vater, der Gedanke sein Sohn, die Begeisterung (Heiliger Geist) beseelt den Sohn, sodass *Er* im Sohn in Erscheinung treten kann.

Alter Glaubenssatz:
Gottes Winde wehen, wo sie wollen.

Neuer Glaubenssatz:
Ich lerne, die Segel zu setzen.

▶ Gut ist es, wenn wir von uns selber geben.

Finden Sie zur natürlichen Harmonie zurück

Wenn Sie bewusst Ihren Zielen zustreben und Ihr inneres Gleichgewicht täglich erneuern, werden Sie selten aus der »Fassung« geraten. Anders ausgedrückt: Wenn Sie in Harmonie sind, werden Sie von den guten Kräften des Kosmos zu Ihren Zielen getragen. Sie werden aus der Harmonie Ihrer Mitte in all Ihren Belangen »Zuspruch« erhalten und ohne nennenswerten Aufwand vorwärts schreiten. Destruktive Gedanken und Worte dagegen sind der Hauptgrund für fast alle Widerwärtigkeiten im menschlichen Leben. Manch einer bemüht sich unablässig weiterzukommen, übersieht jedoch das Hindernis im eigenen Kopf. Der Geist in Ihrer Mitte ist immer bemüht, dem Leben zu dienen, helfen Sie ihm, indem Sie keinen unnötigen Ballast in Ihrer Seele aufbewahren. Oder wie eine Volksweisheit sagt: »*Machen Sie aus Ihrem Herzen keine Mördergrube.*«

Groll und alle zerstörerischen Gedanken, wie sehr sie auch im Verborgenen existieren mögen, werden die Qualität Ihres Daseins empfindlich stören und Ihnen viel Gutes vorenthalten. Die Natur heilt alle Wunden, und es liegt in Ihrem Verantwortungsbereich, wenn Sie nachtragend sind und Ihre Harmonie von feindseligen Gedanken gestört wird.

Was auch immer war, es ist vergangen. Wenden Sie sich daher

vom Alten ab, damit Sie offen sind für das Neue, das kommen will. Es ist von großer Bedeutung für Ihren Seelenfrieden, dass Sie den natürlichen Reinigungsprozess auf körperlicher und seelischer Ebene unterstützen und täglich etwas dafür tun, Ihr seelisches Gleichgewicht zu erhalten. »Be-*schließen*« Sie jeden Tag, indem Sie sich und anderen verzeihen, was auch immer gewesen ist. Alles, was Sie nicht loslassen, was an Alltagsärger übrig bleibt, addiert sich im Unbewussten und kann im Laufe weniger Jahre zum *bestimmenden* Faktor Ihres Lebens werden. Es ist Ihre seelische Großwetterlage, die das »Sagen« hat und letztlich bestimmt, was Sie erleben. Ihre Grundstimmung setzt sich aus vielen Kleinigkeiten zusammen, die die Tendenz haben, zum Schicksal zu werden. Erinnern Sie sich, das Zustandekommen von einem Ereignis ist additional (mehreres kommt zusammen), und so ist es richtig, multidimensional (vielschichtig) zu handeln, um an der Fülle des Lebens teilzuhaben. Verinnerlichen Sie deshalb positive Gedanken, damit Sie alles Negative auflösen und in Frieden gelassen werden.

▶ Lieben Sie sich, damit *Sie* liebenswert sind und vom Leben getragen werden.

Wie Wunschvorstellungen von Ängsten aufgehoben werden

Der bekannte Psychologe Emil Coué erklärte schon zu Anfang des zwanzigsten Jahrhunderts, dass unsere Ängste und Zweifel immer dominieren und unsere Hoffnungen leicht zunichte machen können. Er beschrieb folgendes Beispiel: Stellen Sie sich vor, Sie gehen über ein am Boden liegendes längeres Brett. Das stellt sicherlich kein Problem für Sie dar. Wenn wir jedoch dasselbe Brett in luftiger Höhe zwischen zwei zwanzig Meter hohe Mauern legen, wird es für die meisten Menschen zu einem unüberwindbaren Hindernis. Der Wunsch, etwas zu tun, und die gleichzeitige Angst davor sind entgegengesetzte Kräfte, und solch eine Situation wird immer zu Gunsten der stärkeren Emotion entschieden.

Ängstlichkeit ist eine unserer Eigenschaften, die uns unnötige Schreckensszenarien vorgaukeln. Sich zu fürchten und sich über etwas Sorgen zu machen, was vielleicht nie eintritt, ist für die allermeisten Zeitgenossen zum *beherrschenden* Faktor ihres Lebens geworden.

Furcht ist ein Schreckgespenst, das von den Massenmedien eifrig bemüht wird, um den Zuschauer am Apparat zu halten und Werbeblocks in unsere Köpfe zu bringen. Mit ängstigenden Szenarien werden wir verunsichert, damit uns Versicherungsgesellschaften gegen alles, wovor sie uns Angst machen, *versichern*.

Angst, so heißt es, ist des Menschen größter Feind, und in unserer Gesellschaft hat sie tausend Gesichter. Es liegt an Ihnen, sie zu demaskieren und ungestört ein friedliches Leben zu genießen. Angst ist das, was Sie am meisten daran hindert, der zu sein, der Sie eigentlich sind. Ein friedvolles, freundliches Wesen voller Lebensfreude. Im Folgenden möchte ich besonders darauf hinweisen, wie Angst mit Leichtigkeit zerstören kann, was Sie sich über lange Zeit mühevoll aufgebaut haben.

Die Angst zu versagen hat zum Beispiel schon Generationen von Studenten geplagt und sie schier zur Verzweiflung gebracht. Immer wieder geschieht es, dass ein Student am Studienende ängstlich die Prüfung auf sich zukommen sieht und genau das erlebt, was er in seiner schwärzesten Phantasie befürchtet hat. Er hatte jahrelang mit seinem Lehrstoff gerungen, hat gelernt und nochmals gelernt und war dennoch voller Angst zu versagen. Immer wieder geschieht es dann, dass das, was er befürchtete, über ihn kommt und die Zeit der »Prüfung« von vorne beginnt.

Kennen Sie auch Menschen, die *voller Tatendrang* alles Erdenkliche tun, um zum Ziel zu gelangen? Jemand setzt seinen *ganzen Willen* ein, tut *alles*, was er vermag, und versagt dennoch, wenn es darauf ankommt. Dieses Verhaltensmuster wird aus der Angst zu versagen genährt. Wenn die Angst vor einem Misserfolg unser Handeln begleitet, ist jedes Erfolgsgebaren bloßes Säbelrasseln. Unterscheiden Sie reines Wunschdenken vom inneren Wissen Ihrer Möglichkeiten. Wer sich seiner *Selbst bewusst* ist, braucht keinen Tiger im Tank zur Demonstration seiner Stärke.

Offenbar sind unsere Ängste viel stärker als unsere Hoffnungen. Zu hoffen ist für manche vage, zu fürchten dagegen ein sehr reales Gefühl. Wenn in Ihrem Unterbewusstsein zwei oder mehr Möglichkeiten für den Ausgang eines Unternehmens bestehen, dann muss auf Grund einfachster Gesetzmäßigkeiten die *einflussreichere* Wirklichkeit werden. Wenn Sie also hoffen, dass sich Ihr Wunsch erfüllt, und zugleich befürchten, dass es anders kommt, dann sind es die Furcht *und* Ihr Hoffen, die zu leidigen Kompromissen führen. Bevor Sie irgendetwas unternehmen, sollten Sie deshalb zunächst einmal untersuchen, wie viel Angst in Ihrem Unterbewussten beteiligt ist. Selbst lange Aufbauarbeit wird schnell zunichte, wenn Sie im Inneren befürchten zu versagen. Unternehmen Sie nichts *gegen* Ihre Furcht, bemühen Sie sich stattdessen *um Vertrauen*, weil es Ihre Angst auflöst und Sie zur Ruhe kommen lässt. Selbstvertrauen ist jenes verzehrende Feuer, das alles ihm nicht Gemäße auflöst. Der Angst mit Macht zu begegnen heißt, Krieg mit sich selbst anzuzetteln, bei dem Sie, wie auch immer es ausgeht, verlieren werden. Die Lösung liegt darin, dass Sie den Druck, den Sie empfinden, nicht mit Gegendruck beantworten. Wer Angst hat, steht unter Druck und neigt dazu, Druck zu machen. Statt Druck auszuüben, wäre Entspannung das richtige Mittel. Gewinnen Sie, bevor Sie sich ans »Werk« machen, Abstand und innere Ruhe.

Einerseits zu hoffen und sich andererseits zu fürchten führt zu einer Konfliktsituation, die aufgehoben werden muss, wenn Sie erfolgreich sein wollen. Sie müssen sich entscheiden, ob Sie vertrauen oder zweifeln wollen.

Der Mensch hat prinzipiell und auch offenkundig ein Mitspracherecht, wenn es um sein Schicksal geht. Er hat, wenn er im Einklang mit den »Gesetzen« ist, die Freiheit zu wählen und somit die »Macht« zu entscheiden, was werden soll. Fürchten Sie sich nicht, setzen Sie keine Gewalt ein, versuchen Sie niemals *unbedingt und mit aller Macht zum Ziel zu gelangen*. Erkennen Sie, dass Sie in Ihrem Leben weitest gehend das Sagen haben.

Ein »Wort« des klaren Geistes genügt und macht Waffengewalt unnötig, weil alle Macht bereits »da« ist und darauf wartet, *Ihnen zu Diensten zu sein*.

Wer auf sich vertraut, dessen seelische Großwetterlage ist voller Frieden, wie könnte ihn ein »Un-wetter« in Gefahr bringen.

Versetzen Sie sich täglich in eine leichte Trance, weil Sie damit Ihren wachbewussten Verstand herunterschalten und in diesem Zustand weniger ängstlich sind. Lassen Sie Ihrer Phantasie freien Lauf, erwarten Sie freudig, was Sie sich wünschen, und »vertrauen« Sie darauf, dass es möglich ist. Das Tor zur Werkstatt Ihres Geistes ist weit geöffnet, wenn Sie ruhig, gelöst und *friedlich* sind. Ihre Vorstellung und Ihre Freude sind die beiden Pole, aus denen das entsteht, was Sie sich wünschen.

Indem Sie lernen, von der Allgegenwart des Schöpferischen Geistes Gebrauch zu machen, kreieren Sie »Ihr« Leben. Sie sind frei, an der Fülle des Lebens teilzuhaben.

Alter Glaubenssatz:
Auf die Dauer hilft nur Power.

Neuer Glaubenssatz:
Im Vertrauen auf das Gute lasse ich geschehen.

Der Mensch ist ein Gewohnheitstier

Beim Rauchenabgewöhnen steht die Frage im Raum, ob Sie mit einer alten Gewohnheit brechen können. Prinzipiell kann man sich alles, was man sich angewöhnt hat, auch wieder abgewöhnen.

Wenn Sie den Empfehlungen in diesem Buch folgen, dann sollten Sie auch das Kleingedruckte lesen, damit Sie möglichst umfassend informiert sind. Kleingedrucktes ist in Verträgen meistens der unangenehme Part und wird am liebsten nicht zur Kenntnis genommen. Ich will Ihnen damit sagen, dass Sie kontinuierlich zu Ende führen sollten, was Sie begonnen haben. Es genügt nicht, heute wunderbare Visionen zu haben und schon bald wieder zur Tagesordnung überzugehen. Wenn Sie wünschenswerte Visionen von Ihrem zukünftigen Leben in Ihrem Unterbewusstsein implantieren, dann sollten diese so lange gepflegt werden, bis sie »groß« sind. Denken Sie an einen Gärtner, er pflegt seine Pflanzenkinder wie ein liebender Vater, bis sie erwachsen sind. Machen Sie es sich zur Gewohnheit (auch unter erschwerten Umständen), ein Optimist zu sein.

Wollen Sie nicht auch lieber ein Optimist sein, der sich manchmal irrt, als ein Pessimist, der immer Recht hat?

Damit Sie es sich besser merken können, hier eine humoristische Unterstützung: Der Unterschied zwischen einem Optimisten und einem Pessimisten liegt in den Worten Opti und Pessi, der Mist ist der Gleiche. Der Pessimist pflegt seine Destruktivität, der Optimist aber verwendet seine Erkenntnisse als Dünger für seine zukünftigen großen Taten.

Beenden Sie die vielleicht schon lange während Tradition des destruktiven Denkens. Halten Sie inne, schon während Sie einen negativen Satz äußern wollen, und formulieren Sie ihn um. Bleiben Sie dran, sagt man vereinfacht, geben Sie niemals auf, alles, was Sie zu Ihrem Wachstum brauchen, ist schon lange da. Der Geist, der Sie hervorgebracht hat, wartet darauf, Sie zu Ihren Zielen zu führen.

Misserfolg ist immer dann vorprogrammiert, wenn Sie zu früh aufgeben und zulassen, zum Spielball anderer zu werden.

Ich sehe vor meinem geistigen Auge eine geplagte Ehefrau, die ihrem alkoholisierten Mann diese Zeilen zu lesen gibt. Und ich sehe, wie der Trinker voller Selbstmitleid seine »Unfähigkeit«, mit dem Trinken aufzuhören, feststellt *und weitertrinkt.*

Wer nicht an sich glaubt, dem glaubt man nicht. Wer nicht an sich arbeitet, an dem wird gearbeitet. Wer kapituliert, der hat verloren. Aber niemand ist im Grunde seines Herzen wirklich schwach, es sei denn, er hat es sich lange genug eingeredet. Gerade diesen unglücklichen »Abhängigen« habe ich meine besondere (Liebe) Aufmerksamkeit gewidmet und schon vielen helfen können, wieder in Freiheit sie selbst zu sein.

Alles, was Sie wirklich wollen, ist Ihnen auch möglich.

Affirmieren Sie:
»Ich bin eine starke positive Persönlichkeit, erfolgreich im Beruf und in der Gesellschaft. Alles, was ich beginne, führe ich zum Erfolg.«

Alter Glaubenssatz:
Leicht gesagt, schwer getan.

Neuer Glaubenssatz:
Einer mit Gott ist immer die Mehrheit.

Das kollektive Unbewusste

Einige junge Frauen und Männer traten im Laufe der Jahre mit der Bitte an mich heran, ihnen zu helfen, Schriftsteller zu werden. Sie wollten ebenfalls spirituelle Bücher schreiben, behaupteten aber gleichzeitig, dass ihnen beim Schreiben nichts »einfällt«. Der Hintergrund ist wieder einmal recht einfach nachzuvollziehen. Kontinuität ist das Geheimnis.

Es ist nicht nur jedem möglich, an höhere Bewusstseinsebenen »angeschlossen« zu sein, sondern es existiert sogar so etwas wie eine Verpflichtung, Sinnvolles und Hilfreiches *in die Welt zu bringen*. Das kollektive Unbewusste ist ein psychischer Ozean des Wissens, in dem alles bekannt ist. Das bedeutet für Sie, dass alles, was Sie benötigen, zugegen ist und Sie sich seiner bedienen können. Angeschlossen zu sein heißt auch, an der unendlichen Quelle der Inspiration zu partizipieren und damit immer genug »Einfälle« zu haben. Ein Einfall ist etwas, was Ihnen nicht *zufällig* »einfällt«, sondern ein natürlicher Zustand der Inspiration, dem Sie sich *hingeben* können. Wer offen ist, der ist angeschlossen und hat mehr »Ein-fälle«, als er realisieren kann, und er ist gut beraten, wenn er sein Wissen weitergibt und beginnt, andere zu beraten. Wer auf dem »Weg« ist, dem wird »gegeben«, und er ist ein guter Weggefährte. Der Schöpferische Geist in Ihnen ist immer bemüht, Ihnen all das zukommen zu lassen, was Sie zu Ihrem Glück brauchen. *Lassen Sie ihn doch endlich das »Seine« tun.*

Ein leerer Bildschirm am PC ist für einen Autor eine Herausforderung. Er fordert heraus, was in seinem Inneren wartet, zum Ausdruck zu kommen.

Achtzigtausend neue Bücher jährlich auf der Frankfurter Buchmesse sprechen eine beredte Sprache darüber, was alles einfällt, wenn man offen ist.

Meiden Sie Neid, weil er Ihren Erfolg verhindert

Kennen Sie den Spruch vom Elefanten im Porzellanladen? Oder etwas sehr volkstümlich ausdrückt: Vorne etwas aufbauen und es mit dem Hinterteil wieder umstoßen. Gemeint sind jene, welche mit Leichtigkeit vernichten, was mühevoll über einen langen Zeitraum entstanden ist. Wenn Sie alle in diesem Buch angebotenen Hilfen annehmen, alles beherzigen, aber Neid in Ihrem Leben eine Rolle spielt, dann werden Sie erfolglos bleiben. Dann haben Sie den einfachsten Weg gewählt, Ihren Erfolg von vornherein zunichte zu machen.

Achten Sie darauf, wer andere »negativ besetzt«, ist meist nur neiderfüllt. Sie werden feststellen, es sind immer jene, die nichts haben und sich deshalb entrüstet gebärden, wenn es anderen gut geht. Indem sie neidisch sind, verdammen sie, was sie doch selber wollen. Der Volksmund spricht in diesem Zusammenhang vom Neidhammel und weist damit beredt auf die »Intelligenz« des Neiders hin.

Beim Mittellosen war in vielen Fällen zuerst der Neid, und als Zweites entstand aus dieser Charaktereigenschaft dann seine Not. Das Unterbewusstsein versteht nicht, was gemeint ist, es »erkennt« aus dem Gefühl von Neid Ablehnung und Antipathie. Ein von Ihnen aber unausgesprochenes Nein ist ein Stein einer Mauer der Stagnation, die um Sie herum entsteht. Neidgefühle sind Ver-*nein*-ungen, und sie führen dazu, dass beim Neider Mangel herrscht. Deshalb, bejahen Sie, *was Sie wollen,* auch wenn es zurzeit noch nicht in Ihren Händen liegt, so macht es sich doch auf den Weg zu Ihnen. Es ist wie beim Menschen, wen Sie bejahen, der kommt zu Ihnen, wen Sie verleumden, der meidet sie. Die die Regel bestätigende Ausnahme ist der Gerichtsvollzieher, er schert sich nicht um Ihre Meinung und hat deshalb einen harten Job. Wünschen Sie allen Menschen Wohlstand und alle guten Gaben dieser Welt, und alle guten Gaben danken es Ihnen, indem sie bei Ihnen vorbeikommen. Versuchen Sie zu verstehen. Das, was Sie anderen wünschen, *das haben Sie gedacht,* und was Sie denken, zu dem werden Sie.

Merken Sie sich den einfachen Satz, der auch mein Leben verändert hat:
   »Das dankbare Herz ist dem Guten nahe.«

Heben Sie jedwede Beschränkung in Ihrem Geist auf, und es werden goldene Ströme fließen. Die nächsten Jahrhunderte sind die Zeit der Befreiung vom Joch der Mühe und der Beginn einer neuen, schöneren Welt. Sie sind eingeladen, Ihre Einzigartigkeit in die Waagschale zu legen und mitzugestalten, was machtvoll werden will.

Alter Glaubenssatz:
Wer anderen eine Grube gräbt, fällt selbst hinein.

Neuer Glaubenssatz:
Selbst ist der Mann/die Frau.

▶ Das Glück im Außen ist eine Illusion, wie jede Illusion muss es zeitlich begrenzt sein.

Dumme Gedanken hat jeder, aber der Weise verschweigt sie

Selbst kühne Erwartungen erfüllen sich, wenn Sie von jetzt an Ihrem geistigen Potenzial eine klare Richtung geben; wenn Sie beginnen, mit seiner Macht Ihr Leben in eigener Regie zu gestalten. Der erste Schritt in Ihr neues Leben beginnt mit Dankbarkeit. Danken Sie sich dafür, dass Sie jetzt dieses Buch lesen und in der Werkstatt Ihres Geistes große Pläne geschmiedet werden. Wenn Sie wollen, ist jetzt die Zeit gekommen, in der Ihre Träume wahr werden. Wir wissen aus der Verhaltensforschung, dass Menschen wie auch Tiere weniger leisten und weniger lernen, wenn sie kritisiert werden. Lob und die berühmten Streicheleinheiten aber sind immer die bessere Motivation für große Taten.

Sie haben große Veränderungen vor sich, und Sie sind gerade dabei, sich das Wissen anzueignen, das Ihnen garantiert, einen höheren Status in der Gesellschaft zu erreichen. Das ist ein sehr guter Entschluss, *und er ist lobenswert.* Wenn ich Ihnen an dieser Stelle ganz bewusst Anerkennung gebe, dann ist das nicht das Gleiche, als würden Sie selber es tun.

Wir alle sehnen uns nach Ehrerbietung, geben Sie sie sich selber, damit Sie nicht darauf warten müssen, von anderen anerkannt zu werden.

Sich selber in Ehren zu halten hat etwas mit Liebe zu sich selber zu tun, und das ist nun mal die Voraussetzung, um unseren Nächsten lieben zu können. In der Liebe zu sein heißt, frei und unabhängig zu sein und sich selber zu genügen. Wer sich und das Leben mit allem, was dazugehört, zu lieben beginnt, der wird immer kraftvoll und mächtig sein. Wer dagegen mit seinem Schicksal hadert, der ist auf dem Wege der Entmutigung. Der wird kraftlos und müde seine Tage verbringen.

Wir alle fürchten uns gleichermaßen vor Kritik und erhalten sie in dem Maße, in dem wir sie fürchten. Selbstverständlich machen wir alle Fehler, nur wer gibt sie gerne zu? Auch der Weise denkt manchmal dummes Zeug, aber weil er weise ist, schweigt er.

Positives Denken spricht nicht von Fehlern, sondern allenfalls davon, etwas noch nicht ganz richtig gemacht zu haben. Es war ein Schritt in die richtige Richtung, und wir haben eine Erkenntnis aus dem Vorgang gewonnen. Was man Fehler nennt, war ein notwendiger Lernschritt, der helfen wird, zukünftig leichter und besser voranzukommen. Wenn Sie Fehler fürchten, wenn also Ihr Bewusstsein auf deren Vermeidung gerichtet ist, dann muss es alleine schon deshalb *mehr* davon »kreieren«, als würden Sie nach Lösungen rufen.

Ihr subjektiver Geist kann nur hervorbringen, was sie denken und fühlen. Denken Sie deshalb an all das Glück, das Sie bisher hatten, und Sie werden in kurzer Zeit mehr davon haben. Denken Sie an das, was Sie in Ihrem Leben bereits an Erfolgserlebnissen erfahren haben, dann werden Sie sehr bald viel mehr davon erleben, und die Tradition wird fortgesetzt.

Glück ist nicht Glückssache

Ein chinesisches Sprichwort sagt:
»Wollen Sie eine Stunde glücklich sein, dann betrinken Sie sich. Wollen Sie ein Jahr glücklich sein, dann heiraten Sie. Wollen Sie immer glücklich sein, dann sollten Sie Gärtner werden.«
Das Symbol des Gärtners steht für jemanden, der in Übereinstimmung mit den Rhythmen der Natur lebt und alles Glück und alle Zufriedenheit an seiner Seite weiß.

Was Sie in Ihrem Leben bisher auch als Glück empfunden haben mögen, es gehört wahrscheinlich jetzt, während Sie dieses lesen, schon wieder dem Schatz der Erinnerungen an. Vieles, was uns angenehm berührt, ist auf Äußeres bezogen, und weil Äußeres nun mal im ständigen Wandel begriffen ist, muss, wer an Äußerlichem haftet, an jedem Tag nach neuem Glück Ausschau halten.

Der weltliche Mensch kauft sich ein neues Auto, macht eine große Reise oder bezieht eine neue Wohnung und hofft, dann glücklich zu sein. Wenn aber im Außen nichts von Dauer ist, dann wird das Gefühl von Zufriedenheit nur ein flüchtiger Gast sein können, und wir werden in Kürze an etwas anderem interessiert sein. Der erwachende Mensch sehnt sich deshalb nach dem Glück, das nicht nur von »dieser Welt« ist. Er richtet seinen Geist auf das »Land der unsterblichen Glückseligkeit«. Der Mystiker sucht nach dem Zustand zeitlosen Friedens, und er richtet seine Aufmerksamkeit auf das, was ewig ist. Wir können mit dem, was wir von der »unsichtbaren Welt« wissen, dafür sorgen, dass immer öfter geschieht, was sinnvoll, gut, erstrebenswert und »anhaltend« ist. Das Sichtbare wie das Unsichtbare sind nicht zu trennen, sie bilden eine Einheit, auch wenn wir sie mit unseren Augen nicht sehen können. Wir könnten dem Glück eine größere Chance geben, unsere Quelle der Freude zu sein, wenn wir das Zeitliche nicht mit dem Ewigen verwechseln und jedem seinen »Raum« geben.

Hier eine kleine Anekdote von dem Positivdenker, dessen Augen schon ganz blau waren, weil er seinen Blick jeden Tag himmelwärts richtete und ohne Unterlass voller Hingabe betete: *»Lieber Gott, lass mich bitte, bitte reich werden!«* Jeden Tag betete er, schaute zum Himmel und wartete, wie es sich für einen Esoteriker gehört, voller Geduld, dass er sich auftun möge. Er verfuhr schon lange Zeit so, ohne dass etwas geschah. Als seine verzweifelten Rufe immer eindringlicher und lauter wurden, er sich nichts sehnlicher herbeiwünschte, als endlich reich zu sein, da hörte er plötzlich eine donnernde Stimme vom Himmel: *»Du Dummkopf, gib mir doch endlich eine Chance und fülle einen Lottoschein aus!«*

Dieses Gleichnis will uns sagen, dass wir aktiv werden sollen; wer das Glück eines Geldsegens herbeisehnt, ist gut beraten, mehr dafür zu tun, als himmelwärts zu schauen.

Nach dem Gesetz der Wahrscheinlichkeit gibt es schnellere Wege, zu Wohlstand zu gelangen, als im Lotto zu spielen. Ich habe sehr oft erlebt, dass Gesprächspartner alles Mögliche wollten, aber nur sehr wenige tatsächlich auch bereit waren, etwas dafür zu tun. Wir sollten erkennen, dass Leistung und Gegenleistung wie Ursache und Wirkung sind. Immer wird sich das Gegebene und das Empfangene in Qualität und Quantität entsprechen müssen.

Einer meiner Seminarteilnehmer aus Konstanz am Bodensee kam zu mir mit 800 000 Euro Schulden, er verstand, was ich ihm über die Gesetze von Wohlstand vermittelte, und hat heute, ca. zwei Jahre später, bereits über 250 000 Euro Plus auf seinem Konto.

Was wir bereit sind zu investieren, das kommt auch wieder heraus, weiß jeder kluge Kaufmann.

Es war vor vielen Jahren einer der glücklichsten Momente in meinem Leben, als ich erkannte, dass *ich* verantwortlich für meine Lebensqualität bin. Ich verstand damals in den Siebzigerjahren, dass wir selbst es sind, die durch unser »Tun« die Welt einladen, Gast in unserem Hause zu sein. Meister seines Lebens ist, wer weiß, dass er jederzeit in der Lage sein wird, alles Erforderliche bereitzustellen, was ihm vom Leben einmal abgefordert werden wird. Meister seines Lebens ist, wer weiß, dass *in ihm* die richtigen Antworten sind. Was auch immer ihn das Leben fragen mag, die Weisheit in uns führt und lenkt uns alle Zeit und wird uns immer den besten Weg zur Erfüllung unserer Wünsche weisen. Wer um seine »Urheberschaft« weiß, der wird, wenn er in Harmonie mit den Gesetzen des Lebens ist, ein geistiges Universum voller »Antworten« sein. Der erschließt sich mit seinem Wissen jenen »Raum«, in dem alles auf ewig bekannt ist. Wählen Sie bewusst Ihren Status in der Gesellschaft und damit, wem Sie dienen wollen! Lassen Sie Schönes und Erstrebenswertes das Ziel Ihres Lebens sein, und indem Sie wählen, richten Sie Ihren Geist auf das Erwünschte und sind ihm damit auch bereits nahe.

Das Gesetz von Ursache und Wirkung sagt: »*Wem Sie dienen, das wird Ihnen dienen.*«

Was Sie der Welt geben, das wird Ihnen von der Welt gegeben werden. Wie Sie in den »Wald« hineinrufen, so hallt es heraus. Im Koran und auch im Alten Testament heißt es zu diesem Thema: Auge um Auge, Zahn um Zahn!

Das Problem der meisten Menschen besteht darin, den hier beschriebenen einfachen Regeln nicht genügend Aufmerksamkeit und Glauben zu schenken und stattdessen allzu leicht zu zweifeln und zu befürchten. Rationalisten sagen an dieser Stelle: Ja, wenn es so einfach wäre, dann würden es doch alle machen. Weil es also nicht alle tun, ist für viele damit der Beweis erbracht, dass das Ganze wohl nicht stimmen kann.

Ein Fischer fischte mit einem Fischernetz, das ziemlich große Maschen hatte. Eines Tages wurde er von einem Fremden gefragt, warum er denn kein Netz mit kleineren Maschen benutzen wollte, um damit auch all die vielen anderen Fische zu fangen? Seine Antwort war sehr einfach, begründet auf die Erfahrung von Generationen sagte er: »*Warum soll ich ein Netz mit engeren Maschen nehmen? Noch nie habe ich je einen einzigen kleinen Fisch gefangen, das ist auch gar nicht möglich, denn die gibt es überhaupt nicht.*«

Er hat es nie probiert, und es erschien ihm auch zu einfach, und schließlich machen es die anderen ja auch nicht.

Probieren Sie, was »noch« nicht zum geistigen Allgemeingut gehört. Ausgetretenen Pfaden zu folgen ist langweilig und führt auch nicht zu neuen Ufern. Das Besondere, das durch Sie in diese Welt kommen möchte, ist etwas nie Dagewesenes, und es sollte auch keineswegs etwas Altes im neuen Gewand sein.

Vertrauen Sie auf die Weisheit der geistigen Instanz in Ihnen.

Wenn Ihnen bewusst geworden ist, dass Sie in der Lage sind, Gutes und sehr Gutes hervorzubringen, dann sollten Sie damit beginnen, das Beste an sich, die Tugenden Ihres Wesens, zu leben und sie, indem Sie sie leben, Ihren Mitmenschen zum Geschenk zu machen. Richten Sie Ihre Aufmerksamkeit auf alles Ehrbare, alles, was gerecht, liebenswert und edel ist, und das Leben wird Ihnen damit antworten, dass es Sie reich beschenkt und Ihre Seele mit vollkommenem Glück erfüllt. Die höchste Qualität idealer menschlicher Eigenschaften wartet darauf, durch Sie »zu Tage« zu treten. Sie will mit dazu beitragen, Ihnen den Himmel auf Erden zu bereiten. Wenn Sie den hier beschriebenen Maximen folgen, werden Sie allzeit von einem guten Geist erfüllt sein. Wenn Sie sich entschließen, in Ihrem Bewusstsein die notwendige Veränderung herbeizuführen, dann kann es Ihnen nicht passieren, dass Sie jemals von »*allen* guten Geistern« verlassen sind.

Durch Repetieren von Affirmationen werden in Ihnen die Voraussetzungen entstehen, dass eine Aura von Fröhlichkeit Sie umgibt.

Alter Glaubenssatz:
Was du auch tust, du wirst es bereuen. (Platon)

Neuer Glaubenssatz:
Wenn Sie *Ihr Bestes* geben, dann wird die Welt Ihnen *ihr Bestes* geben.

► Ihr Leben ist aus Gedanken gewebt.

Möchten Sie Ihre Lebensqualität selber bestimmen?

In der einschlägigen Literatur steht viel darüber geschrieben, dass Sie erfolgreich sein werden, wenn Sie sich vom »Strom des Lebens« tragen lassen. Das heißt natürlich keineswegs, die Hände in den Schoß zu legen und sich im wörtlichen Sinne tragen zu lassen. Es ist das Gesetz der Welt: Wenn wir etwas bewegen wollen, dann müssen wir uns selber bewegen. Wer Ja sagt, der öffnet sich dem Strom der Möglichkeiten, wer aber oft dagegen ist, der schwimmt gegen den Strom, wird bald ermüden und in den Annalen der Zeit unter »ferner liefen« geführt werden.

Der Mensch braucht die Resonanz mit der Natur, er ist darauf angewiesen, wenn er in seiner Kraft sein will, mit ihr im kosmischen Rhythmus zu schwingen. Sobald Sie von der »Macht« Gebrauch zu machen lernen, wird es Ihnen möglich zu *sein*, wie *Sie* sein wollen. Es ist für jeden nachvollziehbar, dass es leichter ist, mit Rückenwind vorwärts zu kommen, als den Wind um die Nase zu haben und im Schweiße des Angesichts Mühe und Plage zu ertragen.

Erfolgreich zu sein heißt, in Ruhe seine Tage zu gestalten, zu leben, wie *Sie* es sich vorstellen, und zu haben, was Sie brauchen, um glücklich und zufrieden zu sein. Erfolg bedeutet, menschlich und herzlich zu leben. Bedeutet, die Schatzkammer Ihres Geistes geöffnet zu haben und am reich gedeckten Tisch des Lebens Ihren Platz eingenommen zu haben. Sie sollten davon ausgehen, dass Gerechtigkeit herrscht und auch Ihnen eine Einladung zur großen »Symphonie des Lebens« zugegangen ist.

Sich etwas vorstellen heißt, eine Vision zu haben, und genau die hat jeder in seinem tiefsten Inneren. Wenn Sie in Ihrer Kindheit ernüchtert worden sind, wenn man Sie zu zweifeln lehrte, dann können Sie lernen, Ihrer Phantasie freien Lauf zu lassen und an das Gute zu glauben. Wenn Sie beginnen zu vertrauen, dann wird der Schöpfergeist aktiv, und Sie werden ganz sicher mit weniger Aufwand sehr viel mehr erreichen. Warum sollte es nicht möglich sein, dass durch *Sie* etwas Besonderes zu Tage tritt, dass Sie Anerkennung erfahren und erfolgreich sind?

Was auch immer Sie sich wünschen, alle Werte, die Sie ersehnen, sind im Fundus Ihres Geistes als Ideen aufbewahrt. Sobald Sie sich an Ihren inneren Reichtum »erinnern« und ihn bildlich auferstehen lassen, beginnt in der Werkstatt Ihres Unterbewusstseins dessen Ver-dinglichung. Unendlicher Ideenreichtum wartet in den Tiefen Ihres Geistes darauf, dass Sie sich seiner bedienen. In der Bibel schrieben die Propheten dazu: *»... wo weder Motte noch Rost sie verzehren und Diebe nicht einbrechen und stehlen.«*

Ihr Leben ist eine Reise, Sie haben Ihren Zielort ausgewählt.

Stellen Sie sich vor, Sie befinden sich auf einer dreispurigen Autobahn und freuen sich auf all das Interessante, das Ihnen begegnen wird. Die Autobahn gehört Ihnen, weil es Ihr Ziel ist, auf das Sie zustreben.

Am wichtigsten ist, zu wissen, wohin Sie wollen, und die Fahrstrecke zu kennen. Das heißt, Sie sollten mehr Informationen über Ihre Ziele zur Verfügung haben und damit natürlich auch sachkundiger sein als andere. Spezialisieren Sie sich, weil komplexe Bereiche schnell unübersichtlich werden und auch verwirrend sind.

Ein wichtiges Element auf Ihrem Weg zum Erfolg ist, zu wissen, dass Sie auf dem richtigen Weg sind. Es ist von Bedeutung, dass Ihre ganze Kraft (Aufmerksamkeit!) zur Verfügung steht und Sie Ihren Weg und Ihr Ziel lebendig vor Augen haben.

Ist Ihr Ziel zugleich auch Ihr Herzenswunsch, dann wird er sich durch Ihre liebevolle Hingabe mit Leichtigkeit erfüllen.

Der erste Schritt zum Erfolg ist erfolgt, Sie haben sich Klarheit verschafft, Sie wissen, *was Sie wollen,* Sie freuen sich *von Herzen,* und damit haben Sie bereits das erste Drittel des Weges hinter sich gebracht.

Immer wenn Freude und Liebe »im Spiel« sind, *erfolgt* sehr viel leichter und unbeschwerter, was Sie sich wünschen und was die Menschen Erfolg nennen.

Die Begeisterung, mit der Sie am Werke sind, ist das Antriebsmittel, um vorwärts zu kommen. Sie »begeistern« Ihre Idee ähnlich wie Gott, der seine Schöpfung »begeisterte«, indem er sie mit »Wohlgefallen« betrachtete und ihr damit den Odem des Lebens einhauchte.

Es ist wichtig, dass Sie dieses Gleichnis verstehen und erkennen, dass Sie gleichermaßen Schöpfer sind und dass ER Sie (in diesem Sinne) nach seinem Ebenbild geschaffen hat.

Sie sollten bestrebt sein, der »Größte« Ihres Faches zu sein und mit Ihrem größeren Wissen all jenen *zu dienen,* die (noch) nicht wissen und die empfangen werden (was sie wissen sollten). In der Bibel wird das mit den bekannten Worten

»Wer unter euch der Größte ist, lasst ihn euren Diener sein« ausgedrückt.

Sie haben sich Klarheit verschafft, Sie wissen, was Sie wollen, Sie freuen sich von Herzen, sind *kompetent* und haben damit bereits zwei Drittel des Weges zurückgelegt.

Ein Datenhighway garantiert, dass Ihre Vorstellungen vom Leben schnellstmöglich zur Werkstatt des Geistes übermittelt werden. Wenn Sie wissen, dass es *rechtens* ist, was Sie erstreben, und dass es im Interesse vieler ist, wenn Sie Ihr Ziel erreichen, dann kann Sie nichts mehr aufhalten. Es ist wichtig zu erkennen, dass »guter Rat« nicht teuer sein muss, wenn Sie lernen, geistiges »Gut« zu beherzigen.

Erfüllen Sie die Weisheit *»Dienen kommt vor verdienen«* mit

Leben. Sie besagt, dass wir unseren Mitmenschen mit unserer Existenz, mit dem, was wir sind, was wir haben und was wir tun, *dienlich* sein sollen. Wenn Sie »gut« sind, dann ist das gut für Sie und wird es auch für andere sein. Wer für andere »da« ist, für den werden auch andere »da« sein und dem werden die positiven Kräfte des Universums zu Hilfe eilen. Das ist eine der Kernaussagen aller großen Religionen.

»Der Mensch lebt nicht von Brot allein« bedeutet, dass wir nicht zum bloßen »Broterwerb« in die Welt gekommen sind. Es ist einfach nicht genug, um zufrieden oder gar glücklich zu sein, wenn wir nur physisch satt werden wollen. Wer nur um sein täglich Brot besorgt ist, wird den Sinn des Lebens vergeblich suchen und es schwer haben, an die viel beschriebene »Leichtigkeit des Seins« zu glauben. Wenn Sie dagegen Ihrer Vision folgen, dann geben Sie sich damit den Raum, groß, machtvoll, gesund und erfolgreich zu sein.

»Hören« Sie, was Shakespeare von Ihnen gesagt hat: *»Welch ein Meisterwerk ist der Mensch, wie edel durch Vernunft! Wie unbegrenzt an Fähigkeiten! In Gestalt und Bewegung wie bedeutend und wunderwürdig! Im Handeln ähnlich einem Engel! Im Begreifen ähnlich einem Gott!«*

Hier könnte Ihr Maßstab sein, wenn Sie sich diesen wunderbaren Gedanken zu Herzen nehmen und nach dem Besonderen in Ihnen Ausschau halten. Kleine Brötchen zu backen heißt auch, sich mit Kleinigkeiten abzumühen, und das möchten Sie doch nicht. Beginnen Sie schon, während Sie dies lesen, Großes zu denken, *damit Großes folgen kann.*

»Einer für alle, alle für einen«: Wenn die Erde unsere Mutter ist, wenn also der gesamte Planet ein lebender Organismus ist, dann

sollten Sie der großen Mutter Dank erweisen. Indem Sie Ihr Leben mit Wunderbarem erfüllen, werden Sie verständlicherweise auch in der Lage sein, alsbald von Ihrem Besten zu geben. Jeder Mensch ist wie eine Zelle eines großen Organismus und sollte seinen Teil dazu beitragen, damit es diesem Organismus gut geht und er viel für Sie tun kann.

»Ehrlich währt am längsten«: Mir sind im Laufe der Jahre viele Menschen begegnet, die mit unehrlichen Methoden ihren Lebensunterhalt verdient haben. Bei oberflächlicher Betrachtung könnte man sagen, dass es dem Lebensprinzip gleichgültig zu sein scheint, ob jemand ehrlich oder unehrlich ist. Wenn wir jedoch diese Zeitgenossen über einen längeren Zeitraum beobachten, stellen wir fest, dass fast alle unmoralischen Menschen eine ganze Palette psychosomatischer Störungen entwickeln. Sie benötigen früher oder später therapeutische Hilfe oder landen im Gefängnis und werden dort vom Anstaltsarzt mit Gleichgültigkeit behandelt. Schon die »Alten« wussten: »Unrecht gedeiht selten gut.«

»Die Sonne bringt es an den Tag«: Beobachten Sie, was geschieht, wenn jemand versucht, mit unlauteren Mitteln seine Ziele zu erreichen. Sie werden erkennen, dass ein lichter Weg leichter zum Ziel führt als ein dunkler. Wahrheit und Klarheit sind immer die besseren Protagonisten, die Sie zur Sonnenseite des Lebens geleiten. Nur schwache Seelen lügen und zeigen damit, dass sie kein Vertrauen in die eigene Kraft haben. Diebe und Lügner wissen nicht, dass sie mit ehrlicher Arbeit besser und schneller ihren Lebensunterhalt verdienen *und in Freiheit genießen können.*

Ein etwa achtundvierzigjähriger Mann suchte mich auf, um mit mir über seine Probleme zu sprechen. Er hatte lange Jahre als

Anlageberater vielen Kleinsparern im wahrsten Sinne ihr Geld abgenommen, obwohl er wusste, dass er keineswegs die versprochenen Renditen erzielen würde. Es war leicht, sagte er, weil die meisten Menschen gierig sind und nicht aufpassen, wenn ihnen viel versprochen wird. Betrug im Sinne des Strafgesetzbuches war ihm nicht nachzuweisen, aber er wusste, dass er seine Kunden mit seinen Versprechungen ganz offensichtlich hinters Licht geführt hatte. Er besaß jetzt einige Häuser und hätte im Grunde ganz zufrieden von seinen Einkünften leben können, wenn er kein schlechtes Gewissen gehabt hätte. Er kam zu mir, weil er an seiner Vergangenheit schwer zu tragen hatte. Er litt an einer massiven Angstneurose und hatte seinen inneren Frieden verloren. Er war nicht fähig, seinen Wohlstand zu genießen. Obwohl er von der alltäglichen Mühe befreit war, fand seine Seele keine Ruhe. Hochgradig nervös saß er vor mir und hoffte, dass ich ihm einen Ausweg zeigen könnte.

Ein Psychotherapeut sollte für jede Situation, in die ein Mensch geraten kann, Verständnis haben und sicherlich keine Moralpredigten halten, wenn jemand auf Abwegen ist. Es ist keineswegs nötig, die Strafe eines zürnenden Gottes zu bemühen; es genügt zu wissen, dass in jedem eine Instanz ist, die Recht spricht. Auch wenn diese Mühlen langsam mahlen; jeder hat ein Gewissen, selbst wenn es nicht immer deutlich zu Tage tritt. Die ethische Instanz in uns weiß um Recht und Unrecht unserer Taten, sie weiß, dass der Tag, an dem alle offenen »Rechnungen« bezahlt werden, kommen wird. Deshalb und weil wir in unserem Inneren wissen, dass Wahrheit und Klarheit mächtiger sind als alle üblen Tricks, deren sich ein Mensch bedienen kann, streben wir letztlich alle nach Frieden, ohne den wir niemals glücklich sein werden. Die Ursache liegt oft in unkorrektem Verhalten, wenn jemand auf der Stelle tritt oder oftmals nichts »Gutes dabei herauskommt«. Wer nicht weiterkommt, sollte »hinterfragen«, ob eventuell Schuldgefühle für eigenes unkorrektes Verhalten der Grund für die Misere sind. Wenn ein innerer Konflikt zwischen unserem Ego und der ethischen Instanz (höheres Selbst) entstanden ist, dann haben wir damit einen heimlichen »Verbraucher«, der uns unserer Kraft beraubt. Lug und Trug sind hässliche Umwege, die aber wie alle anderen auch, letztlich, über den Weg des Leidens, zur Wahrheit führen. Die Folgen unrechten Tuns sind eine Vielzahl von Ängsten oder, wenn viel zusammengekommen ist, zunehmende psychosomatische Beschwerden. Wir kennen den Spruch vom schlechten Gewissen, das kein gutes Ruhekissen ist.

Mein Besucher lernte im Laufe einer Therapie auf einer »höheren« Ebene den angerichteten Schaden wieder gutzumachen. Ich half ihm, wieder Selbstachtung zu entwickeln und Ehrerbietung für seine Mitmenschen zu empfinden. Er begann, ehrenamtlich für Kleinanleger beratend tätig zu sein, um ihnen zu helfen, eventuelle Fallen im Kleingedruckten zu entdecken. Er betätigte sich darüber hinaus bei einer Verbraucherschutzorganisation und half, bessere Richtlinien zum Schutz von Kapitalanlegern aufzustellen. Mein Klient spendete einen Betrag von 5000,– Euro an das Rote Kreuz, um zumindest symbolisch ein wenig vom angerichteten Schaden wieder gutzumachen. Wir sollten erkennen, dass in uns allen sowohl ein Betrüger als auch ein herzensguter Mensch steckt. Es kommt darauf an, welcher Seite unseres Wesens wir mehr »Rechte« einräumen. Herr R. hatte seine Lektion gelernt und begann sich besser zu fühlen. Er entschied sich dafür, seinen Geist auf das, was *ehrbar* ist, auszurichten. Seine schwere Neurose konnte aufgelöst werden, und er erkannte, was zu tun ist, um nachhaltig Frieden zu finden.

Wenn Sie sich und Ihre Arbeit lieben, fließt Ihre ganze Kraft in Ihr Tun; wenn Sie jedoch nur Geld verdienen wollen, wird es oft mühsam. Wer noch dazu mit unlauteren Mitteln arbeitet, *muss* auf Grund einfacher Gesetzmäßigkeit mit zunehmenden

Schwierigkeiten rechnen und wird erleben, dass der wahre Erfolg ausbleibt.

Immer wenn Sie an Ihre Ziele denken, sollten Sie zugleich auch wissen: Alles, was Sie für Ihren Erfolg benötigen, ist »da«, ist in Ihnen und steht Ihnen jederzeit zur Verfügung, wenn Sie diese einfache Gesetzmäßigkeit zur Kenntnis nehmen und unlautere »Abkürzungen« vermeiden.

Dieses Wissen gibt Ihnen die Sicherheit und die Kraft, »es« anzupacken. Anstatt vieles anzuzweifeln und Ihrer Kraft beraubt Ihres Weges zu ziehen, können Sie lachen, tanzen und glücklich sein.

Das wichtigste Mittel zum Erfolg ist »die Macht Ihres Bewusstseins«.* Sobald Sie wirklich wissen, dass alle Macht in Ihnen ist, entwickeln Sie unerschütterliches Selbstvertrauen und einen mächtigen charismatischen Charakter, von dem man sagt: Er *kam, sah und siegte!*

»Hören« Sie noch einmal Nelson Mandelas Worte:

»Unsere Angst ist nicht, dass wir einer Sache nicht gewachsen sind. Wir haben Angst, weil wir unermesslich mächtig sind. Es ist unser Licht, das wir fürchten, nicht unsere Dunkelheit.«

Alter Glaubenssatz:
Das Leben ist, wie es ist.
Wir arbeiten, um zu leben.

Neuer Glaubenssatz:
Ich führe Regie in meinem Leben.
Freude heißt der Stoff, aus dem das Leben ist.

---

* In dem Buch »Die Macht Ihrer Gedanken«, Goldmann Verlag, beschreibe ich ausführlich, dass Denken schöpferisches Handeln ist.

▶ Gleiches zieht Gleiches an, und wir werden im paradiesischen Gefühl der Einheit das Ziel unserer Existenz erfüllen.

Lösungen

Jeder ist manchmal mit scheinbar unlösbaren Problemen konfrontiert oder, anders betrachtet, mit Aufgaben betraut, an denen er wachsen soll. Wenn in Ihrem Leben der Moment gekommen ist, in dem Sie gefordert werden, dann ist es auch zugleich die Zeit, in der Sie Förderung erfahren. Kreisen Sie zunächst einmal rational die Problematik ein, stellen Sie sich vor, was im Idealfall die Lösung sein könnte, und überlegen Sie auch, was schlimmstenfalls wäre, wenn … Betrachten Sie die Aufgabe von einem höheren Standpunkt aus. Beginnen Sie, darauf zu vertrauen, dass Sie alles zur Zufriedenheit aller Beteiligten lösen werden. Sollten Sie eine größere »Aufgabe« vor sich haben, dann ist es ein altbewährtes »Hausmittel«, zunächst einmal zur Ruhe zu kommen. Gehen Sie täglich eine Weile spazieren, und lassen Sie währenddessen Ihr höchstes Bewusstsein nach Lösungen Ausschau halten. Stellen Sie sich vor, was sein wird, wenn Sie die Lösung gefunden haben. Es ist wie bei einer Rechenaufgabe, bei der eine Unbekannte gefunden werden muss. Loben Sie sich dafür, zur vollen Zufriedenheit aller gehandelt zu haben. Erschaffen Sie zunächst den Pol der Freude über Ihren Erfolg, indem Sie des Lobes voll sind! Und in der »Werkstatt« Ihres Geistes wird intensiv nach dem (noch) fehlenden unbekannten Element gefahndet. Wenn möglich, sollten Sie begeistert von Ihrer Intelligenz und Ihren außerordentlichen Fähigkeiten sein. Geben Sie sich voller Freude dem Gefühl hin, die Lösung bereits gefunden zu haben. Lassen Sie eine Nacht verstreichen, in der das »Problem« bearbeitet werden kann. »Fahnden« Sie nicht zu sehr, Sie wissen ja, die Energie, die Sie einsetzen, ist das Hindernis auf dem Weg zum Ziel.

Alter Glaubenssatz:
Eigenlob stinkt.

Neuer Glaubenssatz:
Eigenlob stimmt.

▶ Hören Sie das Lachen des großen Geistes!

Es gibt einen »Ort«, an dem alles bekannt ist

Wenn Sie einen Gegenstand zu gut versteckt haben, dann meldet er sich oft von alleine, wenn Sie ihm nur etwas Zeit lassen! Zu intensives Suchen bleibt meist erfolglos und kann zudem äußerst frustrierend sein.

Eines Tages kam ein sehr wohlhabender Diamanthändler zu mir, der einen seiner wertvollsten Rohdiamanten »verlegt« hatte. Tresore sind nur bis zu einem Maximalwert versichert und deshalb kein idealer Aufbewahrungsort für besonders wertvolle Steine. Wo würde ein Einbrecher bei einem Juwelier nach Werten suchen, wenn nicht genau dort, wo sie sicher scheinen? Herr M. nun hatte einige Verstecke, in denen er von Zeit zu Zeit besonders »schöne« Stücke aufbewahrte. Nach einem verlängerten Wochenende wollte er verständlicherweise als Erstes seinen Schatz sehen und fand ihn nicht! Er geriet in Panik, suchte das ganze Haus vom Dach bis zum Keller ab, ohne Erfolg. Ist es Ihnen nicht auch schon so ergangen, dass Sie vor Antritt einer Urlaubsreise einen wertvollen Gegenstand gut versteckten und ihn bei Ihrer Rückkehr nicht mehr wieder gefunden haben? Die Lösung war im Falle des Diamanthändlers einfach, das Unterbewusstsein hatte nur getan, was ihm befohlen worden war. Der Juwelier wollte den Stein verbergen, und genau das war geschehen. Das Wissen, wo der Stein ist, war natürlich in ihm, und es galt, das »Siegel« des Schweigens wieder zu lösen und zum einst selbst gewählten Aufbewahrungsort zu gehen.

In Trance ist es oft leicht, sich zu erinnern; ob nun an Gestriges oder an Situationen aus frühester Kindheit ist dabei kaum ein Unterschied. Unser Diamanthändler erhielt von mir die suggestive »Anweisung«, sich zu seinem Versteck führen zu lassen. Noch am selben Tag wurde der Stein wieder »sichtbar«.

Alter Glaubenssatz:
Der Herr hat es gegeben, der Herr hat es genommen.

Neuer Glaubenssatz:
Die »Sonne« bringt es an den Tag.

▶ Setzen Sie auf die Macht Ihres Schöpferischen Geistes.

Den Seinen gibt es der Herr im Schlaf

Im Grunde will uns diese Aussage vermitteln, dass, wenn wir in Harmonie mit den »Gesetzen« leben, vieles von alleine geschieht. Alten Mythen zufolge verlassen wir unseren Körper, wenn wir schlafen, um in unsere Heimat zurückzukehren. Die Seele wandert dorthin zurück, woher sie einst gekommen ist, um inspiriert wiederzukehren. Dass man wichtige Entscheidungen zuerst überschlafen sollte, ist jedem bekannt und in diesem Zusammenhang auch leichter zu verstehen.

Ich kenne viele kreative Personen, die sehr genau wissen, dass sie sich etwas einfallen lassen müssen, wenn sie in ihrem Beruf bestehen wollen. Jährlich finden in fast allen Ländern Erfindermessen statt. Es ist sehr beeindruckend, was der menschliche Geist an noch nie Dagewesenem hervorzubringen vermag. Viele bemerkenswerte Menschen haben mir berichtet, dass sie ihre Aufmerksamkeit nach innen richten. Sie kreisen ihre Aufgabe geistig ein, beschäftigen sich von allen Blickwinkeln damit, und plötzlich von »irgendwoher« taucht die ersehnte Antwort auf. Oftmals fällt die gesuchte Idee nachts »ein«. In diesem noch immer mysteriösen Zustand sind wir frei von alltäglichen Problemen, und unser Geist kann mühelos die erwünschte Antwort aus einem Fundus der Millionen Ideen abholen. Abgesehen davon, dass unser Körper natürlicherweise regelmäßige Erholungsphasen braucht, ist die nächtliche Zeit von immenser Bedeutung für unser Seelenleben. Aus dem Schlaf erhalten wir, was wir zur Regeneration für den Tag brauchen. Wer dagegen die Nacht zum Tage macht, beraubt sich des »Stelldicheins« mit dem Ozean der Liebe und dem des Wissens.

Ein bekannter Homöopath aus Murnau fiel mir bereits vor vielen Jahren auf als etwas Besonderes im Bereich der klassischen Homöopathie. Er hat das Auge der Kontemplation (sechster Sinn) geöffnet und weiß »von irgendwoher«, was seinen Patienten fehlt. Wir alle besitzen im Ansatz den sechsten Sinn, müssen aber meist noch lernen, uns seiner vertrauensvoll zu bedienen. Auch er erzählte mir, wie ihm im Schlaf große, erleuchtende Ideen »zufallen«. Seine bemerkenswerten Bücher sind alle »nächtliche« Produkte. Kollege Raba sagt: »Ich habe tagsüber keinen Kopf für die übergeordneten Ideen, die meinen verschiedenen Büchern zu Grunde liegen. Wenn ich jedoch an einem neuen Buch schreibe, dann beginnt des Nachts eine grenzenlose Quelle in mir zu sprudeln. Ich stehe dann oft um zwei Uhr morgens auf, um zu Papier zu bringen, was mir von *irgendwo* mitgeteilt werden will.«

Gertrud Halik und ihre Berufung

Die ehemalige Vorsitzende des Fördervereins »Rat der Weisen«, Gertrud Halik aus Trier, hat mit 60 Jahren eine neue Karriere als staatlich anerkannte Psychotherapeutin begonnen. Gertrud freute sich schon seit vielen Jahren, dass sie nach ihrer Pensionierung ihrer wahren Berufung nachgehen kann. Sie war lange neben ihrer Tätigkeit als Leiterin der Kunstakademie in Trier damit beschäftigt, aktiv im Vorstand »Der Rat der Weisen« dessen Ideen zu verbreiten. Ich erwähne sie, weil die meisten mit fünfzig Jahren glauben, zum alten Eisen zu gehören, und resigniert sagen: »Wer will mich denn noch in diesem Alter.«

Frau Halik erzählte mir, wie wichtig für sie die Zeit des Schlafs ist: »Abgesehen von der körperlichen Erholung hatte ich nachts die besten »Einfälle«, wenn es um schwierige Entscheidungen in meiner Arbeit ging. Immer, wenn ich rational überfordert war, machte ich es mir zur Angewohnheit, eine Problematik zu überschlafen.

Ich bete um Führung, wenn größere Entscheidungen anliegen, und es werden mir, auf diese Bitte hin, im Schlaf oftmals komplexe Zusammenhänge verständlich. Außerdem glaube ich, dass nachts ein ähnlicher Effekt auftritt wie bei einem inniglichen Gebet. Im Gebet werden wir ruhig und öffnen uns den geistigen Ebenen, das heißt, wir »hören« besser, wenn wir leise sind. Ich gehe deshalb früh schlafen, um zeitig erholt und inspiriert mit meinem Tagewerk zu beginnen.«

Die Zeit, in der wir schlafen, ist also keineswegs eine lästige Pause, sondern vielmehr ein »Heimgehen«, um mit Antworten auf all die Fragen des Alltags zurückzukehren. Die oft erwähnte innere Führung kann uns nachts besser jene Einsichten vermitteln, deren wir tagsüber so dringend bedürfen und die im lauten

Weltgetriebe allzu leicht überhört werden. Während wir schlafen, sind wir Gott nahe und kehren gewissermaßen bei ihm zur Beratung ein.

Ich werde zu Patienten gerufen, die auf einer Intensivstation in ein Koma (künstlicher Schlaf) zur Regeneration versetzt wurden, um ihnen in diesem Zustand Überlebenswillen zu suggerieren. Es ist nachweisbar, dass es oft die beste Medizin ist, wenn sich Körper, Seele und Geist *schlafend* erholen.

Josef K. war ein schwerer Alkoholiker, der bereits im Delirium war, als er zum ersten Mal zu mir kam. Trotz mehrerer Entziehungskuren war es ihm nicht gelungen, sich vom Alkohol zu befreien. Erst als er mit der Philosophie des Positiven Denkens vertraut wurde, war für ihn die Zeit gekommen, ein endgültiges Ja zu sich und damit ein *Nein* zum Alkohol zu sagen. Wir suggerierten ihm ein großes Schlafbedürfnis, und Josef K. schlief mit kurzen Unterbrechungen tagelang und »erholte« sich vom Dauerstress des »Trinkenmüssens«. Nach etwa einer Woche affirmierte er über einen längeren Zeitraum täglich:

»Ich bin frei! Die Kraft in mir führt mich auf meinen Weg. Bewusst und nüchtern strebe ich zu meinen Zielen. Ich erfahre aus meinem Inneren Ruhe und Harmonie. Ich werde Tag und Nacht gefördert, meine Entscheidung ist richtig, und sie führt zur Freiheit, die ich mir sehnlichst wünsche. Ich bin eine starke positive Persönlichkeit, was ich sage, gilt.«

Er wusste, dass in ihm mehr ist als die rationale Ebene des Verstandes, die manchmal schnell mit ihrem Latein am Ende sein kann. Sein Unterbewusstsein kennt die beste Antwort auf seine Probleme und weiß immer einen Weg, auch wenn es dem Intellekt manchmal ausweglos erscheinen mag. Diese kreative Ebene unseres Schöpferischen Geistes zu erreichen kann von jedem erlernt werden, und wir partizipieren durch sie an einer universellen Weisheit.

Mir selbst rettete diese Methode das Leben, als mir die Diagnose Krebs im letzten Stadium mitgeteilt wurde. Ich betete um Führung, und bereits in derselben Nacht erinnerte ich mich an die Anschrift eines Arztes in Bad Aibling, der mir einen Kommentar zu meinen Büchern geschrieben hatte. Er war »der« Arzt, der wusste, was zu tun war, und der das »Seine« tat, damit ich wieder gesund wurde. Eine Uniklinik konnte nichts mehr für mich tun, das heißt aber keineswegs, dass man nichts mehr tun konnte. Wenn einmal Ähnliches zu Ihnen gesagt wird, dann sollten Sie wissen: *»Es gibt immer einen Weg, gegen jedes Leid ist ein Kraut gewachsen.«*

Träumten Sie nicht auch schon in schwierigen Lebenssituationen, was zu tun sei? Modern ausgedrückt: Ihr Geist schickte Ihnen ein E-Mail und sagte Ihnen, was Sie wissen sollten. Bedienen Sie sich seiner wunderbaren Möglichkeiten, indem Sie ihn direkt ansprechen, und vieles wird in Zukunft leichter für Sie werden. Wahrträume sind keineswegs selten, sie werden nur zu selten in der richtigen Weise gewertet. Hunderte Klienten erzählten mir, wie sie in vielfältigster Weise gewarnt wurden, wenn Gefahr im Verzug war. Einige hörten auf die innere Stimme, andere nicht, und so mussten sie fühlen, was sie nicht hören wollten. Gudrun F. betete um Führung und träumte in derselben Nacht, dass sie Lotto spielen sollte. Sie gewann noch in derselben Woche fünftausend Euro. Ich selbst bin so manches Mal auf diese Weise geführt worden, wenn ich Fragen hatte, erhielt ich Antworten und habe mich willig leiten lassen.

Wenn Sie schlafen, dann ist das in vielen Fällen die kreativste Phase während eines Vierundzwanzigstundentages. Tausenden Berichten zufolge kamen Wissenschaftlern und kreativen Personen verschiedenster Berufe die besten Einfälle nachts, wo sie sich doch im Grunde hätten ausruhen sollen. Deshalb, nutzen Sie gezielt dieses fördernde Element Ihres Wesens. Fragen Sie, was Sie wissen wollen, aber »sagen« Sie auch, was Sie haben wollen. Auf Fragen wird geantwortet, und weil Sie das »Sagen« haben, geschieht, was Sie *im Bewusstsein Ihrer Kompetenz* gesagt haben.

Das allen bekannte Kindergebet: *»Ich bin klein, mein Herz ist rein, es soll niemand darin wohnen als Jesus allein«,* ist keineswegs so naiv, wie es dem erwachsenen Intellekt erscheinen mag. Es richtet sich ausschließlich nach den Geistigen Gesetzen, mit denen bekanntlich gedeiht, was wir gesät haben. Das kleine Kind sagt: *»Ich bin in meinem Gemüt (Herzen) rein, und so soll es bleiben.«* Überlegen Sie, warum wohl ein gutes Gewissen zugleich auch ein gutes Ruhekissen ist. Womit Sie »zu Bette« gehen, damit beschäftigt sich Ihr Geist, während Sie schlafen. »Wälzen« Sie sich nachts in Ihren Problemen, oder schlafen Sie friedlich und erwachen ausgeruht und voller Tatendrang. Das gute Ruhekissen ist Ihr reines Gemüt, ist Ihre friedfertige Seele, die kein Unheil fürchten muss. Sie wird des Nachts auf grüne Auen geführt und ruht dort an stillen Wassern.

Mit diesen Beispielen möchte ich Ihnen sagen: Es gibt immer einen Weg, immer eine Lösung, und sie ist Ihnen des Nachts näher, als Sie sich das tagsüber vorstellen können.

Alter Glaubenssatz:
Das Schicksal setzt den Hobel an.

Neuer Glaubenssatz:
Es gibt immer einen Weg und immer eine Lösung.

► Wer sich mit Beständigem verbindet, wird selber beständig.

Auf dem Weg sein ist alles

Ich sagte bereits, dass das Gesetz gerecht ist; wir alle, ob nun als Einzelne oder als Gemeinschaft, ernten immer, was wir gesät haben. Schauen Sie zurück: Die Geschichte lehrt uns, was die verschiedensten Völker im Guten wie im Schlechten bewirkt haben. Sie kennen sicherlich die Erfolgsgeschichte vieler bekannter Zeitgenossen. Sie alle haben die Gesetze des Geistes angewandt. Für Sie persönlich aber ist entscheidend, dass *Sie* dieses Wissen in Ihrem täglichen Leben anzuwenden beginnen. Glück in vielfältiger Weise wird in Ihr Leben treten, wenn Sie das bisher Gelesene nutzen und von der »Macht« Gebrauch zu machen lernen. Es gilt, Ihre Stärken zu mehren und über Ihre Schwächen liebevoll zu lächeln.

Lassen Sie sich nicht von irgendwelchen asketischen Sektierern beirren, es ist vollkommen in Ordnung, Wünsche zu haben. Der Geist, der alles geschaffen hat, gab Ihnen den Wunsch, glücklich zu sein. Er schuf die Welt mit allem, was ist, damit Sie sich an ihr erfreuen. Deshalb träumen Sie, folgen Sie Ihren Visionen, es ist nur eine Frage der Zeit und wie intensiv Sie vorgehen, wann sich Ihre Wünsche auf der weltlichen Bühne erfüllen.

Der erste Schritt ist, seine »erdgebundenen« Wünsche zu verwirklichen, der zweite, nach dem Glück der Erde *und* des Himmels Ausschau zu halten. Stellen Sie sich vor, was gut wäre und was Sie von Herzen freuen würde. Lassen Sie sich von Ihrem höchsten Selbst eine Reihe inspirierender »Visionen« geben. Machen Sie sich daran, sie zu verwirklichen, um dann nach dem Glück zu streben, das dem gegeben ist, der vertraut.

Vertrauen in die Schöpfung zu haben bedeutet zu wissen, dass alles wohl bestallt ist, weil das »Ganze« für Sie gesorgt hat.

Vertrauen zu haben heißt zu wissen, dass »Er« in den geistigen Gesetzen darauf wartet, dass Sie sich »Seiner« bedienen.

Vertrauen in sich selbst zu haben heißt zu wissen, dass alles, was Sie brauchen, zur Genüge existiert und Sie frei sind, am reich gedeckten Tisch des Lebens Platz zu nehmen.

Wahre Erfüllung wird dann bei Ihnen Einzug halten, wenn Sie damit beginnen, diese Leitgedanken umzusetzen, und in Ihrem Inneren wissen, dass Sie von allem genug bekommen können. Es gilt zu lernen, bewusst Gedanken zu materialisieren; das ist jedem möglich, probieren Sie es aus. Sie haben, wenn auch unbewusst, noch nie etwas anderes getan. Dem, der das lernt und *vertraut*, gehören Himmel *und* Erde. Der ist materiell und geistig gesegnet, hat seinen Frieden gefunden. Sie haben gelesen, dass Ihr höchstes Selbst jederzeit die Führung übernimmt, wenn Sie es wirklich wünschen. Wenn Sie wieder einmal vor der Entscheidung stehen, ob Ihr oder »Sein« Wille geschehe, dann können Sie vertrauen oder es selber versuchen. Sie können im Schweiße Ihres Angesichts Ihr Brot verdienen oder von Liebe erfüllt sein, IHM vertrauen, IHN seine Werke tun lassen und heiteren Gemütes »in Urlaub fahren«.

Um es noch einmal klarzustellen: Mit IHN meine ich keinesfalls irgendeinen ominösen Gott, wie er in den Kirchen dargestellt wird. Ich spreche ausschließlich von dem Schöpferischen Geist in Ihnen. Dieser Geist (Gott) ist nicht irgendwo, sondern überall, also auch inmitten Ihres Herzens.

Alter Glaubenssatz:
Nur wer ohne Wünsche ist, kann glücklich sein.

Neuer Glaubenssatz:
Gott selbst gab Ihnen Ihre Wünsche.

► Nur der in sich geeinte Mensch kann auf Dauer ein glücklicher Mensch sein.

Sie sind Ihr Schicksal

Sie haben nun schon einige Male gehört, dass Sie sind, was *Sie* denken. Ich habe diese Aussage oft wiederholt, damit sie sich Ihnen einprägt und zu einer Affirmation wird. Fühlen Sie in sich hinein, inwieweit sie für Sie glaubhaft ist. Oder opponiert Ihre Ratio immer noch dagegen?

Es ist von großer Bedeutung, zu wissen, dass es stimmt und dass Sie noch heute damit aufhören können, sich als Opfer widriger »Umstände« zu fühlen.

Geben Sie dieser Aussage etwas mehr »Raum«, indem Sie versuchen zu verstehen, dass Sie sind, was Sie denken *und* was Sie glauben.

Ihr Unterbewusstsein ist der Garten, Ihre Gedanken sind die Samenkörner, und Ihr Glaube wässert sie. Wenn Sie es annehmen können, dass das Leben Ihnen auf Ihre Gedanken antwortet, dann sind Sie damit auch konsequenterweise Ihr eigenes Schicksal. Sie haben gedacht, und »Ihr« Leben ist die Antwort. Es mag sein, dass Sie der Ansicht sind, dass Ihnen übel mitgespielt wurde, aber Sie entscheiden letztlich, was Sie aus den »Gegebenheiten« machen und in welcher Form Sie reagieren.

Sie haben gelesen, dass Ihnen mit derselben Münze heimgezahlt wird, mit der Sie ausgegeben haben. Das Prinzip von Ursache und Wirkung haben Sie verstanden, hinterfragen Sie deshalb immer, wenn etwas nicht in Ihrem Sine läuft. Fragen Sie: Musste das passieren? Was habe ich nicht hören wollen, dass ich jetzt fühlen muss?

Wenn Sie z. B. der Meinung sind, in Ihrer beruflichen Laufbahn nicht genügend gefördert worden zu sein, dann kann das nach all dem, was Sie mittlerweile wissen, nur seinen Ursprung bei Ihnen selber haben. Natürlich werden Sie gefördert, wenn Sie ein Förderer sind, und ganz sicher werden Sie übersehen, wenn Sie das Gute beim anderen nicht sehen. Wer will schon nicht zur Kenntnis genommen werden?

Unbewältigte Gefühle wie Groll oder Frust, alle lebensverneinenden Gedanken sind Kräfte, die Ihnen selber am meisten schaden. Alle unfreundlichen Gedanken reduzieren Ihren Erfolg, ganz einfach, weil Ihre berufliche Laufbahn von der »reibungslosen« Zusammenarbeit mit all denen abhängt, die mit Ihnen zu tun haben. Jedwede Form von Negativität reduziert Ihre Kraft, lähmt Ihre Begeisterung und verhindert somit, dass Sie weiterkommen. Entschärfen Sie deshalb innere Konflikte, sonst werden sie in naher Zukunft in vielerlei Weise als Misserfolge offensichtlich werden. Widersprüche in Ihrem Gemüt sind zerstörerisch, sie zerrütten *Ihren* Geist und reduzieren *Ihre* Lebenskraft. Freundlich zu lächeln, es aber nicht zu meinen, bedeutet mit »gespaltener Zunge« zu sprechen und unterbricht nachhaltig den freien Fluss Ihres Lebensstroms. Solange Ihre Gedanken, Ihre Worte und Ihr Tun übereinstimmen, sind Sie kraftvoll. Sobald Sie Ihre Energie aber splitten, beschneiden Sie das Vergnügen, am Leben teilzuhaben.

Vermeiden Sie, andere zu beurteilen, weil urteilen immer auch verurteilen heißt. Wo ein Richter ist, da ist Leiden! Anstatt Ihre Mitmenschen zu tadeln, sollten Sie Verständnis für ihre Not haben und ihnen helfen, zur Lebensfreude zurückzufinden.

Wenn Sie glauben, jemand ist unfähig, dann glauben Sie das in Ihrem tiefsten Inneren über sich, aber Sie »sehen« es beim anderen. Weil die Welt für uns ein Spiegel ist, halten wir den Balken im eigenen Auge für einen Splitter in der äußeren Welt. Ob Sie also etwas Schlechtes von sich oder von jemand anders denken, es reduziert in erster Linie *Ihr Selbstwertgefühl*. Indem Sie ein Urteil über einen anderen sprechen, verurteilen Sie sich selber.

Vom Unterbewusstsein wird, was *Sie* (von anderen) denken, der Liste *Ihrer* Eigenschaften zugeschrieben. Und so kommt es, wie es kommen muss, bei *Ihnen* entsteht der Schaden, den Sie verbal beim anderen anrichten wollten. Wenn Sie bloß daran denken, einen anderen zu schädigen, haben Sie sich schon selbst verletzt. Sie sind, was Sie denken. Übeltaten rächen sich früher oder später am Übeltäter.

Erinnern Sie sich: »*Auf Sie Zukommendes ist von Ihnen Ausgegangenes, zu Ihnen Zurückkehrendes.*«

Der bewusste Mensch weiß um diese Zusammenhänge. Studieren Sie deshalb gewissenhaft die Gesetze des Geistes, und denken Sie regelmäßig über die Einheit von Ursache und Wirkung nach.

Je mehr Sie nach der Lektüre dieses Buches über diese einfache Gesetzmäßigkeit wissen, umso mehr erkennen Sie als verzeihlich an, weil vieles verstehen zugleich auch vieles verzeihen heißt. Es gibt keine Fehler, sondern nur Lernschritte, und die sind ganz offenkundig vom Leben erwünscht!

Wir alle sind Schüler an der Universität des Lebens, und immer wenn wir etwas noch nicht ganz richtig machen, finden wir unsere persönlichen Wegweiser zu unserem Ziel. Wir alle sind »unterwegs« und erkennen täglich neu, was zukünftig zu meiden ist und was wir besser machen können. Etwas noch nicht richtig gemacht zu haben ist eine Aufforderung, einen Schritt weiterzugehen, zu wachsen und damit auf dem langen Weg durch die Inkarnation zügig voranzuschreiten.

Denken Sie deshalb, was recht, gut und gottgleich ist, denken Sie von Ihren Mitmenschen das Beste, und Sie werden erleben, dass Ihr Bestes sich mehrt und dass deren Bestes Ihnen antwortet. Wer andere fördert, der fördert sich selbst; was Sie für den anderen getan haben, das haben Sie für sich getan.

Alter Glaubenssatz:
Das Schicksal setzt den Hobel an...

Neuer Glaubenssatz:
Mit der »Macht« an meiner Seite ist alles möglich.

▶ Wenn in Ihnen Harmonie herrscht, dann erfahren Sie die Welt
als ausgeglichen und friedvoll.

Der emotional ausgeglichene Mensch

Wer emotional in seiner Mitte ruht, ist unabhängig von äußeren
Situationen, er gibt niemandem Macht über seine Gefühle.

Was auch geschehen mag, es hat immer nur die Wirkung auf
Sie, die Sie zulassen. Was Sie wütend macht, ist die gestaute Wut
in Ihnen, die manchmal schon bei einem geringen Anlass über-
kocht.

Wenn Sie wütend sind, dann ärgert Sie die berühmte Fliege an
der Wand. Mag es sogar manchmal objektiv ärgerliche Situationen geben, so ist es doch Ihre Ausgeglichenheit oder Ihr Wutpo-
tenzial, das entscheidet, ob Sie mit Lachen oder Zorn reagieren.

Wenn Sie friedlich gestimmt sind, reagieren Sie niemals aggressiv, einfach weil Sie in Harmonie sind und die »Konten« ausgeglichen sind. Wenn Sie aber auf Ihrem Gemütskonto »rote
Zahlen« haben, wie sollen dann noch Reserven für kritische Situationen vorhanden sein? Kritisiert man Sie in einer solchen
Phase, dann werden Sie, weil die Situation Macht über Sie gewonnen hat, mit gleicher »Münze« antworten und auf das geistige Niveau des Kritikers sinken.

Bleiben Sie sich und Ihren Zielen treu, dann bewahren Sie Ihren
inneren Frieden und können sogar anderen ein Vorbild sein.

Alter Glaubenssatz:
Wie es drinnen aussieht, geht niemand etwas an.

Neuer Glaubenssatz:
Ein friedlicher Mensch ist in seiner Kraft.
Innerer Friede ist der machtvollste Verbündete.

▶ Wohin wir auch schauen, überall ist Ordnung. Wo aber Ordnung ist, da muss ein Ordner sein.

Selbsterkenntnis ist das machtvollste »Kapital«

Wer Konflikte hat, der ist meist kraftlos, müde und ohne Esprit. Vermeiden Sie deshalb, so gut es geht, sich selbst im »Wege« zu stehen. Lösen Sie den gordischen Knoten, denn mit sich selbst zu hadern kann immer nur zu Verlusten führen. Ein Mensch in Disharmonie ist jemand, der so etwas wie einen heimlichen »Verbraucher« hat. Meist ist es das eigene lieblose Verhalten, das zu Spannungen und dann oft über die Kette der Kausalität zu Verlusten vielfältiger Art führt.

Sie ernten, was Sie gesät haben, und Sie säen am »wirkungsvollsten«, wenn Ihre Gedanken kraftvoll sind. Wenn Sie sich schwach fühlen, können Sie nur schwerlich Großes erreichen. Auch hier ist wieder das Gesetz der Resonanz erkennbar: Wer sich stark fühlt, wird stärker, wer sich schwach fühlt, wird leicht seinen Mut verlieren, wird aufgeben und von einem Stärkeren vereinnahmt werden.

Wenn Sie sich arm *fühlen* und sich Wohlstand suggerieren, dann ist »Sand« im Getriebe, dann treten Sie symbolisch auf der Stelle und werden wahrscheinlich *zähneknirschend* auf die Ungerechtigkeiten des Lebens schimpfen.

Es ist daher nötig, die richtige Vorbedingung zu schaffen. Der erste Schritt ist, über Ihre beginnende Selbsterkenntnis zu einem »gerüttelt Maß« an Selbstvertrauen zu kommen. Dem eigenen Selbst zu vertrauen ist der Nährboden, auf dem alsbald jeder gewünschte Same gedeihen wird. Bei der Arbeit mit meinen Patienten ist es für mich deshalb immer vorrangig, Selbsterkenntnis als Basis für Erfolg zu schaffen. Meine Aufmerksamkeit ist darauf gerichtet, meinem Gegenüber zu helfen, sich selber zu »erkennen«. Wer sich selbst kennt, der wird sich damit seiner besonderen Fähigkeiten bewusst, und er wird als Zugabe vom Leben alle wünschenswerte Förderung erfahren.

Wer sich selbst nicht kennt, der weiß nichts von seinen Stärken; wie sollte er erfolgreich sein. Alle Ideen, alle Gedanken und Möglichkeiten des Universums stehen Ihnen zur »Verfügung«, wenn Sie den Weg der Erkenntnis gehen. Im Bewusstsein Ihrer selbst haben Sie »teil« an den Mächten des Kosmos, und der Schöpfergeist schickt Ihnen seine »Engel« (gute Gedanken), damit Ihnen Ihr Leben Freude macht.

Alter Glaubenssatz:
Das kannst du nicht.

Neuer Glaubenssatz:
Alle »Macht« ist in mir.

▶ Es ist nicht gut, wenn Sie vor einem Lahmen herhinken und es für Freundlichkeit halten.

Es herrscht eine Wechselwirkung zwischen Ihrem Geist und der Welt, die Sie umgibt

Sobald Sie zu verstehen beginnnen, dass alles im Universum auf »Stoffwechsel« beruht, werden Sie auch nachvollziehen, dass Geist und Materie eine Einheit sind und eine Symbiose bilden. Die hier dargebotenen Werte der Ewigen Philosophie sind logisch und konsequent in ihrer Aussage.

Geist und Materie sind nur zwei verschiedene »Aggregatzustände« einer »Ursache«. Materie könnte man als schlafenden Geist bezeichnen. Über eine lange Kausalkette entsteht aus unbelebter Materie Leben. Aus einem Stein wir durch Erosion Erde. In ihr »entstehen« Mikroorganismen, daraus »entwickeln« sich Pflanzen, später Tiere und schließlich als logische Folgerung der Mensch, der sich aus der Äonen währenden Kette der Kausalität emporgeschwungen hat. Die Schöpfung ist keineswegs abgeschlossen, sie ist ein kontinuierlich fortschreitender Prozess in Raum und Zeit. Die erste Ursache ist der Geist, der immer noch in den Steinen schläft, in den Pflanzen träumt, im Tier zu erwachen beginnt, und der Mensch weiß, dass er wach ist.

Überall geschieht dieses Erwachen, im Kleinsten wie im Größten.

Dieser wach-bewusste Geist ist Ihr höchstes Selbst, ist der Schöpferische Geist oder wie die Theologen sagen:

»Ist Gott im Land der Lebenden.«

Er wird, wenn Sie mit ihm kooperieren, alles hervorbringen, was »menschenmöglich« ist.

Dieses neue Jahrtausend ist zugleich auch der Beginn des Wassermannzeitalters, in dem sich neue Wertvorstellungen formen. Der Mensch lernt in dieser »Neuen Zeit« die Macht seiner schöpferischen Kraft sinnvoll einzusetzen.

Wenn es heißt: *»Gottes Mühlen mahlen langsam, aber fein«,* dann ist damit auch gemeint, dass der Schöpfer-Geist auf jeden Gedanken mit großer Sorgfalt reagiert und Ihre Gedanken auf *seine* Weise, *zu seiner* Zeit »hervorbringen« wird. Da die meisten Menschen nur ungenaue Vorstellungen von ihren Zielen haben, entstehen über widersprüchliche Aussagen (Gedanken) gegensätzliche und leidvolle Situationen.

Stellen Sie sich aus-schließlich vor, dass bald schon Wünschenswertes von der Ihnen innewohnenden Weisheit hervorgebracht wird. Gestatten Sie sich keine zwei-felnden (zwei verschiedene) Gedanken, schaffen Sie durch Ihre innere Klarheit im Außen klare Verhältnisse. Zu *zweifeln* heißt, *zwei* Möglichkeiten in Betracht zu ziehen, und bedeutet, dass Ihre Schöpferkraft in *zwei unterschiedliche* Richtungen geleitet wird. Wenn Sie zwei Varianten in Betracht ziehen, dann bekommen Sie entweder das eine oder das andere oder gar nichts. Je nachdem, welche Ihrer Vorstellungen in Ihrem Unterbewusstsein favorisiert wird, wird sich die Stärkere durchsetzen, oder sie neutralisieren sich gegenseitig, und das berühmte »Auf-der-Stelle-Treten« ist die Folge. Wenn Sie eine klare Richtung vorgeben, dann kommt es zu verblüffenden und auch spontanen Veränderungen in Ihrem Leben. Es ist (Ihre) Entscheidung zu wählen, was Ihnen dienen soll.

Der Wendepunkt seines Lebens

Neulich schrieb mir Jörg S. aus Bremerhaven:

Lieber Herr Freitag,

ich habe dank Ihrer Hilfe den »Wendepunkt« meines Lebens erreicht. Auf der Rückfahrt von Ihrem Seminar kam es mit ganzer Macht aus mir heraus:

Endlich habe ich mich selbst gefunden und begonnen, mein Leben positiv zu verändern. Dieser Prozess findet bei mir jetzt mit einer solch gigantischen Kraft statt, dass ich denke, ich werde mit einer Rakete befördert. Wo ich vorher auf der Stelle trat oder wie gelähmt war, da ist auf einmal eine große Kraft, die mich vorwärts treibt.

Sie haben mir unermesslich geholfen, und ich kann es noch gar nicht begreifen, welches Wunder mit mir geschehen ist.

Alles ist auf einmal klar und so einfach, ich glaube, dass ich das niemandem je in Worten erklären kann.

Kaum jemand würde es verstehen, wenn ich zu veranschaulichen versuchte, die Wandlung, das Glück und die Lebensfreude auf so einfache Gesetzmäßigkeiten zurückzuführen.

Besonders glücklich sind meine Kinder, und ich glaube, sie sind diejenigen, welche sich am meisten über ihren liebevollen Papa freuen.

Ich könnte Ihnen noch mehr wunderbare Dinge berichten, aber ich lass es für heute gut sein.

Nochmals vielen Dank, ich weiß nicht, wie groß ich diesen Dank für die Wegweisung und Hilfe beschreiben soll, aber es gleicht schon einer Neugeburt an Erkenntnissen, Wissen, Glück, Harmonie und innerem Reichtum.

Seien Sie gewiss, ich werde das Wissen von den Geistigen Gesetzen an andere weitergeben und auf diese Weise helfen, die Welt liebevoller und verständnisvoller zu machen.«

Alles an Liebe, Glück und Erfolg aus Bremerhaven,
Ihr Jörg S.

Was war geschehen?

Ein geplagter Familienvater wusste nicht mehr weiter, er fragte sich, was seine Zukunft bringen würde, und betete, und der Geist in ihm hat für kurze Zeit die Führung übernommen und ihn auf eine »Reise« geschickt.

Im Grunde hatte Jörg S. etwas sehr Einfaches getan. Er hatte den sehnlichen Wunsch, sein Leben zu ändern, und setzte auf die Macht seines Schöpfer-Geistes. Er erkannte, dass der stärkere seiner Gedanken verwirklicht wird, und genau das ist geschehen. Sein Bewusstsein war erfüllt von Sehnsucht nach einer Veränderung seiner Lebenssituation, und die Antwort seines höheren Selbst war, dass er zu einem neuen Selbst-Wert-Gefühl geführt wurde. Er entdeckte den Schatz in seinem Inneren, und ich konnte ihm, während er sich ans »Werk« machte, behilflich sein.

Jörg fällt vieles leichter als je zuvor. Christlich ausgedrückt, waren seine Gebete erhört worden, und sachlicher: Er hatte die Weisheit in sich angerufen, und sie hatte ihm geantwortet.

Alter Glaubenssatz:
Alles Leben ist Leiden.

Neuer Glaubenssatz:
Mein höheres Selbst wird mir zur Seite stehen.

▶ Gottes Kraft zu helfen ist so groß, dass er für jeden eine Hilfe bereithat.

Sein höheres Bewusstsein schickte ihn auf eine Reise

Bernd S. aus Holland hatte seit Wochen das Gefühl, zu mir fahren zu müssen. Er lebte in einer unglücklichen Partnerschaft und wusste nicht mehr weiter. Von meinen Seminaren hatte er gehört, und so machte er sich auf den Weg nach Inzell in Oberbayern.

Was in den folgenden Tagen geschah, kann natürlich als Zufall gewertet werden, aber ich weiß zu viel über die Geistigen Gesetze, als dass es für mich noch anderes als Ursache und Wirkung gäbe. Wenn wir um Hilfe bitten, wird uns geantwortet werden, wenn wir anklopfen, wird uns aufgetan.

Bernd S. hatte gerufen, und in den folgenden Geschehnissen lag seine Chance zu einem erfüllteren Leben.

Als Bernd im Hotel ankam, wurde er auf eine blonde Kursteilnehmerin aufmerksam. Er erinnerte sich an einen Traum, den er einige Tage zuvor gehabt hatte, in dem ihm ein Engel erschienen war und ihm liebevoll die Hände gereicht hatte. Nun stand plötzlich dieser Engel vor ihm, und er war plötzlich von Glückseligkeit erfüllt. Er spürte, dass eine hohe Macht zugegen war, die die Führung übernommen hatte, und ein magisches Gefühl drängte ihn zu diesem engelhaften Wesen aus Fleisch und Blut. Er wusste, dass etwas Neues, Unbekanntes vor sich ging, und beobachtete fasziniert, was ihm geschah.

Er sagte zu mir: »Als ich die Eingangshalle des Hotels betrat, hatte ich einen ersten kurzen Blickkontakt mit dem ›Engel‹, der mir einige Tage zuvor im Traum erschienen war. Ich sah, dass er in der Gestalt einer hübschen Frau gekommen war, um mich aus meiner Leidenszeit herauszuführen, oder besser ausgedrückt, mich Gottes ganze Liebe erfahren zu lassen. Deutlich spürte ich, dass ich geführt wurde, und war gespannt, was kommen würde. Es ergab sich im Laufe der drei Tage in Inzell, dass ich »Ihr« immer öfter begegnete. Es war, als begänne in mir ein Licht zu leuchten, um mir den Weg in mein neues Leben zu weisen. Das höhere Selbst hatte sich meiner angenommen, und ich wusste, es wird mir ein neues Bild von der Liebe gegeben werden. Ich weiß heute, dass ich geführt worden bin. Ich betete seit dieser Zeit, wie Sie es in Ihren Büchern beschreiben, und mir wurde geholfen! Heute bin ich glücklich, und ich weiß, mein Leben wird von jetzt an in sehr viel harmonischeren Bahnen verlaufen.«

▶ Die Erkenntnis des eigenen Selbst ist einer der nachhaltigsten Eindrücke, die wir erfahren können.

Neue Sichtweise kam beim Spaziergang

Die Hörerin einer Rundfunksendung schrieb mir: »Lieber Herr Freitag, ich höre schon lange Ihre Rundfunksendungen im ORF. Gestern nach Ihrer Sendung ging ich auf Ihre Aufforderung hin spazieren und hatte dabei das größte Erlebnis meines Lebens. Es war, ganz wie Sie gesagt haben, ich fühlte mich eins mit allem um mich. Meine Unruhe war verschwunden, und ich war mit allen Menschen inniglich verbunden. Ich war in einem nie gekannten Ausmaß mit der ganzen Welt vertraut. Nach einer guten Stunde kehrte ich wie verwandelt nach Hause zurück und wusste, was ich zu tun hatte, um meine Ehe zu retten. Tiefe Ruhe und Harmonie erfüllten mich noch lange Zeit, und ich fing an, Ihre Bücher zu studieren.

Danke für das, was Sie mir mit Ihren Sendungen gegeben haben, und besonderen Dank für diesen guten Rat. Ich freue mich jetzt wieder auf mein Leben und schon sehr auf nächsten Mittwoch um 15.00 Uhr.«

Frau S. aus Oberösterreich war in der zuversichtlichen Erwartung losgegangen, während ihres Spazierganges ihren inneren Frieden wieder zu finden. Ich hatte im Laufe der Sendereihe »Harmonie« mit der Moderatorin Sigrid Hirsch zahlreichen Hörern bewusst machen können, dass sie niemals alleine sind, dass sie eine große Kraft erfahren werden, wenn sie lernen, loszulassen und ihren Geist auf ihre Wünsche auszurichten. Frau S. war mit ihrem bisherigen Leben nicht länger einverstanden und suchte nach einer positiven Veränderung ihrer familiären Situation. Ihr höheres Bewusstsein übernahm für kurze Zeit die Führung, und sie »schaltete das Radio ein«. Ich fordere manchmal meine Hörer am Ende einer Sendung auf, eine Stunde spazieren zu gehen. Während wir still werden und ein wenig Abstand vom Alltag erfahren, kann es geschehen, dass wir erkennen, sehr wohl in der Lage zu sein, unsere Lebensqualität in *eigener Regie* zu verbessern.

Wenn es manchmal heißt, ich bin über Raum und Zeit hinweg bei Ihnen, dann ist das nicht eine nette Redensart, sondern eine seit langem bewiesene Tatsache. Wir stehen alle miteinander in Beziehung, und alle, die »offen« sind, können dieses »Miteinander« auch deutlich fühlen. Dabei wirken weder räumliche Distanz noch zeitliche Unterschiede behindernd. Machen Sie doch eine Probe aufs Exempel. Wann immer es Ihnen angenehm ist, meditieren Sie eine Weile. Oder gehen Sie spazieren. Wenn Sie möchten, dann suchen Sie im Geiste einen Menschen, den Sie achten und dem Sie vertrauen. Es ist ungefähr so, als würden Sie am Radio einen bestimmten Sender suchen. Genau in dem Augenblick, in dem Sie nichts mehr wollen, geschieht es, dass Ihr Geist mit der anderen liebevollen Seele verschmilzt.

Ich selbst bin immer auf »Sendung«, und wie Sie gelesen haben, schreiben mir viele, dass ich ihnen in Taggesichten »erschienen« bin. Alle Menschen entwickeln im Laufe ihres Lebens außerordentliche mentale Eigenschaften, die das weltliche Wissen überschreiten. Vielen schon wurde auf geistigem Wege guter Rat gegeben. Meditieren Sie, werden Sie ruhig, und lassen Sie »es« geschehen, ins »Gespräch« zu kommen, das »Ich bin« ist immer auf Empfang.

Wer nicht »offen« ist, erlebt das Gegenteil, er fühlt sich getrennt von allen und allem. Er fühlt sich nicht verbunden, ist einsam und glaubt im wahrsten Sinne, keinen Verbündeten zu haben. In meiner langen Zeit des Lehrens geschah es tausende Male, dass Seminarteilnehmer mit mir »verbunden« waren und ein wunderbares (heilsames) zeitloses Gefühl des »Einsseins« entstand.

Wenn es für Sie zutrifft, dass Sie manchmal depressiv sind, dass Sie sich ausgeschlossen fühlen, dann sollten Sie erkennen, dass *Sie* »verschlossen« sind. Rekapitulieren Sie: Wie hat es angefangen, sind Sie von anderen zurückgewiesen worden, oder ist es eher Ihre eigene innere Distanziertheit (Unsicherheit), die zur »Entfremdung« geführt hat?

In psychologischen Studien konnte nachgewiesen werden, dass Depressive wenig Notiz von ihrer Umwelt nehmen. Dass sie sich heftig über ihre Einsamkeit beklagen, ihrerseits aber wenig dazu beitragen, in guter Gesellschaft zu sein.

Der Grund, warum so viele unnötig leiden, ist: Es tut sich nichts, wenn man nichts tut. Die besagte Hörerin in Österreich folgte meinem Rat, spazieren zu gehen, Jörg aus Bremerhaven machte sich auf den Weg, weil seine innere Stimme es ihm empfohlen hatte. Weil Sie offenkundig etwas in Ihrem Leben ändern wollen, halten Sie diese Zeilen in Ihren Händen, sie sind die Antwort auf Ihren »Ruf«. Folgen Sie Ihrer inneren Stimme, und wir sehen uns, wenn Ihre »Zeit« gekommen ist. Wenn Sie nach Lösungen anstehender Probleme streben, dann wartet die Erkenntnis, wie es weitergeht, an der Schwelle Ihres Geistes, bis Sie auf(w)machen.

Alter Glaubenssatz:
Das kann ich nicht.
Es ist zu teuer.
Ich bin nicht intelligent genug.
Es kommt doch anders, als man denkt.

Neuer Glaubenssatz:
Der Schöpferische Geist in mir öffnet mir alle Wege.
Wenn ich will, dann kann ich.
Was ich von Herzen bejahe, kommt zu mir.
Mein Schicksal liegt in meinem Denken.

▶ Nur der begrenzte, nicht entwickelte geistige Horizont sieht Chaos und Apokalypse, wo doch eine Blume sich auf einer Mauer niederlassen will.

Hüten Sie sich vor negativen Wünschen, sie könnten in Erfüllung gehen

Die Seminarteilnehmerin Petra S. aus Düsseldorf erzählte mir, wie sie auf »den Weg« gekommen war.

Petra sagte: »Vor Jahren, als es mir über einen längeren Zeitraum gar nicht gut ging, kam es so weit, dass ich mir wünschte, krank zu werden. Ich wollte schwer krank werden und vor aller Augen qualvoll sterben. Voller Selbstmitleid und auch sehr wütend über meine Familie, die mich im Stich gelassen hatte, sann ich auf Rache. In meiner Depression wollte ich allen zeigen, was sie mir angetan hatten, und sah ihre betretenen Gesichter voller Genugtuung in Gedanken bereits vor mir. Diese seelische Grundstimmung hatte ich über den Zeitraum von etwa einem Jahr. Als mir dann anlässlich einer medizinischen Untersuchung mitgeteilt wurde, dass ich an Krebs erkrankt war, war ich entsetzt. Sich aus Wut zu wünschen, krank zu werden, und es dann plötzlich tatsächlich zu sein, war doch anders, als ich mir es vorgestellt hatte.

Vergessen war meine Rache, ich geriet in Panikstimmung. Natürlich läuteten bei mir alle Alarmglocken, als mir in dieser fürchterlichen Zeit eine Bekannte Ihre Bücher empfahl und ich zu verstehen begann. Ich erkannte, dass ich es war, die mit der negativen Vorstellung meinen Zustand selber herbeigeführt hatte. Zu dieser Zeit war bei mir sozusagen das Maß des Leidens voll, die seelischen Belastungen der vergangenen Monate und jetzt diese Diagnose waren mehr, als ich ertragen konnte. Ich war am Ende, und wie ich heute weiß, *konnte es deshalb aufwärts gehen*. Ich war angesichts dieser schweren Folgen meiner Depression jetzt endlich bereit, mein Leben nicht länger leidend zu verbringen, sondern wünschte mir sehnlichst, an den schönen Seiten der Welt teilzuhaben.

Sie überwiesen mich zu der Therapeutin Zarah Flaschberger, und mein neuer Lebensabschnitt konnte beginnen. Es war relativ einfach, mir die Zusammenhänge meiner Seelenlage und der Entstehung der Krebserkrankung aufzuzeigen. Ich machte damals eine Hypnosetherapie und räumte mein Inneres gründlich auf. Heute, zwei Jahre nach dieser Kehrtwende, bin ich wieder gesund. Zurückblickend bin ich dem Geschehen heute sogar dankbar, weil ich erkannte, dass Ursache und Wirkung das Gesetz der Welt sind und dass die erste Ursache der Geist (in mir) ist. Indem ich diese Gesetzmäßigkeit für mich zu verstehen begann, leuchtete mir natürlich auch ein, zukünftig jene Ursachen zu setzen, deren Wirkung *ich* mir (wirklich) wünschte. *Ich hatte*

meine Schöpferkraft missbraucht und lernte, all die destruktiven
Gedanken, die von mir ausgegangen waren, zurückzunehmen.
Ich ersetzte negative Gedanken durch positive und wünschte
mir jetzt Gesundheit anstatt Krankheit. Ich erkannte damals,
dass ich das Leiden, das ich anderen zufügen wollte, mir selber
zugefügt hatte. In die Grube, die ich andern graben wollte, war
ich selbst hineingefallen. In dieser schwersten Lektion meines
Lebens haben Sie mir die Augen geöffnet und mir das Leben gerettet. Dafür möchte ich mich bei Ihnen von Herzen bedanken.
Über den Umweg des Leidens wurde ich im wahrsten Sinne des
Wortes geheilt.«

Der Schöpfer-Geist nimmt Sie beim Wort, er ist Ihr Diener und
hat die Aufgabe, umzusetzen, was Sie *gedacht und gesagt* haben.
Er ist unbelastet von der Bürde logischer Rückschlüsse, und es
ist nicht seine Bestimmung, die Konsequenzen, die sich aus Ihren
Gedanken und Worten ergeben, zu melden. Abwägen, folgern
und entscheiden ist ausschließlich Ihre eigene Domäne. Es ist
»die Macht Ihres Bewusstseins«, von der Sie möglichst oft Gebrauch machen sollten. Lassen Sie mich an dieser Stelle eine
etwas drastische Volksweisheit zur Verdeutlichung benutzen.
Bevor jemand etwas sagt (tut), sollte er das Hirn einschalten!
Prägen Sie sich immer nur lebensbejahende Gedankenmuster
ein, wünschen Sie sich *und anderen* alles Glück der Welt. Der
Wunsch zu leiden, um anderen etwas heimzuzahlen, ist aus
kindlicher Perspektive nachvollziehbar, aber in erster Linie werden Sie selber leiden müssen, und vielleicht wird dann niemand
Mitleid mit Ihnen haben. Sollten sich bereits viele destruktive
Gedanken in Ihnen eingenistet haben, so ist es an der Zeit, den
Augiasstall auszumisten und konsequent positiv zu denken.
Entlassen Sie Ihre alten Glaubenssätze, und wenden Sie sich all
dem Schönen, das Ihnen die Welt zu bieten hat, zu.

Alter Glaubenssatz:
Ihr werdet schon sehen, was ihr gemacht habt.

Neuer Glaubenssatz:
Was ICH denke, zu dem werde ich!

▶ Sie sind in der Welt, um dem Maßlosen und Unermesslichen eine gedankliche Form zu geben.

Sie können sich selber helfen

Angst, fast gleichgültig welcher Art, kann wirkungsvoll durch Autosuggestion behandelt werden. Das Gefühl, etwas nicht zu können, die Angst also zu versagen hat sich oft im Laufe der Jahre tief in die Seele eingeschlichen. Angst ist das Gegenteil von Vertrauen und ist zu einem gravierenden Bestandteil unserer Zivilisation geworden. Wir werden gezielt verunsichert und geängstigt, um leichter zu unüberlegten Handlungen/Käufen etc. veranlasst zu werden. Politische Parteien wollen uns suggerieren, dass nur sie unseren Wohlstand mehren und für Sicherheit sorgen können. Sie warnen ausdrücklich davor, andere als sie zu wählen, und wissen, dass die Saat des Misstrauens aufgeht.

Wenn Ihnen über lange Zeit suggeriert wird, vorsichtig zu sein, und daraus ein ängstliches Gemüt entstanden ist, dann kann mit persönlichkeitsstärkenden Autosuggestionen relativ einfach das alte Glaubensmuster aufgelöst und ein neuer Glaubensinhalt zum Naturell gemacht werden. Vertrauen statt Ängste ist die Devise und in vielen Fällen lediglich ein Austauschen alter gegen neue Glaubenssätze. Es ist jedem möglich, wieder »Herr im Hause« zu sein. Machen Sie von Ihrem Hausrecht Gebrauch, indem Sie erkennen, dass Sie das »letzte Wort« haben, wenn es darum geht, krank oder gesund, glücklich oder unglücklich zu sein. Angst oder Vertrauen, es ist Ihre Entscheidung, denn *Sie* können wählen, was Ihnen dienen soll. Wählen Sie alles Glück dieser Welt, wählen Sie Gesundheit und Freude und nehmen Sie ab heute am grenzenlosen Reichtum und der Schönheit dieser schönsten aller Welten teil.

Vera D. war, als ich sie kennen lernte, eine klassische Sängerin, von der die Kritiker sagten, dass sie einmal als Jahrhundertstimme die Welt erobern werde. Ich hatte das Glück, diese wundervolle Frau für einige Zeit in meinen Seminaren auf ihrem Weg nach »oben« zu begleiten. Vera hatte wie fast alle Menschen, die sich auf den »Brettern, die die Welt bedeuten« der Öffentlichkeit preisgeben müssen, gehöriges Lampenfieber.

Ich erzählte ihr die oft erwähnte Episode von Caruso, dem größten Tenor des zwanzigsten Jahrhunderts, und forderte sie auf, dasselbe zu tun wie er. Von diesem Tage an zog sich Vera D. vor jedem Auftritt für einige Zeit zurück und entspannte sich durch autogenes Training. Sie beruhigte sich und öffnete damit das Tor zu ihrer geistigen Instanz.

In diesem losgelösten Zustand suggerierte sie sich in ihrer Garderobe zehn- bis zwanzigmal:

»Kleines ICH, hinweg mit dir, das große ICH will durch mich singen! Das GROSSE ICH will durch mich singen …!

Heute hat Frau D. mit dieser einfachen und wirkungsvollen Methode kaum noch Lampenfieber, sie ist glücklich darüber, mit ihrer wunderbaren Stimme tausende zu erfreuen, und ich wünsche ihr, bald in aller Munde zu sein.

Alter Glaubenssatz:
Ich habe Angst.

Neuer Glaubenssatz:
Ich bin eine starke positive Persönlichkeit.

▶ Grenzen sind unsere Lehrmeister, sie sind ein Ergebnis relativer Wahrnehmung, deshalb seien Sie immer bemüht, den Radius Ihres Bewusstseins zu vergrößern.

Wie ihm seine Angst geholfen hat, ein erfolgreicher Geschäftsmann zu werden.

Ich möchte Ihnen hier von einem jungen Mann und seinem Werdegang berichten, um zu verdeutlichen, dass es nicht so sehr die Geschehnisse oder das »Schicksal« sind, die uns in Schwierigkeiten bringen, sondern unsere Reaktion auf schwierige Situationen.

Viele könnten erfolgreich sein, wenn sie nicht zu früh kapitulieren würden. Vereinfacht gesagt: Es gibt nur zwei Gründe, sein Ziel nicht zu erreichen. Zu früh aufzuhören oder erst gar nicht anzufangen! Die allermeisten sind mit ihrem Selbstwertgefühl so sehr in den roten Zahlen, dass sie nicht wirklich denken und glauben können, dass eines Tages Großes von ihnen ausgeht.

Angst ist nicht wirklich immer etwas Schlechtes. In meiner therapeutischen Laufbahn ist mir mehr als einmal jemand begegnet, der wie Ernst L. aus seiner Angst heraus zu großem Erfolg geführt wurde.

Dieser junge Mann von etwa Mitte dreißig litt unter einer starken Angst- und Zwangsneurose, die viele andere in eine psychiatrische Anstalt gebracht hätte. Ernst L. war in jungen Jahren ein sehr sensibles Kind und wurde von seiner Mutter permanent mit angsteinflößenden Beschimpfungen traktiert. Die Mutter sagte über lange Zeit zu ihm: »Ich bringe mich noch eines Tages wegen dir um, wenn ich sterbe, bist du schuld; du bist schuld, dass es uns nicht gut geht, das kannst du nicht, dein Bruder macht das besser.«

Nie war gut genug, was er tat, nie wurde er von der Mutter gelobt. Im Laufe vieler Jahre begann er natürlicherweise an sich zu zweifeln. Er begann zu glauben, es könnte vielleicht so sein, wie die Mutter sagte. Er wollte auf keinen Fall schlechter sein als sein Bruder, er hatte Angst, seine Mutter könnte sterben und er wäre wirklich schuld an ihrem Tod. Um möglichst zu beweisen, dass alles nicht stimmt, versuchte er mit Fleiß und großer Akribie sich und andere davon zu überzeugen, dass er sehr wohl zu etwas fähig war.

Er wusste in seinem Inneren, dass es ihm möglich sein musste, geachtet und letztlich doch noch von seiner Mutter geliebt zu werden.

Was er so sehr erhoffte, geschah, sein Geist war im Laufe der Jahre sehr klar geworden. Er erkannte in seinem Geschäftsbereich seine Chancen und begann viel Geld zu verdienen. Ernst L. trug in wenigen Jahren ein beträchtliches Vermögen zusammen, mit dem er den ersten Teil seiner Rehabilitation schaffte. Er wurde in seiner Branche ein geachteter Geschäftsmann, der auch von der Konkurrenz Anerkennung erhielt. Im Laufe der Zeit also musste seine Mutter wohl oder übel bestätigen, dass ihr Sohn Ernst es zu etwas gebracht hatte. Ernst L. weiß heute, dass es in gewissem Sinne Glück war, eine neurotische Mutter zu haben. In seinem Elternhaus herrschte ständig Geldnot, von daher wäre er normalerweise vorprogrammiert, dem sozialen Milieu entsprechend, Mangel zu produzieren. Er entschied anders; indem er sich vornahm, zu etwas zu kommen, stellte er die Weichen für seinen finanziellen Erfolg. Ernst L. entschied, der Welt zu beweisen, dass er zu Großem fähig war, leistete mehr an Aufwand als viele andere *und erreichte mehr als viele andere.*

Er nahm sich vor, nicht das Opfer der Umstände seiner Kindheit zu sein, und wiederholte oftmals: *»Jetzt gerade! Ich weiß, dass ich etwas kann. Ich bin erfolgreich!«*

Nehmen Sie sich an ihm ein Beispiel, wenn auch Ihnen übel mitgespielt wurde. Wenn Sie über lange Zeit negativen Einflüssen ausgesetzt waren, dann können Sie dem Massendenken entsprechend resignieren oder wie Ernst L. sagen: »Jetzt erst recht!«

Je nachdem, wie Sie es sehen wollen, könnte man sagen, er hat trotzdem oder gerade deshalb Wohlstand erlangt. Trotzdem – weil er große Sehnsucht nach Erfolg hatte, oder deshalb – weil er gegen die negativen Behauptungen einen inneren Widerstand aufbaute und so sein Ziel erreichte.

Ich möchte Ihnen mit diesem Schicksal aufzeigen, dass letztlich nicht äußere Faktoren maßgeblich für Ihr Leben sind. Was aus Ihnen wird, das bestimmen Sie. Wichtig ist, welche Antworten Sie auf die Begleitumstände Ihres Lebens geben. Die einen beugen sich und geben auf, die anderen fangen dort erst recht an, wo andere aufhören.

Die amerikanische Autorin Chris Griscom lernte von ihrer Mutter in früher Kindheit mit einer kleinen Geschichte von einer Eisenbahn, *an sich und ihre Kraft zu glauben.*

»Es war einmal«, erzählte die Mutter, »eine kleine Eisenbahn, die es manchmal nicht leicht hatte, wenn es einen Berg hinaufging. Um sich aber, wenn es schwerer war, selber Mut zu machen, schnaufte sie dann vor sich hin: ›Ich weiß, ich kann, ich weiß, ich kann‹, und so schaffte sie auch die größten Steigungen.« Noch heute erinnert sich Chris Griscom gerne an diese Geschichte und lässt sich in Zeiten des Zweifels davon Mut machen.

Sagen Sie sich in wichtigen Situationen: »Ich weiß, ich kann«, und Sie werden erleben, dass Sie es können.

Alter Glaubenssatz:
Was andere können, das kann ich noch lange nicht.

Neuer Glaubenssatz:
Ich weiß, ich kann.

▶ Wenn sich unsere Gesellschaft in einem Wertewandel befindet, dann stellt sich jedem die Frage, was kommen wird. Die Antwort lautet: das, was immer war. Der ewige Wandel wird fortgesetzt, er wird nur für eine Vielzahl von uns jetzt erst infolge der Turbulenzen in den Brennpunkt des Bewusstseins gerückt.

Das dankbare Herz ist dem Guten näher

Ein kleiner Junge von acht Jahren verlor durch einen tragischen Autounfall Vater und Mutter. Es gab nur in einer fernen Stadt eine ältere Verwandte, die körperlich nicht mehr in der Lage war, ihm ein neues Zuhause zu geben, wo er seine restliche Kindheit hätte verbringen können. Peter hatte niemand mehr, auch keine anderen Geschwister, die ihm Trost in seinem traurigen Schicksal hätten sein können. Er war ganz allein und auf sich selber angewiesen, als er in ein städtisches Waisenheim eingewiesen wurde. Was soll ein achtjähriger Knabe tun, wenn vom Jugendamt eine streng dreinblickende fremde »Tante« kommt, um ihn mitzunehmen? Im Waisenhaus war für Peter alles neu, die anderen Kinder waren laut, tobten viel herum und schienen gerne lustige Streiche im Schilde zu führen. Peter wurde in eine neue Schule gebracht, kurzum, nichts war mehr so wie früher, alles war eben ohne Mutter und Vater sehr fremd und unpersönlich. Er weinte jeden Tag, wenn es die anderen Kinder nicht sahen, weil er seine geliebten Eltern sehr vermisste und alleine war. Aber die Zeit heilt alle Wunden, gerade bei einem noch jungen Menschenkind. Peter wuchs in seine neue Umgebung hinein, anfangs musste er sich in fast allem anpassen, um nicht dauernd gegen irgendwelche Regeln zu verstoßen. Unter den anderen Schülern gab es einen ein Jahr älteren Buben, der sich seiner freundlich annahm und ihm half, wenn er Probleme hatte. Dankbar nahm Peter die Freundschaft des Älteren an und fühlte sich sogleich deutlich besser.

Er vermisste manchmal sein eigenes Zimmer, in das er sich früher gerne zurückgezogen hatte. Doch nach und nach gewöhnte er sich an die Lehrer und die anderen Kinder und begann seinen Platz in dieser neuen Welt zu finden. So verging das erste Jahr im Waisenhaus, Peter war nur noch manchmal traurig, und es geschah immer öfter, dass er sich gar nicht mehr so genau an die Gesichter seiner Eltern erinnern konnte. Er hatte im Laufe der Zeit weitere Freunde gefunden, mit denen er alles Mögliche unternahm. Es fiel bald auf, dass Peter, wenn es einen Grund dafür gab, danke sagte. Wenn er sich abends von seinen Freunden, die in den anderen Zimmern wohnten, verabschiedete, sagte er: »Danke für den Spaß, den wir heute miteinander hatten.« Für Peter war das irgendwie ganz normal. Sie waren doch Freunde, und seiner Meinung nach sollten seine Spielkameraden wissen, dass er sich in ihrer Nähe wohl fühlte. Er hatte auch Freude am Lernen, und bald beherrschte er schon im Voraus den Lehrstoff seiner Klasse. Peter wurde ein guter Schüler, und das Lob seiner Lehrer erfüllte ihn wiederum mit großer Dankbarkeit und Glück. Freiwillig beschäftigte er sich mit den Schulbüchern und hatte Spaß, wenn er an den Reaktionen seiner Lehrer sah, dass sie sich mit ihm freuten, wenn er wieder einmal eine Klassenarbeit mit ›sehr gut‹ geschrieben hatte. Manchmal gab es eine Gelegenheit, am Ende der Schulstunde noch ein paar Worte mit seiner Lieblingslehrerin zu wechseln. Peter zeigte Anteilnahme am

Leben seiner Lehrer und interessierte sich für schulische Belange.

Manchmal fragten ihn seine Mitschüler, wenn sie ihre Hausaufgaben nicht richtig verstanden hatten, um Rat. In solchen Momenten war Peter ganz besonders froh und dankte im Stillen dafür, dass seine Kameraden Vertrauen zu ihm hatten. Als es an der Zeit war, wechselte er die Schule und ging fortan in das dem Waisenhaus nahe gelegene Gymnasium, um sich auf das Abitur vorzubereiten. Seit einiger Zeit wusste er, dass er Medizin studieren wollte, um als Chirurg Unfallopfern in Notsituationen helfen zu können. Er erinnerte sich daran, dass seine Eltern damals hätten gerettet werden können, wenn die medizinische Versorgung besser gewesen wäre. Die Jahre vergingen, Peter machte sein Abitur mit Auszeichnung und qualifizierte sich damit für das Medizinstudium.

Eineinhalb Jahre zuvor wurde der junge Mann zu einem Ehepaar eingeladen, das selber keine Kinder hatte und dem er aufgefallen war, weil er oft lachte und immer freundlich in die Welt blickte. Im Laufe der Zeit entwickelte er ein inniges Verhältnis zu den beiden, bei denen er mit seiner offenen Art willkommen war. Im letzten Jahr vor dem Abitur verbrachte Peter viel Zeit bei den Schulers. Man hatte ihm ein Zimmer angeboten, in dem er seine Schularbeiten machen konnte. Ihr Verhältnis wurde so gut, dass sie ihm eines Tages den Vorschlag machten, sie bei einer Ferienreise in die Toskana zu begleiten. Dankbar willigte er ein und war von nun an oft mit von der Partie, wenn irgendwohin Ausflüge gemacht wurden.

Weil er vom Waisenhaus nur zehn Mark Taschengeld im Monat erhielt, steckte ihm Klaus Schuler hin und wieder eine großzügige Summe zu, damit, wie er es ausdrückte, sich Peter auch an den schönen Seiten des Lebens beteiligen konnte. Peter verrichtete mit Klaus zusammen des Öfteren einige kleinere Reparaturen am Haus, sodass die beiden Männer sich immer besser kennen lernten. Als die Zeit gekommen war, dass er sich um einen Studienplatz kümmern musste und die Frage der Finanzierung im Raum stand, war es fast selbstverständlich, dass Inga und Klaus Schuler das Angebot machten, die Kosten zu übernehmen.

In den Jahren im Waisenhaus bis zum heutigen Tag hatte Peter einen ganz besonderen Freund, von dem er kaum jemandem etwas erzählte. Wenn er abends im Bett lag, begann er mit seinem Schutzengel einen Dialog zu führen. Selten bat er um etwas, stattdessen dankte der heranwachsende junge Mann für all das Glück, das ihm widerfahren war. Einmal erschien ihm sogar ein magisches Licht, das seine bisherige Einstellung zu Gott noch mehr festigte und ihm zu einem starken Fundament in seinem Glauben an eine höhere Welt verhalf. Er hatte in sich einen Ort des Friedens und des vollkommenen Schutzes gefunden. Er spürte eine große Kraft, die sich auch auf seine Kameraden zu übertragen schien, wenn er mit ihnen zusammen war. Es war ihm bald bewusst, dass zwischen seinen Erfolgen und seiner Einstellung zum Leben ein Zusammenhang bestand. Er hatte verstanden: Wenn er dankbar war, dann war vieles sehr viel leichter. Seit dieser Zeit setzte er die Macht seines dankbaren Herzens gerne ein und machte damit sich und seinen Mitmenschen das Leben zur Freude.

Es hätte auch ganz anders kommen können. Oft wird beim Scheitern einer menschlichen Laufbahn als Begründung für das Versagen z. B. der frühe Verlust der Eltern und das Aufwachsen in einem Waisenhaus herangezogen. Hier war es also ganz anders; es sind nicht wirklich die Umstände, die uns formen, sondern wir sind es, die durch unsere Einstellung »Umstände« erschaffen. Schuldzuweisungen sind bei erfolglosen Zeitgenossen eine beliebte Begründung, um ein Scheitern zu kaschieren. Peter entwickelte eine Frohnatur, er machte aus der Situation, in die ihn das Leben gestellt hatte, das Beste. Statt zu verzweifeln, stellte er sich seiner Aufgabe und meisterte sie. Peter hatte einen Vorteil anderen gegenüber, er war dankbar! Dankbar gegenüber sich selbst und dem Leben. Er wusste: Das dankbare Herz ist dem Guten näher.

Es ist immer unsere freie Wahl, was wir aus Gegebenheiten machen. Peter nutzte seine Chance und blickte lächelnd zurück und zuversichtlich nach vorne. Andere wären entmutigt und hätten mit der Begründung, im Waisenhaus aufgewachsen zu sein, ihr Leben auf der untersten Sprosse der sozialen Leiter verbracht. Peter entschied sich zu studieren, anstatt zu resignieren. Er ist heute ein beliebter Arzt in einem oberbayrischen Unfallkrankenhaus. Wie er mir sagte, hat er nicht vor, eine eigene Praxis zu eröffnen, weil er sich dort an seinem richtigen Platz weiß. Eines sollte uns gewiss sein: Ihm wird es wohl kaum in seinem Leben einmal tatsächlich schlecht gehen. Wenn er wirklich einmal Sorgen haben sollte, dann werden viele Freunde da sein, die ihm helfen, über eine schwere Zeit hinwegzukommen. Herr und Frau Schuler sind glücklich; ihre Herzen hatten sich gerufen und gefunden. Sie sind sehr froh, dass sie Peter begegnet sind, dass sie ihm helfen konnten und dass sie heute eine (fast) richtige Familie sind.

Alter Glaubenssatz:
Wen Gott liebt, denn lässt er leiden.

Neuer Glaubenssatz:
Es ist immer unsere freie Wahl, was wir aus Gegebenheiten machen.

164

▶ Krank wird, wer seine Mitte verloren hat.

Er machte sich »selbstständig«

Ein dreiunddreißigjähriger junger Mann besuchte mehrere meiner Seminare. Eine innere Stimme hatte ihm gesagt, dass seine chronische Bronchitis ohne Kortison und Antibiotika auskuriert werden könne. Er hatte im Laufe der Zeit verschiedene Ärzte konsultiert, ohne dass ihm nachhaltig geholfen worden wäre. Herr B. hatte damit begonnen, sich über psychosomatische Zusammenhänge zu informieren, und wollte nun zu alternativen Heilmethoden greifen. Gerade Bronchitis ist in der Wissenschaft von den seelisch-körperlichen Zusammenhängen als seelisch bedingt bekannt, und es ist jedem nachvollziehbar, dass ein verabreichtes Medikament (Materie) nicht zu den Tiefen der Seele Zugang hat.

Helmut B. war, was man einen Karrieretyp nennt, er wollte weiterkommen und hatte sich seit Jahren in seinem festen Vorsatz, sehr bald »oben« zu sein, permanent überfordert. Sein Tagesablauf war ausgerichtet auf Erfolgsbewusstsein, er war fast ausschließlich damit beschäftigt, alles an Wissen zusammenzutragen, was es über seinen Beruf gab. Er galt in seiner Firma als Streber und als hart sich selber gegenüber. Fleiß und intensiver Wille zum Erfolg hatten ihn erschöpft, sodass *er außer Atem war*. Er hatte seine Mitte verloren und hatte sich »verstiegen«. Helmut B. kannte den Weg zum Erfolg aus einer Vielzahl Bücher, aber er glaubte, mit Druck schneller voranzukommen. Druck aber erzeugt Gegendruck, und er war so unter Druck, dass ihm manchmal bereits die Luft wegblieb.

Er wiederholte abends nach dem Zubettgehen:

»Vollkommene Gesundheit erfüllt mich, mein Körper ist nach dem Ebenbild Gottes geschaffen, und vollkommene Heilung geschieht jetzt.«

Er richtete seine Gedanken auf seine Lunge und schickte in seiner Vorstellung Licht und Liebe dorthin, wo seine Ungeduld bereits körperlich geworden war.

Seine Freundin, eine dogmatische Apothekerin, war sich sicher, dass bei dieser Erkrankung etwas anderes als Chemie nicht helfen könne. Er aber wollte ihr beweisen, dass er Recht hatte, und sah sie deshalb in seiner Imagination mit staunenden Augen vor sich. Er erlebte in seiner Phantasie, wie sie ungläubig den Kopf schüttelte, ihm aber Recht geben musste, weil er gesund war.

Helmut B. hatte sein Unterbewusstsein beauftragt, seine Bronchitis zu heilen, er hatte sich vorgestellt, wieder gesund zu sein, und hatte seine ungläubige Freundin in diesen Prozess mit einbezogen. Seiner Mentalität gemäß hatte er den subjektiven Geist in ihm veranlasst, die Genesung einzuleiten, und sein Wunsch zu beweisen, dass er Recht hat, wurde ihm erfüllt.

Herr B. fand zu Ruhe und Gelassenheit zurück, er wandte sich wieder dem Leben zu, und es antwortete ihm mit Freude.

Alter Glaubenssatz:
Auf die Dauer hilft nur Power.

Neuer Glaubenssatz:
Mein Glaube versetzt Berge.

► Dumme Gedanken hat jeder, aber der Weise verschweigt sie.

Wenn alles vielschichtig ist, so ist es dennoch zu verstehen

Es gibt im Grunde nur zwei Hauptursachen dafür, nicht an der Sonnenseite des Lebens teilzuhaben. *Zu früh aufhören oder gar nicht erst anfangen.* Zu früh aufzugeben besagt, dass wir zu wenig Vertrauen in das eigene Können haben, und das kann bei einigen Zeitgenossen so weit gehen, es gar nicht erst zu versuchen.

Helmut B. setzte dagegen zu viel Kraft ein, weil er ungeduldig und unsicher war und sich deshalb eines alten Glaubenssatzes bediente, der besagt: »*Auf die Dauer hilft nur Power.*«

Dass weniger in vielen Alltagssituationen mehr sein kann, ist zwar bekannt, wird aber oft nicht beachtet. »Nicht kleckern, klotzen« ist eine beliebte Redewendung unter den Machern. Sparsam zu sein ist aber ein Gebot der Klugheit und ganz besonders »einsehbar«, wenn von Homöopathie die Rede ist. Mit einem Milliardstel der Dosierung eines Heilmittels wird in diesem medizinischen Bereich oftmals mehr erreicht als mit Kortison. Zu viel Energie einzusetzen bedeutet im Grunde, dass wir energisch vorgehen, weil wir Angst haben, sonst unser Ziel zu verfehlen. Dass wir uns damit überfordern, erkennen wir oft erst, wenn wir das jugendliche Ungestüm ablegen.

Es ist ein Gebot der Klugheit, vor Antritt einer Reise den besten Weg zu erkunden und dann erst loszufahren. Ihr höheres Bewusstsein kennt die beste Möglichkeit; beziehen Sie es mehr in Ihre Planungen mit ein, auch wenn es am Anfang noch ungewohnt sein mag. Entwickeln Sie Vertrautheit im Umgang mit den Geistigen Gesetzen, und Sie werden immer den besten Berater an Ihrer Seite haben. Überzeugen Sie sich von der Richtigkeit Ihrer Wünsche. Es ist wichtig, zu wissen, dass *sie rechtens* sind und Ihnen zusteht, was Sie sich wünschen. Es ist auf jeden

Fall möglich, dass Sie Ihre Ziele erreichen, wenn es anderen auch gelungen ist. Glauben Sie an Ihren Erfolg, und tun Sie alles Nötige dafür, dann ist ein Misserfolg unwahrscheinlich. Immer sind es Ihr Fleiß und Ihr Glaube, die Sie zu Ihren Zielen führen. Erinnern Sie sich an die Bibelweisheit:

»Tue, als habest du empfangen, und du wirst empfangen.« Zu viel Energie einzusetzen kann Ausdruck eines zwanghaften Verhaltens sein und führt deshalb nur schwerlich zum erwünschten Erfolg. Der Schöpferische Geist Ihres Unterbewusstsein reagiert nicht besser, wenn Sie Druck machen. Ihre Überzeugung, zum Erfolg geboren zu sein, ist effektiver, *»als andauernd zu powern.«*

Alter Glaubenssatz:
Vorsicht ist die Mutter der Porzellankiste.

Neuer Glaubenssatz:
Vor-sehen ist besser als das Nachsehen haben.

Achten Sie auf Ihre Gefühle, denn sie werden zu Gedanken.
Achten Sie auf Ihre Gedanken, denn sie werden zu Worten.
Achten Sie auf Ihre Worte, denn sie werden zu Taten.
Achten Sie auf Ihre Taten, denn sie werden zu Gewohnheiten.
Achten Sie auf Ihre Gewohnheiten, denn sie bilden Ihren Charakter.
Achten Sie auf Ihren Charakter, denn er bestimmt Ihr Leben.

▶ Die höchste Realität liegt im Glauben.

Wie aus Theorie Praxis wird

Eine Lehrerin in mittleren Jahren besuchte mich und bat mich, ihr zu helfen. Sie erzählte mir, dass ihr von Kindheit an in vielfältiger Weise übel mitgespielt worden war. Sie wusste nicht mehr, wie es weitergehen sollte. Voller Angst und hochgradig depressiv sagte sie mir, dass sie keinen Sinn in ihrem Leben sehe.

Wir verbrachten einen ganzen Tag auf einem langen Spaziergang im Gespräch, und ich konnte ihr die einfachen Gesetzmäßigkeiten ihres Unterbewusstseins erklären. Als wir uns trennten, war der erste Schritt getan, sie hatte wieder Mut gefasst. Sie reiste zurück nach Hamburg mit dem Vorsatz, ihr Leben von nun an in beide Hände zu nehmen. Sie lernte, sich vorzustellen, wie ihr Leben sein könnte, und begann, sich an Zeiten zu erinnern, in denen es ihr gut gegangen war. Sie wiederholte in den folgenden Wochen zweimal täglich eine Reihe von Affirmationen:

»Die unendliche Weisheit führt und lenkt mich alle Zeit und wird mir den besten Weg zur Erfüllung meiner Wünsche weisen. Vergangenes ist vergangen. Vollkommene Gesundheit geschieht jetzt in meinem Herzen und in meinem Geist. Ich nehme mit Freude am Reichtum der Welt teil. Mein rechtes Denken führt mich auf den rechten Weg. Vollkommener Friede und große Freude erfüllt mein Gemüt. Ich weiß, ich bin eine starke, positive Persönlichkeit, erfolgreich im Beruf und in der Gesellschaft. In mir ist das Licht, das mir den Weg leuchtet. Danke, Vater, dass es so ist.«

Bereits einige Wochen später erhielt ich von Frau M. einen Brief mit folgendem Inhalt:

»Lieber Herr Freitag, ich erfülle meinen Geist mehrmals täglich mit den von Ihnen empfohlenen Affirmationen, und alles ist genau so geschehen, wie Sie es mir prophezeit haben. Ich weiß jetzt, was ich in Zukunft zu tun habe, damit niemals mehr Ähnliches geschehen kann. In mir ist tiefe Zuversicht und ein wunderbares Gefühl des Angekommenseins. Indem ich begonnen habe, die Zusammenhänge von Ursache und Wirkung zu verstehen, ist mir ein großes Geschenk gemacht worden, danke für alles, was Sie für mich getan haben.«

Ein geplagter Mensch hatte die Gesetze des Geistes angewandt und seinen Frieden gefunden. Frau M. hatte damit begonnen, sich selber wieder *Ziele* zu setzen, und konnte sich nach langer Zeit tiefer Traurigkeit wieder am Leben erfreuen. Sie hatte in ihrem geistigen Haus eine neue Ordnung geschaffen, und das Resultat war eine »Neue Welt.« Frau M. hatte die Autorität in ihrem Leben wieder gefunden und wurde nicht länger von ihren alten Schuldgefühlen geplagt.

Wie können, je nach Mentalität, schon in kurzer Zeit die Zügel, die wir losgelassen haben, wieder in die Hände nehmen und selbstbestimmt unsere Reise fortsetzen, wenn wir es denn wirklich wollen. Frau M. war seit ihrer frühsten Kindheit davon überzeugt, dass ihre ängstliche Einstellung berechtigt ist. Es war ihr sogar alles logisch erschienen, was sie in vielen Jahren erlebt hatte, und sie wäre noch lange weiter in verhängnisvolle alte Glaubenssätze getrieben worden, wenn sie nicht von ihrem Unterbewusstsein in eine Buchhandlung geführt worden wäre.

Ihr erging es wie vielen anderen. Sie war von ihrer bürgerlichen Umwelt klein gehalten worden und erlebte über Jahre hinweg, dass abwertende Gedanken ihr Selbstwertgefühl negativ verformten.

Negative Suggestionen werden überall angewandt, um andere in ihrem Selbstwertgefühl zu unterminieren. In jeder menschlichen Gruppe versuchen immer einige sich aufzuwerten, indem sie andere abwerten. Sie bedienen sich des Mobbing, um Stimmung gegen einen scheinbaren Konkurrenten zu machen, und vergessen oft jegliche Moral.

Für Sie ist es wichtig, zu wissen, dass Sie keineswegs den Aggressionen anderer hilflos ausgeliefert sind. Wenn Sie beginnen, sich von sich selber zu überzeugen, wenn Sie also ein gesundes Selbstvertrauen entwickeln, dann werden hässliche Unterstellungen von Ihnen abprallen und zum Absender zurückkehren.

Der Volksmund sagt dazu: »*Wer anderen eine Grube gräbt, fällt selbst hinein.*«

Nutzen Sie Ihr Wissen von den Geistigen Gesetzen. Ruhen Sie nicht eher, bis Sie Ihre Ziele klar vor Augen haben. Lernen Sie, wieder glücklich zu sein, damit das, was Sie von Herzen freut, zu Ihnen kommen kann.

Je mehr Ordnung sie schaffen, umso klarer werden Sie sein; und je klarer und bewusster Sie sind, umso schneller werden »Wunder« geschehen. Vermeiden Sie alle abträglichen Gedankenmuster, entwickeln Sie stattdessen ein sonniges Gemüt, damit im Lichte Ihres Bewusstseins Ihr Weg offen und klar vor Ihnen liegt. Sorgen Sie sich nicht, zweifeln Sie nicht, weil sonst Ihre freudvollen Pläne von diesen zerstörerischen Gedanken allzu leicht vereitelt werden können. Erinnern Sie sich: Alles in Ihrem persönlichen Leben ist durch Ihren Glauben zum Ausdruck gekommen. Etwas zu befürchten, zu zweifeln heißt, an negative Situationen zu glauben. Ihr Unterbewusstsein hat keinen eigenen Willen, es richtet sich nach Ihren *vor*-wiegenden Gefühlen. Es richtet sich danach, wie sehr Sie freudig etwas herbeisehnen oder befürchten, dass es nicht möglich sein wird. Immer kommt die stärkere von zwei Emotionen zum Ausdruck. Ob Ihnen also nach Ihrem Glauben geschehen wird oder ob über Sie kommt, was Sie befürchten, entscheiden die Gefühlsregungen in Ihnen, die die »Oberhand« haben.

171

Können Sie aus ganzem Herzen glauben, oder sind Sie ein Zweifler vor dem Herrn?

Sie können zum Propheten werden; wenn Sie wissen, was in Ihnen vorgeht, dann wissen Sie somit, was demnächst sein wird.

Nutzen Sie Ihre Zeit; üben Sie sich darin, Klarheit und Wahrheit zum Grundmuster Ihrer Persönlichkeit werden zu lassen. Alles Gute kommt von oben, sagt der Volksmund. Richten Sie daher Ihre Aufmerksamkeit dorthin, woher das Gute kommt, und ich garantiere Ihnen, dass alle Ungereimtheiten der Vergangenheit angehören werden. Indem Sie Friedliches denken, wird Frieden wirklich.

»Wer gläubigen Herzens bittet, dem wird gegeben, wer suchet, der findet, wer anklopft, dem wird aufgetan.«
Haben Sie bemerkt, dass in der Bibel nichts anderes gesagt wird? Gläubigen Herzens um etwas zu bitten heißt nichts anderes, als vor Ihrem inneren Augen *glaub*würdig auferstehen zu lassen, was Sie möchten. Wer suchet, der findet, heißt dem Gesetz der Entsprechung gemäß: Sie *sehen* das, was Sie suchen, geistig vor sich und werden es deshalb finden (erhalten). Wer anklopft, dem wird aufgetan, heißt, Sie schaffen, indem Sie anklopfen, den einen Pol, und das Gesetz antwortet, indem Ihnen aufgetan wird.

Das Gesetz von Ursache und Wirkung gehört in der Tat zum ureigenen Wissen der Menschheit und ist keineswegs neu. Machen Sie täglich von den Weisheiten der Ewigen Philosophie Gebrauch, damit etwas weitergeht und wir uns eines Tages lachend die Hände reichen können.

Alter Glaubenssatz:
»Wer anderen eine Grube gräbt, fällt selbst hinein.«

172

Neuer Glaubenssatz:

»Wer gläubigen Herzens bittet, dem wird gegeben, wer suchet, der findet, wer anklopft, dem wird aufgetan.«

▶ Durch TUN wird ein Gedanke zur Tat.

Wie Angst von Vertrauen aufgehoben wird

Eine Unternehmerin aus Madrid war in eine schwierige geschäftliche wie auch juristische Situation geraten und bat mich um Rat. Ich machte ihr den Vorschlag, ihren subjektiven Geist ausschließlich auf ihr Ziel zu richten. Sie sollte in Trance den kritischen Anteil in sich beruhigen und mögliche Lösungen vor sich sehen. Sie sollte »sehen«, was sie sich wünschte, und lernen, sich darüber zu freuen. Ich konnte ihr leicht verständlich machen, dass sie im Zweifelsfalle die bestimmende Kraft sei und mit ihrer Furcht oder ihrer Zuversicht den Ausschlag geben würde, wie der anstehende Prozess ausginge. Aus spiritueller Sicht hat Recht, wer das Recht auf seiner Seite »weiß.« Gemeint ist: Wenn Sie mit den Gesetzen des Kosmos in Einklang sind, dann repräsentieren Sie die Mehrheit, und die »Macht« ist mit Ihnen.

Frau M. spielte täglich detailliert alle Varianten möglicher Erfolge durch und lernte sich wieder zu freuen, wenn sie an ihre Zukunft dachte. Frau M. sah und hörte, wie ihre Freunde sie beglückwünschten, und begann die Gewissheit zu entwickeln, dass eine für alle befriedigende Lösung gefunden würde. Ihre »Arbeit« lag im Grunde darin, während des Tages darauf zu achten, nicht wieder in ihre alte aggressive Einstellung zu verfallen, sondern eine für alle angemessene Lösung zu kreieren. Innerhalb weniger Tage konnte sie sich vorstellen, wie ihr Lebenspartner sie in den Arm nahm und sich mit ihr freute.

Es ist auch für einen Neuling der Ewigen Philosophie durchaus nachvollziehbar, dass nur ein klarer Geist erforderlich ist, um eine klare Richtung zu bekommen. Das Zünglein an der Waage sind Sie mit Ihrer Meinung! Wenn Sie Vertrauen haben, wenn Sie glauben und sich freuen können, dann sind Sie die Mehrheit, einfach weil Ihre Stimme im Chor doppelt zählt.

Je nachdem, ob Sie von Ihrem Naturell her dazu neigen, dafür oder dagegen zu sein, entscheidet über das Weh oder Wohl Ihres Lebens. Das heißt, wenn Sie in einem für Sie akzeptablen Rahmen helfen, das Ganze mitzutragen (dafür sind), dann werden Sie vom Ganzen mitgetragen. Wenn Sie helfen, Gottes Werk zu tun, dann wird er alles tun, Sie glücklich zu machen; dann werden Sie seine »Kirche« sein, in der Himmel und Erde vereint sind. Anders ausgedrückt: Einer für alle, alle für einen.

Wenn diese Gedanken vom Alltagsgeschehen ein wenig entfernt zu sein scheinen, dann heißt das nicht, dass sie falsch sind. Denken Sie darüber nach, wieso Altruismus die weiseste Form von Egoismus ist, und probieren Sie es im Zweifelsfalle einfach aus.

Leben Sie in der sicheren Vorstellung, dass es immer eine Antwort, immer eine Lösung gibt, und seien Sie gewiss, dass Sie das Sagen haben, dann wird es Ihnen bald gut gehen. Hinter dem Wissen von den eigenen Möglichkeiten steckt immer ein kluger Kopf.

Alter Glaubenssatz:
Die Welt ist voller Ungerechtigkeit.

Neuer Glaubenssatz:
Recht hat, wer Recht auf seiner Seite »weiß.«

▶ Richten Sie Ihren Geist auf Ihre Ziele, und Sie werden zum Erfolg geführt werden.

Wie Träume wahr werden

Ralph U. arbeitete einige Zeit als Hypnosetherapeut in meiner Münchner Praxis. Er war von Beruf Diplompsychologe, war aber »erfüllt« von der Vision, als Schauspieler Karriere zu machen. Ralph hatte durch seine Tätigkeit bei mir verständlicherweise die besten Voraussetzungen, mit Affirmationen sein Unterbewusstsein zu beauftragen, diesen »Traumberuf« Wirklichkeit werden zu lassen. Er wusste durch seine tägliche Arbeit, was mit Affirmationen erreicht werden kann, und kreierte sein eigenes tägliches Ritual. Mehrmals am Tage stellte er sich klar und deutlich vor, wie sein Name im Vorspann von Filmen erschien.

Er sagte mir, als wir uns nach Jahren wieder begegneten: »Immer wieder sah ich damals meinen Namen in Leuchtbuchstaben über der Ankündigung großer Kinofilme und geriet nahezu in Ekstase, wenn ich sah und fühlte, was ich mir so sehr von Herzen wünschte. Ich konnte mit Selbsthypnose recht leicht mein Unterbewusstsein überzeugen, dass ich ein Star bin.«

Heute spielt Ralph in internationalen Filmen und ist in Fernsehproduktionen wöchentlich in vielen Wohnzimmern ein gern gesehener Gast.

Ralph U. kannte natürlich das Gesetz des Schöpferischen Geistes und wandte es täglich an. Er »sah« und »fühlte« sich in der erwünschten Situation, er handelte, als wäre sie Wirklichkeit, und so musste kommen, was für ihn bereits (subjektiv) Tatsache war. Ralph träumte von seinem Leben, und heute lebt er seinen Traum.

Wehret den Anfängen

Ein Geschäftsmann in einer großen Stadt beschäftigte einen so genannten »Krisenstab«. Es waren seine Abteilungsleiter, die, wenn »Not am Manne« war, unter seiner Führung zusammenkamen, um Probleme zu besprechen und nach Lösungen zu suchen. Gemeinsam machten Sie »Brainstorming«, das heißt, dass der geeinte Geist aller Anwesenden sich auf mögliche Lösungen ausrichtet. Bei dem besagten Kaufmann wurden anstehende Probleme diskutiert und die Einzelnen nach ihren Vorschlägen befragt.

Als der Chef einige Monate nicht anwesend war, begann sich eine kleine Unaufmerksamkeit einzuschleichen und allen in der Folgezeit das Leben schwer zu machen. Welche Vorschläge auch immer diskutiert wurden, immer mehr gefielen sich in der Rolle, die Meinung des anderen als nicht gut, nicht ausgereift, ja als indiskutabel zu bezeichnen. Jeder begann mit jedem in Konkurrenz zu treten und verhinderte somit eine sinnvolle Lösung, um die es ja eigentlich ging. Das Ego breitete sich aus, und man zerredete alles und jedes. Statt dass man sich »zusammensetzte«, entstanden quer durch das Management endlose und teure »Auseinandersetzungen«.

Haben Sie schon einmal unter diesem Blickwinkel bei einer Bundestagsdebatte zugeschaut? Niemandem kann es recht gemacht werden, alle sind gegen alles, und man möchte fast den Glauben an die Menschheit verlieren. Kein Unternehmen kann es sich leisten, über einen längeren Zeitraum Konflikte quer durch die Belegschaft zu haben bzw. wichtige Entscheidungen nicht zu treffen. Die Staatsdiener haben noch nicht begonnen, nach wirtschaftlichen Grundregeln zu handeln, vielleicht, weil ein Beamter kein Kaufmann ist und weil er nicht um seinen Lohn bangen muss!

Es ist ein völlig menschliches Verhaltensmuster, in einer Gruppe dominieren zu wollen. Es ist eine unserer angeborenen Eigenschaften, die uns seit der Urzeit geholfen haben zu überleben. Seit Jahrmillionen ist uns angeboren, dass jeder gegen jeden so lange opponiert, bis ein Sieger gefunden ist. In einem Kreis von gebildeten Leuten (Bundestagsabgeordneten, Ministern und Topmanagern) sollte das bekannt sein, und jeder sollte seine Urinstinkte im Zaume halten. Jeden sinnvollen Vorschlag eines anderen sollten wir anerkennen, ihn aufgreifen und gegebenenfalls weiterentwickeln. Zum Schluss einer Gesprächsrunde sollte in demokratischer Art abgestimmt werden. Richard Taler, der besagte Geschäftsmann, verstand, als ich ihn darauf aufmerksam machte, dass Monate mit teuren Diskussionen verbracht und dem Ego seiner Manager Geld und Energie geopfert worden waren.

Bei den folgenden Konferenzen war ich anwesend und konnte eingreifen, wenn die Pferde wieder einmal durchgingen und das Ego die Szene beherrschte. Ich führte in dem Unternehmen des Freundes ein, dass zukünftig jeder, der ein Problem erörtern wollte, zwei bis drei Lösungsvorschläge in schriftlicher Form unterbreiten musste. Über diese möglichen Lösungen konnte dann leicht abgestimmt werden, und unnötige Rangeleien wurden minimiert. Den sensitivsten Mitarbeiter nahm ich in eine spezielle Schulung. Er lernte, seiner Intuition zu folgen und bei Problemen, die sich in der Zukunft abzeichneten und rational nicht zu entscheiden waren, intuitiv nach der Lösung Ausschau zu halten. Unsere Intuition ist der rationalen Ebene unseres Verstandes weit überlegen. Sie schafft eine direkte Verbindung zu anderen, höheren Ebenen, in denen das Allwissen auf Sie wartet. In diesem Zusammenhang spricht man auch vom morphogenetischen Feld oder von der seit alters her bekannten Akasha-

Chronik. Carl Gustav Jung sprach vom kollektiven Unbewussten, wenn er ausdrücken wollte, dass es so etwas wie einen psychischen Ozean gibt, der alles Wissen von Anbeginn der Menschheit und weit über unsere Zeit hinaus beinhaltet.

Die Theorie besagt, dass alles, was je gedacht worden ist und je gedacht werden wird, in der Zeitlosigkeit allgegenwärtig ist.

▶ Er weckte in anderen den Wunsch, glücklich zu sein.

Roy Black sehnte sich nach Liebe

Sie kennen wahrscheinlich seinen Lebenslauf aus der Presse oder dem Kinofilm über sein Leben. Der bekannte Sänger der Siebziger- und Achtzigerjahre führte mit mir lange Gespräche über Gott und die Welt, über das Leben im Allgemeinen und über seinen persönlichen »Wert« in der Welt. Roy Black war aus tiefster Seele spirituell orientiert, und es war angenehm, mit ihm zusammen zu sein.

Er erzählte mir, dass er von Kindesbeinen an ein bekannter Sänger werden wollte. Er hatte eine klare Vorstellung von seiner Karriere und erreichte sein Ziel. Über lange Jahre hinweg gehörte er zu den bekanntesten Interpreten der Unterhaltungsmusik.

In unseren Diskussionen aber stellte er seinen Erfolg in Frage. Er war frustriert, weil er in seinem Inneren trotz aller Aufmerksamkeit, die er erhielt, unerfüllt geblieben war. Er gab in seinen Liedern unserer Sehnsucht nach Glück eine Stimme und war zum Star geworden, aber niemand dachte daran, dass auch seine Seele sich nach Liebe sehnte.

Roy war enttäuscht, weil er seiner Popularität wegen »Aufsehen« erregte, aber als Mensch nicht beachtet wurde. Seine Lieder gaben seinen vielen Millionen Anhängern Trost und Hoffnung; der Preis, den er aber zu zahlen hatte, war, dass er als Individuum in der Öffentlichkeit aufgehört hatte zu existieren. Als geliebter Botschafter der Liebe zählte in der Konsumgesellschaft sein Marktwert; er, als Person, musste in den Hintergrund treten. Roy Black sang von Liebe, von unseren Träumen, aber keiner »sah«, dass es ein Mensch war, der da auf der Bühne stand und selbst nach Liebe rief. Er machte anderen Hoffnung, er selber aber hatte zum Ende seines Lebens wenig Optimismus und geriet deshalb zunehmend in Konflikt mit sich selbst.

Roy war ein äußerst liebenswerter Mensch, der jedoch nicht verstehen konnte, wieso »ihn« niemand »wahrnahm«. Er wollte als Mensch geliebt werden und nicht wegen seines Stellenwertes in einer »ausgeflippten Gesellschaft«. Er gab sein Bestes, aber die Menschen wollten immer noch mehr. Was er brauchte, waren Freunde, die ihn nicht zur Aufwertung ihres Egos benutzten, doch stattdessen sonnte man sich an seiner Seite, indem man sich mit ihm sehen ließ.

Zum damaligen Zeitpunkt glaubte er nicht mehr an eine Lösung, und das Schicksal nahm seinen Lauf. Wir alle kennen sein Ende, ihm brach im wahrsten Sinne das Herz.

Der 1999 verstorbene Sänger Rex Gildo erzählte mir bei einer Openairveranstaltung des ORF, zu der ich ihn eingeladen hatte, dass er ein geheimes Seelenleben führen müsste, weil ihn alle immer nur hoch verehrten, aber nicht den Menschen in ihm sähen. Maria Schell und ich unterhielten uns über das gleiche Thema, auch sie war an »wahren« Freunden mehr interessiert als an Publizität. Auch ihr gefiel es nicht, auf Partys herumgereicht zu werden, aber für sie gehörte es zu den Pflichten eines Stars, zu lächeln und gute Laune zu verbreiten.

Es ist wohl ein Problem unserer Zeit, möglichst immer und überall brillieren zu müssen, notfalls mit fremden Federn auf dem großen Fest der Eitelkeiten.

Was wir aus dem Leben von Roy Black und Rex Gildo lernen können, ist, dass wir zu Lebzeiten unseren Lieben die »Blumen« unseres Herzen geben sollten und nicht erst am Grab.

Vielleicht gibt es in Ihrer nächsten Nähe jemand, dem das Herz schwer ist, oder vielleicht weint *Ihr* Herz und sehnt sich nach Liebe. Sagen Sie es, bevor Sie Ihres Lebens nicht mehr froh werden und Ihnen das Herz bricht.

▶ Gedanken Gestalt zu verleihen wird immer Ihr Streben sein.

Beobachten Sie mit *liebenden Augen*

Wie reagieren Sie im Allgemeinen auf ganz alltägliche Ereignisse. Macht Sie vieles ärgerlich, ängstigt Sie vieles? Können Sie spontan und herzhaft lachen? Das Leben bietet täglich von allem alles. Es gibt natürlich Beängstigendes, selbstverständlich ist auch so einiges zum Weglaufen, aber offensichtlich ist vieles auch zum Lachen. Es liegt an Ihnen, wie Sie mit dem so genannten Alltag zurechtkommen. Wie Sie reagieren, ist entscheidend für Ihr Wohlbefinden. Es liegt in Ihrem Entscheidungsspielraum, ob Sie agressiv werden oder schmunzeln, wenn etwas danebengeht.

Wenn Sie über einen längeren Zeitraum hinweg Ihren Gefühlen keinen freien Lauf lassen und zu den Menschen gehören, die der Meinung sind, »wie es innen aussieht, geht niemand etwas an«, dann muss es automatisch zu emotionalen Staus kommen. Dann ist es normal, dass Sie zunehmend unter Druck stehen und sich unwohl fühlen. Wenn Sie aber unter Druck sind, dann ist es wiederum natürlich, dass es zu heftigen Abreaktionen kommt und Sie manchmal schier aus der Haut fahren. Wer gestresst ist, kann nicht zugleich in Harmonie sein, dessen seelisches Gleichgewicht ist empfindlich gestört und lässt ihn allzu leicht unentschlossen statt mutig sein. Alles, was Ihr inneres Gleichgewicht stört, zieht weiteres Ungemach nach sich. Meiden Sie laute Menschen und suchen Sie die Stille, indem Sie spazieren gehen. Es gibt vieles, was Ihnen gut tut, vieles, was belastend ist, und Sie haben die Wahl.

Eine Patientin erzählte mir, dass sie in vielen, eigentlich ganz normalen Situationen schnell überreagiert und ihre Familie und Kollegen mit Wutanfällen schockiert. Obwohl sie wusste, dass de facto meistens kein Grund dazu vorhanden war, kam es immer häufiger zu Streitereien. In den letzten Jahren war sie zunehmend empfindsamer geworden. Ihre Nachbarn regten sie auf, die Situation, in der sie lebte, war ihr grundsätzlich zuwider. Kinder und Ehemann hätte sie am liebsten auf den Mond geschossen, alles nervte sie. Politiker waren sowieso ein rotes Tuch für sie, kurz, sie war voller Aversionen und wusste nicht mehr weiter. Seit einigen Jahren konsumierte sie täglich Beruhigungsmittel, ohne dass sie dadurch wirklich gelöster im Umgang mit den alltäglichen Ereignissen gewesen wäre.

In langen Gesprächen konnte ich ihr verständlich machen, dass ihre Reaktionen Ab-Reaktionen waren. Ihre Wut auf alle waren Übertragungen ihrer eigenen ungelebten Gefühle. Sie hatte sich perfekt an die Erfordernisse ihres Alltags angepasst, unterdrückte sich selber und hatte symbolisch den »Rand« gestrichen voll, konnte ihn aber manchmal ganz einfach nicht halten. Frau M. war im Laufe der Jahre zunehmend intoleranter geworden und wollte, dass sich andere nach ihr richteten. Sie hatte anderen zu viel Macht über ihre »Seele« gegeben, sie selber aber war nicht mehr Frau im Hause.

Die Lösung war einfach, es war lediglich eine kleine Veränderung in ihrem Unterbewusstsein nötig, um aus Minus Plus zu machen.

Ich empfahl ihr, regelmäßig zu einer bestimmten Tageszeit eine halbe Stunde lang ihrem Unterbewusstsein zu übermitteln, dass sie eine starke, in sich ruhende Persönlichkeit sei, souverän und verständnisvoll. Sie hatte einige meiner Bücher gelesen und entnahm ihnen eine Reihe geeigneter Affirmationen. Bereits nach einer Woche rief sie mich an und erzählte mir, dass sie deutlich spürte, wie sie sich innerlich entkrampfte. Sie wusste jetzt, dass sie sich in der Vergangenheit von allem Möglichen hatte zuschütten lassen. Ihr gesundes Selbstwertgefühl begann sich zu melden, und sie konnte wieder einen friedlichen Dialog mit ihrem Ehemann führen. Sie hatte ein »Einsehen« und war geheilt.

Uns allen geht es in vielerlei Beziehung ähnlich; sobald etwas aus dem Ruder läuft, sollten Sie liebevoll die fällige Kurskorrektur vornehmen und nicht warten, bis es zur Katastrophe kommt.

Alter Glaubenssatz:
Wie es drinnen aussieht, geht niemand was an.

Neuer Glaubenssatz:
Wie innen, so außen; deshalb wähle ich, was mir dienen soll.

▶ Geben Sie dem Schönen, Guten und Wahren Ihre Aufmerksamkeit. Nur das hat Bestand und sollte Ihr Gebrauchsmuster für Ihre großen Taten sein.

Die meisten »Kampfhandlungen« sind Spiegelgefechte

Ein achtunddreißigjähriger Mann kam zu mir, weil er nicht länger mit seinem Vorgesetzten zusammenarbeiten konnte. Er war voller Hass auf den älteren Mann und fest davon überzeugt, jahrelang bei Beförderungen übergangen worden zu sein. Er wusste, dass er zu den Besten in der Firma gehörte, aber er erhielt trotzdem keinerlei Anerkennung. Er war bereit zu kündigen, weil er diese Ungerechtigkeit nicht mehr hinnehmen wollte, und kam, um von mir eine Bestätigung für seinen Schritt zu erhalten.

Dieser Angestellte hatte eine ungute Kindheit, er wurde lieblos erzogen und war, wie er sagte, in seiner Familie immer das fünfte Rad am Wagen.

Er war ohne Zuspruch und Liebe groß geworden. Rückblickend war er voller Schmerz und wütend auf seinen Vater, von dem er sich im Stich gelassen fühlte. Natürlich wollte er wie alle Menschen beachtet werden und Freunde haben, »aber das ist mir nicht vergönnt«, sagte er verbittert.

Dieser Mann war natürlich als Erwachsener keineswegs frei von den schmerzlichen Erinnerungen, und er begann, sie unbewusst auf seinen Abteilungsleiter zu übertragen.

Seit Jahren hatte er wenig soziale Kontakte, und seine Verbitterung führte dazu, dass er zunehmend unfreundlicher wurde. Hans P. war ins Abseits geraten, er kompensierte seinen Frust mit überdurchschnittlicher Leistung, war aber auf der menschlich/emotionalen Ebene unglücklich, weil er wieder einmal keine Anerkennung erhielt.

Wenn er bei seinen Kunden war, fühlte er sich gut, führte angenehme Gespräche und hatte geschäftlichen Erfolg.

Sobald er aber in die Firma kam, übernahmen unterschwellig seine Erinnerungen an sein unschöne Kindheit die Regie. Als Junge wurde er im Laufe der Jahre unleidlich und war es im Betrieb (seinem sybolischen Zuhause) immer noch.

Herr P. ahnte von den Zusammenhängen wenig, und so war er verständlicherweise der Meinung, ungerecht behandelt zu werden. Erst als er verstehen lernte, erkannte er, dass er nicht nur seinen Vorgesetzten, sondern gleichzeitig auch seinen Vater bekämpfte.

Ich nahm mir Zeit, ihm den Hintergrund seines Verhaltens zu erklären, sodass er verstehen konnte, dass die Reaktionen seines Chefs lediglich Antworten waren, die er selber provoziert hatte.

Hans P. aus Genf hatte seine Erinnerungen bekämpft, es war der Groll in seinem Herzen, der noch nach dreißig Jahren auf seiner Seele lastete.

Mit einer Hypnosetherapie war ihm leicht zu helfen, weil er gute mentale Fähigkeiten hatte und eine Veränderung im Umgang mit seinem Vorgesetzten wünschte.

Alter Glaubenssatz:
Alles Leben ist Leiden (Buddha).

Neuer Glaubenssatz:
Freude heißt der Stoff, aus dem die Schöpfung ist.

▶ Die Stille ist es, In der die höchste Lust auf Sie wartet und Ihnen Ihr wahres Wesen zeigt. Aus ihr kommen wir, zu ihr kehren wir zurück.

Wie ein Abiturient seine Prüfung schaffte

Frank L. wusste nur noch, dass er nichts mehr wusste, und wollte sich eher das Leben nehmen, als zur Prüfung zu gehen. Er war von einer lähmenden Angst befallen und hatte einen völligen Blackout. Er zitterte an Leib und Seele und wollte, obwohl er bereits im Gymnasium in der Nähe des Prüfungsraumes war, weglaufen und sich irgendwo verkriechen.

Schweißgebadet und schneeweiß im Gesicht erinnerte er sich an meine Worte, dass er sehr wohl in der Lage sein würde, seine Prüfungsangst aufzulösen und sich ruhig und gelassen der Situation zu stellen. Er suchte eine abgelegene Toilette auf und rief mit großer Heftigkeit die Macht seiner inneren Größe herbei. Ähnlich wie der weltberühmte Tenor Enrico Caruso rief er:

»Das große Ich soll zeigen, was ich kann. Ich weiß, was ich weiß, und werde es nun beweisen. Ich weiß, ich kann.«

Mit diesen und ähnlichen Affirmationen sprach er sich Mut zu und begab sich in den Prüfungsraum. Er bestand das Abitur mit Bravour.

▶ Das Hindernis zwischen Ihnen und Ihren Zielen liegt nur im mangelnden Bewusstsein Ihrer Möglichkeiten.

Er lernte, Gottes »Mühlen« zu vertrauen

Ein dreiundvierzigjähriger Insasse einer Justizvollzugsanstalt bat mich um einen Besuch. Er erzählte mir, dass er seit zwei Jahren unschuldig inhaftiert sei und mehrere Gesuche eines Wiederaufnahmeverfahrens von der zuständigen Staatsanwältin abgelehnt worden seien. Ich besuchte Herrn B. mehrere Male, um ihn mit der Macht in ihm vertraut zu machen. Er lernte, sich in seiner Vorstellung wieder im trauten Heim bei Frau und Kind zu sehen. Viele Stunden verbrachte er täglich in seiner Imagination damit, sich zu Hause zu »fühlen«. Er betete um Klärung und begann mit der »höheren« Gerechtigkeit, jenseits der weltlichen Richter, einen intensiven Dialog zu führen. Weil er wirklich unschuldig war, hatte er die Macht der Wahrheit an seiner Seite und wurde »erhört«.

»Zufällig« wurde beim Bundeskriminalamt ein Geständnis von einem Gewalttäter abgelegt, aus dem erkenntlich war, dass Herr B. niemals die ihm zur Last gelegte Tat begangen hatte. Innerhalb von vierundzwanzig Stunden war Ralph B. bei seiner

Familie und konnte rehabilitiert wieder in sein altes Leben zurückkehren.

Ein dankbares Herz

Ein Kollege aus Donaueschingen schrieb mir, nachdem er einige
meiner Seminare besuchte:

»... Es war mir kaum fassbar, wie leicht es möglich ist, Probleme aus der frühen Jugendzeit etc. in der von Ihnen beschriebenen Form zu lösen. Seit etwa achtzehn Jahren ahne ich die Ursachen meiner vielfältigen seelischen »Belastungen«, wusste
allerdings nicht, wie sie zu überwinden seien. Selbst als ich vor
einigen Jahren sehr schwer erkrankte, verstand ich die Botschaft
nicht, und so reihte ich sie als naturgegeben ein. Während der
verschiedenen Seminare bei Ihnen wurde mir in einer wunderbaren Form verständlich, dass die Philosophie des Positiven
Denkens ein hoch effektiver Weg ist, an Körper, Seele und Geist
gesund zu werden. Hynose ist, wie Sie schreiben, tatsächlich ein
Vielfaches schneller als orthodoxe andere Verfahren. Ich erlebte
eine tief greifende Befreiung, als ich mit meinem Unbewussten
Verbindung aufnahm und gewissermaßen ein Bündnis für Zusammenarbeit schließen konnte. Es war höchst erstaunlich, was
in unseren Tiefen alles im Verborgenen auf seine Entdeckung
wartet.

Als Heilpraktiker bin ich nun schon seit siebenunddreißig
Jahren tätig, habe viele Seminare besucht, aber es war das Gip-
felerlebnis meines Lebens schlechthin, als ich mit Ihrer Hilfe
wieder selber Regie zu führen lernte.

Ich empfand längst vergessene Situationen erneut in großer
Deutlichkeit und erkannte Zusammenhänge, die normalerweise
nicht gesehen werden. Ich bin in den drei Monaten, seit denen
ich mich Ihnen anvertraut habe, aus einem Dornröschenschlaf

erwacht. Hypnosetherapie ist mittlerweile zum festen Bestandteil meiner Arbeit geworden. Es war eine meiner wertvollsten
Erfahrungen, trotz meines Alters einen solchen Aufschwung zu
erfahren, und ich möchte mich auch im Namen meiner Frau
Elfriede ganz herzlich bei Ihnen bedanken. Ich weiß jetzt: Ein
dankbares Herz ist dem Guten näher.

Ich bin glücklich, Ihnen begegnet zu sein, und möchte besonders Ihre spirituelle Arbeit würdigen, mit der Sie vielen Menschen auf den Weg geholfen haben. Ich bin sehr glücklich für alles, was mir in den letzen Monaten begegnet ist, und ich folge
Ihren Spuren.

Mit kollegialen Grüßen Ihr
Josef G.«

Meine Verlegerin aus Schweden schrieb mir per E-Mail die folgenden Zeilen:

Lieber Erhard Freitag,

ich danke Ihnen von ganzem Herzen dafür, dass Sie die Kraftzentrale sind und dass Sie all Ihre Bücher geschrieben haben. Sie
haben damit tausenden Menschen zu einer höheren Entwicklung und zu einem gesunden Leben verholfen. Auch ich darf
mich jetzt zu dieser Gruppe zählen, und ich kann es kaum fas-
sen! Es ist ein noch nie da gewesenes Gefühl der Geborgenheit
im eigenen Da-Sein. Positives Denken, wenn man das endlich
(!!!!) gelernt hat, ist sicher die optimale Medizin unserer Zeit,
und ich hoffe, dass der Kreis von geheilten und glücklichen Patienten sich stetig erweitert.

Danke auch dafür, dass ich dazu beitragen darf, Ihr Wissen
hier im Norden Europas zu ›vervielfältigen‹!

Mit lieben Grüßen Ihre dankbare
Ulla Margareta Freidlitz

Wie Sie gesund durchs Leben gehen

▶ Das Leben ist aus Gedanken gewebt.

Wie ich von einer schweren Krankheit geheilt wurde

Wenn man mit der Kraft des Geistes von Krebs im letzten Stadium genesen ist, dann ist das ein überzeugender Beweis, dass es eine Instanz gibt, die, aus menschlicher Sicht betrachtet, Wunder zu vollbringen vermag. Ich lag vor mehr als dreißig Jahren neun Monate mit einer lebensbedrohlichen schweren Herzkrankheit (Pankarditis) im Krankenhaus und wurde wieder gesund. Die Ärzte hatten mich in beiden Fällen aufgegeben. War es ein Wunder, oder waren es meine wissenschaftlichen Gebete, die erhört wurden?

Ich werde im Folgenden weitere Beispiele aufführen und Sie zu der Gewissheit führen, dass die unendliche Wunder wirkende Kraft, die alles geschaffen hat, Sie zu Ihrer von der Schöpfung gedachten Größe führen wird. Sie haben die »Macht«, und Sie werden, wenn Sie sich ihrer besinnen, jederzeit Heilung erfahren, sollte einmal bei Ihnen eine »Not-Wende« erforderlich sein.

Sachlich veranlagte Personen sprechen vom körpereigenen Immunsystem, andere, die etwas mehr Mut haben, nennen es den Heiler in uns, mystisch ausgedrückt ist es jene »Macht«, die wir die Quelle nennen und die wieder »heil« macht, was wir an Unheil geschaffen haben. Ich werde Ihnen genau schildern, was ich getan habe, was tausende vor mir taten und was natürlich auch Ihnen möglich ist.

▶ Mit dem Intellekt alleine begreifen wir nicht, wie der Geist beschaffen ist.

Der Heilige (heilende) Geist hat mich gesund gemacht

Wenn Ihnen der Begriff »Heiliger Geist« Probleme bereitet, dann übersetzen Sie ihn einfach als Geist, der »heil« macht, als inneren »Heiler« oder Immunsystem.

Da ich in einem meiner früheren Bücher bereits darauf hingewiesen habe, dass ich Krebs im letzten Stadium hatte, erhielt ich verwunderte Leserbriefe. Für viele war es nicht nachvollziehbar, wieso jemand, der spirituelle Bücher schreibt, auch krank werden kann. Dies ist sicher erklärungsbedürftig, und die Antwort ist wie so oft, vielschichtig.

Krebs nennt man eine heimtückische Krankheit, denn sie entsteht, ohne dass wir etwas davon bemerken. Sie ist aus psychosomatischer Sicht der Ausdruck einer Depression, und Depressionen »schleichen« sich über einen längeren Zeitraum ein. Ich hatte in meinen frühen Jahren die Mentalität, mich nicht zu wehren, wenn mir etwas nicht gefiel. Wie so viele andere auch, war ich zu oft ruhig, um des »Friedens« willen. Den Mund zu halten aber bedeutet, Ärger zu verdrängen, und ich wusste damals noch nicht, dass das, was wir verdrängen, einen Tages Herrschaft über uns gewinnt. Da ich vieles verdrängte, musste als Antwort naturgemäß irgendwann vieles zu Tage treten. Wer nicht weiß, dass er in Gefahr ist, kann darin umkommen. Heute ist mir bewusst, dass ich mehrere Warnungen überhört habe, und so mussten die »Dinge« ihren Lauf nehmen. Weil ich damals noch nicht sehr auf mich selber achtete und unsensibler war, hörte ich nicht und musste fühlen, um leben zu können.

Als ich vor Jahren also krank war, war der leitende Professor der Universitätsklinik im wahrsten Sinne mit seinem Latein am Ende und sagte meinen Angehörigen, dass es zu spät sei und er nichts mehr für mich tun könne. Ich ließ mich von meiner Intuition leiten und wurde zu einem Arzt geführt, von dem ich spürte, dass er mit seiner Hingabe ein Werkzeug des immer währenden Lebens ist. Er hatte »zufällig« meine Bücher gelesen, und wir waren uns schnell einig, dass unser Ziel nur die vollkommene Wiederherstellung meiner Gesundheit sein konnte.

Wir vereinbarten, dass ich in dreieinhalb Monaten wieder gesund zu Hause sein würde. Prof. Dr. Douwes aus Bad Aibling ist seinen Patienten ein Freund und ein kompetenter Fachmann, der ihnen in dieser schwersten Zeit des Lebens mit viel Zuspruch zur Seite steht. Er ist ein verantwortungsbewusster Arzt und weiß mit Feingefühl auf seine Patienten einzugehen.

Wie wir verabredet hatten, war ich nach vierzehn Wochen wieder gesund in meinem Heim. Die ärztliche Kunst von Prof. Douwes und meine wissenschaftlichen Gebete hatten zu meiner vollkommenen Gesesung geführt. Die Aufgabe des Arztes war es, meinen Körper von Metastasen zu befreien. Meine Aufgabe war es, ihn mental dabei zu unterstützen, indem ich die Hintergründe der Erkrankung aufdeckte und aufzulösen begann. Ich erfüllte in dieser Zeit des Leidens, aber auch der »Auferstehung« meinen Geist mit Leben spendenden Gedankenmustern. Ich implantierte gewissermaßen das Bild vollständiger Genesung. In meinen Gebeten dankte ich für meine Heilung. Ich wusste, dass ich nicht alleine bin und dass das Immunsystem (Heiliger Geist) auf meine positive Gemütslage reagieren würde. Ich war von der Richtigkeit der Vorgehensweise überzeugt und konnte *glauben*, wieder gesund zu werden.

Wenn Jesus von einem Kranken um Heilung gebeten wurde, sagte er: »Kannst du glauben?« Wenn der Kranke bejahte, berührte Jesus ihn und sagte: *Nach deinem Glauben wird dir geschehen.«*

Ich konnte an das Wunder des Lebens glauben, *und so wurde mir mit »Leben« geantwortet.*

Heute bin ich froh, all jenen, die in einer ähnlichen Situation sind, zeigen zu können, dass es keine unheilbaren Krankheiten gibt. Ich möchte ein lebendiges Zeugnis sein für die Heilkraft des Geistes, der im Menschen seine Wohnstatt hat. Es war meine Zeit des Erwachens, und trotz aller Leiden eine gute Zeit. Weil ich gewissermaßen für Sie gelitten habe, können Sie sich jetzt ohne den Umweg einer Krankheit bewusst der Sonnenseite des Lebens zuwenden. »Schauen« Sie nach innen, weil dort, in Ihrem Geist, im wahrsten Sinne die Geburtsstätte Ihres Schicksals ist.

▶ Das Schönste für den erwachenden Menschen ist, an die Grenzen des Bewusstseins zu gehen – um auch dort Türen zu finden, sie zu öffnen und einzutreten in die Freiheit des absoluten Seins.

Heilen und töten mit der Macht des Geistes?

Ich besuchte einige Male Togo und die angrenzenden westafrikanischen Länder, um Voodoo-Priestern bei ihren Heilungsritualen zuzusehen. Ich fuhr mehrmals von Deutschland 5000 Kilometer mit dem Auto quer durch die Sahara an die Elfenbeinküste. Denn ich wollte in Mali, Niger, Togo und an der Elfenbeinküste Kontakt mit den dort tätigen Medizinmännern aufnehmen und ihnen bei ihrer Arbeit über die Schulter schauen.

Voodoo ist die bekannteste und geheimnisvollste Form, mit der Macht des Geistes zu heilen oder zu schaden. Voodoo-Rituale, wie sie in Afrika und auch in Südamerika praktiziert werden, sind Ausdruck einer spiritistischen Naturreligion, in der

Geister und Dämonen beschworen werden zu helfen, wenn jemand erkrankt ist. Ein Voodoo-Priester verspricht seinen Anhängern – auf Grund seiner Beziehungen zu guten und auch dämonischen Geistwesen –, sowohl heilen zu können als auch böse Geister abzuwehren oder einen Feind zu töten.

Mein Interesse an den Heilmethoden verschiedener Naturvölker und Kulturen führte mich auch nach Brasilien und ließ mich an den Ritualen der Anhänger der Daime-Religion teilnehmen. Wie beim Voodoo in Afrika wird auch in Brasilien beim Ruf nach den geistigen Welten ein psychedelisches Getränk verwendet. In Afrika ist es oft nur noch Alkohol, der den Priester in einen Rauschzustand versetzt, während in weiten Teilen Südamerikas mit einer Mischung zweier Pflanzenextrakte die Verbindung mit der Welt der Götter und Dämonen hergestellt wird.

Bei einem meiner Besuche in Togo musste ich einen weiten Weg zurücklegen, um zu einem Stamm zu gelangen, der sich bisher von der äußeren Welt bewusst isoliert hatte. Fremde sind nicht willkommen und werden im besten Falle ignoriert. Ich hatte das Gefühl, ihn trotzdem aufsuchen zu können, und machte mich an einem heißen Tag von der Hauptstadt Lomé auf den Weg. Ich fuhr zunächst sechs Stunden mit einem Landrover landeinwärts über eine holprige Sandpiste, dann zwei weitere Stunden Fußmarsch durch unwegsames Gelände, um zu diesem Stamm zu gelangen. Als ich im Dorf ankam, liefen mir zwar einige Kinder und Hunde entgegen, aber sonst blieb alles ruhig. Ich wusste, dass Geduld helfen würde, und so setzte ich mich, um der Hitze zu entkommen, in den Schatten eines großen Baumes und wartete. Zwei Stunden später kam ein älterer Mann und sprach mich an. Über Konassi Simbawe, meinen Dolmetscher, erfuhr ich, dass er der Dorfälteste sei und mich willkommen heiße. Wenn man seine Berufung in der spirituellen Heilkunde gefunden hat, dann ist es selbstverständlich, auf geistigem Wege den ersten Kontakt zu knüpfen. Ich hatte zuvor geistig Verbindung mit den Bewohnern des Stammes aufgenommen und mir vorgestellt, dass man mich willkommen heißt. Ich wusste, wenn ein Schamane jemanden über große Distanz hinweg beeinflussen kann, dann würde es auch mir möglich sein, mein Kommen von weitem zu signalisieren. Und so war es, der Medizinmann wusste, das ein weißer Mann kommen würde, und hatte es dem Ältestenrat bereits angekündigt.

Er war ein weit über die Grenzen von Togo hinaus bekannter Medizinmann. Als ich ihm sagte, dass ich von ihm sogar im fernen Europa gehört hätte, war das Eis schnell gebrochen. Unsere Gespräche zogen sich bis in die späte Nacht hinein. Gegen Mitternacht hatten die Moskitos genug von mir, und ich konnte mich müde von der beschwerlichen Anreise in meine Hängematte zum Schlafen legen. Am nächsten Morgen, das ganze Dorf war vor meiner Hütte versammelt, übergab ich dem Häuptling Geschenke und reichte der Dorfältesten Süßigkeiten für die erwartungsvollen Kinder. Ich erzählte noch einmal vor einer größeren Zuhörerschaft, dass ich im fernen Europa von ihrem Medizinmann und seinen großen Zauberkräften gehört hatte und dass ich mich deshalb auf den weiten Weg zu ihnen gemacht hatte.

Ich lebte mich einige Tage ein und ließ mir von den Honoratioren die nähere Umgebung zeigen.

Dass alles, gelinde ausgedrückt, ein bisschen ungewohnt war, lässt sich sicherlich nachfühlen. Besonders das Essen war ein wenig mit Überwindung verbunden, wenn man bedenkt, dass zehn und mehr Familienmitglieder um einige Holzschüsseln saßen und natürlich mit den Händen zulangten. Saubere Hände fordern wohl alle Mütter, aber im Busch, glaube ich, wohl am erfolglosesten.

Nach den Ruhetagen war ich von der Dorfgemeinschaft akzeptiert und konnte den Medizinmann zu einer schwer kranken Frau begleiten. Wie ich später erfuhr, hatte es doch noch einiger geheimer Zusammenkünfte bedurft, in denen geklärt worden war, ob vielleicht ein Dämon in der Gestalt eines weißen Mannes gekommen war, um die Kranke zu töten.

Und so wurden zuerst die Geister befragt, bevor ich als guter Geist befunden wurde. Als ich in die geräumige Hütte eintrat, konnte ich im Dämmerlicht eine apathische Frau wahrnehmen. Der Schamane hatte mir auf dem Weg erzählt, dass sie verhext worden sei, und er sollte sie vor dem bösen Zauber eines anderen Stammes schützen. Sie lag völlig reglos auf einer einfachen Liege und war bis auf die Knochen abgezehrt.

Als ausgebildeter Heilpraktiker (dort nannten mich die Einheimischen natürlich einen Medizinmann) konnte ich keinerlei äußere Gründe für den lebensbedrohlichen Zustand der Kranken erkennen. Mir wurde gesagt, dass ein Arzt aus der entfernten Hauptstadt nichts habe ausrichten können und kopfschüttelnd wieder abgefahren sei. Ich sprach längere Zeit über meinen Dolmetscher mit der Kranken und erkannte mit Bestürzung, dass sie keinerlei Hoffnung mehr hatte, die bösen Geister in ihrer Seele wieder loszuwerden. Dialiha, die Patientin, war erst vierzig Jahre alt, hatte sieben Kinder geboren, und alle lebten noch. Ihre Familie hatte fünf Kühe und war für die dort herrschenden Verhältnisse wohlhabend. Sie war von einer neidischen Verwandten verflucht worden, weil deren Mann krank war und ihre sechs Kinder hintereinander gestorben waren. Dialiha sagte mir, dass der Zauber ihrer feindlich gesinnten Verwandten sehr mächtig sei und sie bald sterben werde.

Mein wohl etwas unsicherer Versuch, ihr zu vermitteln, dass ich in meinem Land auch ein »Zauberer« sei, half ihr wenig, glaubte sie doch, von allen guten Geistern verlassen zu sein und an den mächtigen Schamanen, der sie in einem Todesbann gefangen hatte. Dialiha verweigerte seit drei Wochen jegliches Essen und Trinken, und ihr Schicksal war, wenn kein Wunder geschah, besiegelt.

Es war ihr Glaube an ihr bevorstehendes Ende, der sie dann auch innerhalb weniger Tage sterben ließ. Sie fürchtete sich vor bösen Geistern, sie glaubte, verhext zu sein, und was sie fürchtete, war eingetreten.

Dialiha war im Bann einer okkulten Tradition aufgewachsen und hätte keinerlei Verständnis gehabt, wenn ich ihr zu erklären versucht hätte, dass sie es war, die, in ihrem Glauben, sterben zu müssen, sich selber in den Tod führte.

Ich habe Ihnen von meiner Reise berichtet, weil an diesem Beispiel gut zu verdeutlichen ist, dass *unser* Glaube im Guten oder Bösen das Maß ist, mit dem uns das Leben misst.

Viele meiner Patienten, die Krebs oder andere schwere Krankheiten hatten, lernten an ihre Genesung zu glauben und konnten deshalb wieder gesund werden. Nach ihrem Glauben ist ihnen geschehen. Dialiha war überzeugt davon, sterben zu müssen, und so war es. Der Fluch ihrer Verwandten hatte keinerlei Macht, *sie selber war es, die ihm Macht gegeben hat.*

Der »Medizinmann« (Arzt) ist zum überwiegenden Teil bei einer Genesung die Medizin, egal ob in Afrika oder in der westlichen Welt. Die afrikanische Schamane ist in bunte phantasievolle Gewänder gekleidet und hat als sichtbares Zeichen seiner Würde eine Muschelkette um den Hals, der westliche hat zum Zeichen seiner Würde, etwas weniger phantasievoll, einen weißen Kittel an und ein Stethoskop um den Hals. Der wissenschaftlich seit langem erforschte Placeboeffekt (wörtlich: »Es wird mir gut tun«), die Suggestion also, mit der ein Medikament verabreicht wird, trägt zu einer Heilung, auch in der orthodoxen Medizin, den überwiegenden Teil bei. Ein Arzt sagte mir zu diesem Thema: »Wenn das die Patienten wüssten!«

Sobald Sie jemanden mit einem Stethoskop um den Hals sehen, sollten Sie wissen, es ist ein Medizinmann, der gerade ein Ritual vorführt, um Sie in seinen Bann zu ziehen. Erweisen Sie ihm die

Ehre, schenken Sie ihm eine bunte Halskette, lächeln Sie ihn an, das stärkt seinen Glauben an seine »Macht«, und das wird seinen Patienten gut tun!

Westliche Medizinmänner täten gut daran, sich am Einfühlungsvermögen der Schamanen vieler Naturvölker zu orientieren.

Wenn viel »*Ein*bildung« bisher sowohl bei der Entstehung als auch bei der Heilung des Patienten Pate stand, dann wird in diesem Jahrtausend Bildung das Arzneimittel der Zukunft sein.

Als Erkenntnis aus dieser Geschichte können Sie für sich entnehmen, wie sinnvoll oder notwendig es ist, dass Sie alte Glaubenssätze loslassen und durch neue ersetzen. Aberglaube gehört zu den alten Zöpfen und hat im Zeitalter der Aufklärung nichts zu suchen. Glauben Sie, was Sie wollen, glauben Sie, was Ihnen hilft und Ihnen gut tut, aber nicht an das Stethoskop, es ist nur ein Symbol eines modernen Schamanen, der westliche Medizin studiert hat.

Alter Glaubenssatz:
Von allen guten Geistern verlassen.

Neuer Glaubenssatz:
Nach meinem Glauben wird mir geschehen.

▶ Wenn Sie um Füße bitten, dann werden Ihnen Flügel gegeben.

Die Welt besteht aus Glauben

Überall, wo noch Naturreligionen vorherrschend sind, glauben die Menschen an eine allgewaltige Naturkraft, die uns zu heilen oder auch zu töten vermag. Es war zu allen Zeiten eine Domäne der Priester, Schamanen und Medizinmänner, Leidende zu dem Glauben zu führen, dass sie durch die Macht der dämonischen Welt verdammt oder geheilt werden können. Die Geschichte der Menschheit, egal welcher religiösen Zugehörigkeit sie entstammen, ist voll von Berichten über unerklärliche Heilungen. Wenn ein Leidender glauben konnte, gesund zu werden, dann geschah es, und der Medizinmann wurde in seiner Position bestärkt. Überall geschehen Wunder über Wunder, die wissenschaftlich keineswegs nachvollziehbar sind. Sie passen zwar nicht in den rationalen Rahmen von Wissenschaftlichkeit, werden aber dennoch vom Leben selber höchst glaubhaft dargestellt.

Ich werde im Folgenden einige Erklärungsmodelle, wie eine Krankheit zu Stande kommt, aufführen. Man sollte meinen, dass die Gründe für Krankheiten wissenschaftlich geklärt sein müssten. Lesen Sie einige höchst unterschiedliche Aussagen, aber erkennen Sie das Gemeinsame aller Erklärungsversuche. Achten Sie auf den wiederkehrenden Begriff »*Glauben*« und entscheiden Sie dann frei von alten Glaubenssätzen, was Ihnen Heilung bringt.

Streng rational ist das Entstehen einer Krankheit ein additionales Geschehen und Heilung demnach ein multifunktionaler Vorgang. Aber diese Erklärung ist zu intellektuell und damit zu nüchtern, um breites Verständnis zu finden.

Ken Wilber schreibt in dem lesenswerten Buch »*Mut und Gnade*« was er auf der Suche nach Heilung für seine krebskranke Frau an verschiedenen Erklärungen zusammengetragen hat.

In der christlichen fundamentalistischen Tradiotion *glaubt* man, dass Krankheit die Strafe Gottes für eine Sünde sei.

In der Moderne (Newage) *glauben* die Anhänger, wir erschaffen unser Leiden, um daran spirituell zu wachsen. Krankheit ist demnach vom Geist erzeugt und wird auch nur von ihm geheilt werden können.

Die Schulmedizin ist um Wissenschaftlichkeit bemüht; sie *glaubt* nicht, sondern postuliert, dass Krankheit im Wesentlichen eine Störung auf Grund biophysikalischer Faktoren ist. Genetische Veranlagung und Umweltfaktoren können in den Kreis der Ursachen mit einbezogen werden.

Aus der Sicht der Karma-*Gläubigen* ist Krankheit die Folge von unguten Gedanken und Taten.

In der psychologischen Sicht wird *glaubhaft* vermittelt, dass angestaute Emotionen (Wut) Krankheiten verursachen und Krankheit vielfach ein subtiles Todesverlangen ist.

Die gnostische Sicht will uns *glauben* machen, in Krankheit offenbare sich lediglich eine Illusion. Das gesamte manifeste Universum sei ein Traum, und frei von Krankheit könne man nur sein, wenn man aus dem Traum erwache und die »eine Wirklichkeit« hinter dem manifesten Universum entdecke. Der reine Geist sei die einzige Wirklichkeit, und in ihm sei keine Krankheit.*

Die Existenzialisten *glauben*, Krankheit habe keine Bedeutung. Wenn wir ihr eine gäben, dann wären wir allein verantwortlich für diese Entscheidung. Die einzig authentische Haltung gegenüber Krankheit bestehe darin, sie als Aspekt unserer Endlichkeit zu akzeptieren.

* Mehr zu diesem interessanten Thema in meinem Buch »*Die Kraft der inneren Heilung*«, Lübbe-Verlag

Die Anhänger der holistischen (ganzheitlichen) Sicht *glauben* ihrem Grundsatz folgend, Krankheit sei das Produkt physischer, emotionaler, mentaler und spiritueller Faktoren, die nicht voneinander zu trennen seien und von denen keiner ignoriert werden könne. Die Behandlung *müsse* alle diese Dimensionen mit einbeziehen.

Aus der magischen Sicht betrachtet entsteht Krankheit, wenn man *glaubt*, eine Krankheit zu verdienen. Wer sich z. B. wünscht, dass jemand Schaden nimmt, der befürchtet insgeheim, dafür bestraft zu werden. Nach den Geistigen Gesetzen muss über ihn kommen, was er befürchtet.

Im Buddhismus gehen die *Gläubigen* davon aus, dass Krankheit ein unausweichlicher Bestandteil der Erscheinungswelt sei. Erst in der Erleuchtung, dem reinen Nirwana-Gewahrsein, werde Krankheit endgültig transzendiert.

Der Wissenschafts*gläubige* sagt: Worin eine Krankheit auch bestehen mag, sie hat eine bestimmte Gruppe von Ursachen. Einige dieser Ursachen sind ermittelt, andere unberechenbare Zufallserscheinungen.

Ich möchte Ihnen mit dieser Aufzählung vermitteln, dass in allen Disziplinen etwas anderes geglaubt wird. Auch wenn einige behaupten, dass ihre Aussage nichts mit Glauben zu tun hat, beweist doch die Vielfalt der Meinungen, dass selbst »gesicherte« Daten von anders Denkenden sehr wohl in Frage gestellt werden.

Rational betrachtet ist das Entstehen einer Krankheit wohl doch eher ein vielschichtiges Geschehen und Heilung demnach ein Vorgang auf mehreren Ebenen.

Selbst die wissenschaftliche Bestätigung einer Behauptung ist immer nur eine perspektivische Sicht und kann leicht als Teilwahrheit durchschaut werden.

Haben Sie erkannt, dass Sie frei sind und im Grunde glauben können, was *Sie wollen*? Freiheit aber überfordert die meisten, und so schließen sie sich lieber den Vorurteilen anderer an. Der Alltagsmensch glaubt, was ihm am glaubwürdigsten »dar-gestellt« wird. Alles, was Sie über das Zustandekommen von Krankheiten wissen, ist *Meinung*. Für Sie wird wahr, was Ihnen logisch verpackt, »veranschaulicht« wird. Was Sie glauben, das wird Ihnen geschehen.

Wenn es manchmal heißt: »Glauben Sie doch, was Sie wollen«, dann schließe ich mich von Herzen diesem Vorschlag an. Ich denke positiv und glaube deshalb, gesund zu sein, und belaste mich nicht unnötigerweise mit Gedanken an Krankheit.

Über den Begriff Gesundheit kursieren ähnlich viele Glaubenssätze. Erkennen Sie, dass alles eher Vermutung ist, als dass es die »reine« Wahrheit wäre?

Erkennen Sie, dass die (Ihre) Welt aus Glauben besteht, aus reinem Glauben! Was immer Sie *denken und glauben*, dass es Sie heilen wird, *es wird so sein*.

Weil alle Erklärungen, ob für Krankheit oder für Heilung, immer so dargestellt werden, dass sie der Logik annehmbar erscheinen, also eine möglichst hohe Akzeptanz Ihrer Rationalität finden, ist es letztlich unwichtig, welcher Meinung Sie sich anschließen. *Die Hauptsache ist, dass Sie es in Ihrem Inneren annehmen können!*

Indem ich aufzeige, dass in allen Disziplinen wenig Wahres ist, möchte ich Sie dem »Allheilmittel« näher bringen.

»Es gibt nur einen Schöpferischen Geist, und Sie verfügen in Vollkommenheit über ihn.« Sprechen Sie ihn an, dann wird Ihr »Wissen« um die schöpferische Allmacht über den inneren Heiler (Immunsystem) alles »Notwendige« in die Wege leiten, um Ihre Gesundheit zu erhalten.

Erinnern Sie sich: Wenn viel Einbildung (Glaube) bisher sowohl bei der Entstehung als auch bei der Heilung einer Krankheit Pate stand, dann wird in diesem Jahrtausend Bildung (die zum wahren Glauben führt) das Arzneimittel der Zukunft sein.

Es ist Zeit zu erwachen, damit der Albtraum unnötigen Leidens zu Ende geht. Die Wertvorstellungen wandeln sich; nicht mehr eine chemische Substanz hat den höchsten Stellenwert, sondern der kreative Geist im Menschen beginnt mehr und mehr in den Mittelpunkt seiner Aufmerksamkeit zu rücken.

Die heiligen Schriften aller Religionen sind voller Hinweise, dass der Glaube Berge versetzen kann, das Wichtigste aber ist, dass Sie das glauben!

Was es zu lernen gilt, ist, sich gesund zu fühlen, auch wenn Sie zurzeit noch krank im Bett liegen sollten. Für den Geist gibt es keine Zeit, es heißt ja immer wieder: Der Geist ist raum- und zeitlos. Wer noch krank ist, aber glauben kann, dass er »empfangen« habe, der wird empfangen (alsbald gesund sein).

Ihr eigentliches Problem ist wahrscheinlich, dass Sie, sobald von Glauben die Rede ist, allzu schnell abschalten. Es ist nachvollziehbar, dass durch das inflationäre Handhaben dieses Begriffes er Ihnen suspekt geworden ist. Jemand, der glaubt, erscheint vielen unglaubwürdig, und das scheint eine zu schwache Position für einen starken Mann (Frau) zu sein. Die Zweifel in Ihrem Herzen ließen Sie befürchten, dass es anders kommt, als »man« denkt, und so konnte denn auch über Sie kommen, was Sie insgeheim befürchtet haben.

Erkennen Sie, egal was Sie glauben oder befürchten, *es* wird Ihnen geschehen! Wie jemand in seinem »Herzen« fühlt, so ist er. Das Schwere an diesen Aussagen ist, dass sie so einfach sind; ein zehnjähriges Kind hätte damit keine Probleme. Sobald Sie diese elementaren Gesetzmäßigkeiten beherzigen, ist die Zeit für Sie gekommen, ein wundervolles, erfülltes Leben zu führen. Aber weil es so leicht ist, können einige den Inhalt dieses oder ähnliches Bücher nicht akzeptieren. Sie verlassen sich lieber auf überholte Glaubenssätze, anstatt mit dem Schöpferischen Geist zu kooperieren und zufrieden zu sein.

Die Voraussetzung, um Ihre Ziele zu erreichen, ist, davon überzeugt zu sein, dass Sie erreichen, was Sie wollen. Halten Sie ein leidenschaftliches Plädoyer für die Richtigkeit und Durchführbarkeit Ihrer Vorstellungen, und Ihr Unterbewusstsein wird alles veranlassen, um sie zu verwirklichen. Die Schöpferkraft in Ihnen wird in Aktion treten, sobald Sie, *von Freude erfüllt*, Ihr Ziel *vor Augen* haben. Bleiben Sie auf Ihrem einmal begonnen Weg im Vertrauen auf die »Macht« in Ihnen und darauf, dass der Schöpfergeist Ihnen zur Seite steht, bis Sie Ihr Ziel erreicht haben.

▶ Rationales Denken *und* das Erfassen übergeordneter Zusammenhänge führt Sie zu Ihrer Vollkommenheit.

Die neue Zeit ist die »Zeit des Erwachens«

Streben Sie nach Erleuchtung, das heißt nach Klarheit und Wahrheit, und beten Sie, dass Vollkommenheit in all Ihren Belangen wirklich wird. Es kostet nichts, und man braucht nicht lange, um glücklich und zufrieden zu sein.

Wenn es heißt: »*Der Mensch verbindet die Wunden, aber Gott heilt sie*«, dann soll damit zum Ausdruck gebracht werden: Wir selber können wenig *tun*, der »heilende« Geist *in uns* ist es, der uns genesen lässt. Es gibt nur einen Geist, rufen Sie ihn an, nutzen Sie die Macht des »Wortes«, um die universelle Heilkraft einzusetzen. Ob es die Genesung von einer schweren Krankheit ist oder ob Sie zu Wohlstand gelangen wollen, immer kommt die Macht des allgegenwärtigen Schöpferischen Geistes zum Ausdruck. Es gibt keine Zufälle und auch keine sonstige Quelle außer der alles verursachenden Instanz *in Ihnen.*

In dieser Erkenntnis liegt die Lösung, *liegt Ihre Erlösung* von all dem Übel, das Ihnen eingeredet worden ist.

Es ist verständlich, wenn Ärzte, Heilpraktiker und Psychotherapeuten den Grund für eine Genesung im Erfolg ihrer Arbeit sehen möchten. Möge sie auch in gewissem Maße dazu beitragen, letzlich ist es doch der Kranke selber, der bereits mit seinem Wunsch nach Gesundheit die Heilung einleitet. Der Therapeut macht den Weg frei, indem er Sie »verbindet«, der Schöpfer-Geist aber heilt Sie.

Wenn es heißt, der Arzt verbindet die Wunde, dann gibt er auch bewusst oder unbewusst Hilfe zur Selbsthilfe. Heilung geschieht, wenn geistiger Ballast entfernt wird und so der Genesung nichts mehr im Wege steht. Heil zu sein heißt, in seiner Mitte, in Harmonie zu sein. Der Helfer hilft Ihnen, sich selbst zu helfen und wieder zur Harmonie von Körper, Geist und Seele zurückzukehren.

Leider haben nur wenige »Mediziner«, gleich welcher Provenienz, das nötige Verständnis für die Wahrheiten der Ewigen Philosophie. Während ihrer Studienzeit sind sie durch eine »Mühle gedreht worden«, und ihr Fehler war allenfalls, dass sie sich nicht wehrten. Selbstständiges Denken ist in höheren Lehrstätten keineswegs erwünscht, und so ist es nun für eine ganze Gesellschaft zum Problem geworden, dass orthodoxe Ärzte (Heilpraktiker) an alte Glaubenssätze gekettet wurden und Sie ihr Opfer werden könnten. Fast alle wurden während ihrer Ausbildung ver-bildet. Indem ihnen eine nur oberflächliche, materialistisch-mechanistische Weltsicht vermittelt wurde, können sie oft in der Tat nichts als Wunden verbinden. Allzu vieles liegt hier noch im Argen, und als Folge wird noch viel und unnötig gelitten und gestorben. Dass dogmatische Lehrsätze höchst einseitig und damit im Grunde falsch sind, beweist der Gesundheitszustand der Menschen in unserer Zeit. Noch nie gab es so viele Leidende, noch nie war die Menschheit so krank wie zurzeit. Weil die Masse den falschen Göttern huldigt, tritt sie, was Gesundheit und Lebensqualität betrifft, *auf der Stelle.*

Wenden Sie deshalb das Ihnen hier gebotene Wissen unverzüglich an, damit bei Ihnen »etwas weitergeht«. Wenn Sie Hilfe brauchen, dann wenden Sie sich an jemanden, der Ihnen hilft, wieder in »Verbindung« zu kommen. Wenn Sie mit Ihrem Inneren »eins« sind, dann sind Sie eins mit der Allmacht Gottes.

Ich selbst habe nie jemanden geheilt, aber vielen tausenden geholfen, wieder mit sich und der Welt versöhnt zu sein. Während ich »Wunden verbunden« habe, hatte der Patient Gelegenheit, Frieden mit sich zu schließen, damit ein Wunder geschehen konnte. Ich half vielen Leidenden auf die nächste Stufe des Verstehens, damit sie das Wunder des Lebens begreifen und *sich selber* von den Fesseln überholter Glaubenssätze befreien konnten. Wenn ein Kranker wirklich gesund werden will, dann trägt er auch *das seine* zum »Heil-sein« bei. Wenn jemand seine »Mitte« verloren hat, wenn er nicht mehr *bei sich* ist, dann kann er sehr wohl zur naturgewollten Harmonie zurückkehren und alsbald wieder *»zu Hause«* sein.

Gesundheit ist ein natürlicher Zustand, und Sie müssen, um sie zu erhalten, wenig tun, aber dafür einiges lassen. Es ist so einfach, weil das, was Sie brauchen, nicht irgendwo, sondern *in Ihnen* ist. Auch wenn es für viele noch schwer nachvollziehbar ist und wir alle gerne in die Ferne schweifen, liegt das Gute doch so nah. Unser erwachendes Bewusstsein ist es, das mehr und mehr zu erkennen beginnt, dass uns alle »Macht« gegeben wurde und wir *»reich*-lich« von ihr Gebrauch machen dürfen. Der Allmächtige (Schöpfer-Geist) erhob uns, indem er uns nach seinem »Ebenbild« geschaffen hat.

Was uns bisher in vielerlei Weise hinderte, glücklich zu sein, war, dass wir genau das nicht glauben konnten und vergessen hatten, wer wir in (»seiner«) Wirklichkeit sind. Es waren unsere Unbewusstheit und unsere vielen Wahnvorstellungen, die uns die Wunder wirkende große »Macht« da, wo wir uns gerade befinden, nicht erkennen ließen. Wählen Sie von jetzt an bewusst Ihre Gedanken, und das Wissen vom »Himmelreich« wird in Ihnen sein und Ihnen das Paradies auf Erden bereiten.

Sie wissen von der Werkstatt des allmächtigen Geistes in Ihnen, beauftragen Sie sie, damit Sie nicht länger auf Ihr Glück verzichten müssen.

Können Sie begreifen, dass Sie dieses Buch in Händen halten, damit es Sie erinnert und Sie wach werden und den Sprung vom Menschen zu den Göttern vollziehen?

Alter Glaubenssatz:
Der Mensch verbindet die Wunden, aber Gott heilt sie.

Neuer Glaubenssatz:
Der Schöpfergeist in mir heilt mich, wenn ich in meinem Herzen darum bitte.

▶ Der Geist ist heil, er kann weder Un-heil bringen noch krank sein.

Geistheilung ist Bestandteil aller Kulturen

Das zunehmende Interesse an der Transpersonalen Psychologie ist besonders gut zu erkennen, wenn man die eingehenden Hörerzuschriften am Ende einer Rundfunksendung sieht.

Mehrere Jahre lang konnte ich mit Sigrid Hirsch (ORF), Rainer Holbe und Max Schauzer (RTL) interessierten Hörern über die Gesetze des Denkens und Glaubens berichten.

Bei drei Dutzend Fernsehsendungen war ich zu Gast und konnte die Themen meiner Bücher einer interessierten Öffentlichkeit näher bringen.

Millionen und Abermillionen Leser in aller Welt sind dabei, ihre Lebensqualität neu zu bewerten, und sind bemüht, in ihrem Leben eine höhere Ordnung einkehren zu lassen. Wenn wir als Einzelwesen einen Aspekt des Ganzen darstellen, dann wird es, weil viele Menschen sich der spirituellen Welt zuwenden, bald zu einer globalen »Wende« kommen und infolgedessen letztlich »alles gut werden«. Wenn Sie und ich uns nach Liebe sehnen, von Liebe reden und uns mit ihrem Wesen mehr und mehr vertraut machen, dann ist bald die Zeit gekommen, dass wir sehr viel friedlicher miteinander umgehen und unsere Tage heller werden.

Nelson Mandela, der erste schwarze Staatspräsident Südafrikas, überstand achtundzwanzig Jahre als politischer Gefangener, weil er einen unsichtbaren Verbündeten hatte. Er ließ sich nicht klein machen und erhielt seinen Glauben an das, was recht ist, aufrecht.

Er sagt, dass wir uns zeigen sollten, damit wir anderen ein Vorbild sind, und dass es keineswegs gut ist, vor einem Lahmen herzuhinken und es für Freundlichkeit zu halten.

Vor einiger Zeit leitete ich im Österreichischen Rundfunk eine Sendung zum Thema Geistheilung. Wir hatten mehrere prominente »Heiler« eingeladen, die in Anwesenheit von circa dreihundert Hörern im großen Sendesaal Heilungsgebete sprachen.

Zu dieser Rundfunkveranstaltung hatten die Moderatorin Sigrid Hirsch und ich mehrere Sendungen vorbereitet, sodass einige hunderttausend Rundfunkhörer sich geistig in dieses heilende Kraftfeld einschwingen konnten.

Die Resonanz in den Tagen nach der Sendung war überwältigend, sogar Wochen und Monate später erhielt der ORF Briefe und Anrufe über erstaunliche Reaktionen.

In einleuchtender Weise hatte die Initiative von Sigrid Hirsch vielen Hörern die Kraft des Gebetes nahe gebracht.

Es wird die Zeit kommen, in der das Wissen über geistige Heilung fester Bestandteil unserer Kultur ist. Immer mehr erkennen, dass Gebete »die« Kraft beinhalten, die die Welt bewegt.

Sie sind eine wirkungsvolle Medizin, die nichts kostet, und Sie müssen nicht wegen »Nebenwirkungen« *Ihren Arzt oder Apotheker fragen*.

Der heile (Heilige) Geist ist ein Ausdruck göttlicher, heilender Allgegenwart. Bedienen Sie sich »seiner«, sodass Sie wieder heil und Ihres Lebens froh werden. Lassen Sie seine Macht durch sich hindurchfließen, damit »Er« Sie zu seinem Werkzeug machen kann und Sie seine »Werke« tun.

Indem Sie dieses Buch lesen, gestalten Sie Ihr Leben, Sie kürzen Ihre Zeit des Leidens ab und sind an der Türe zur Freiheit, die dem Weisen (dem, der weiß) gegeben ist. Sie haben angeklopft, und es wurde Ihnen aufgetan.

Sie sind für alle von großer Bedeutung, die andere Welt hat Sie geschickt, und der Himmel selber hat Sie hierher berufen.

▶ Das Leben ist immer das, was wir daraus machen.

Gesundheit ist ein natürlicher Zustand

Gesundheit und Harmonie sind natürliche Zustände, auf die wir vertrauensvoll bauen können. Wir können uns darauf verlassen, dass das Leben bemüht ist, alles im Fluss zu halten und auf einfachste Art langwierige Heilungsprozesse zu vermeiden. Die Natur ist bemüht, immer die größtmögliche Harmonie zu erhalten, und verzichtet auf Umwege. Krankheit beruht auf keiner

Gesetzmäßigkeit, sie setzt sich aus mehreren Faktoren zusammen, deren Hauptursache normalerweise der Kranke in seinem Verhalten selber zu verantworten hat. Krankheit ist ein Ausscheren aus der in allem folgerichtigen Evolution des Lebens. Für den Fall eines Abweichens hat unser Körper eine große Zahl von Möglichkeiten, einen umfassenden Selbstheilungsprozess einzuleiten und schnellstmöglich wieder zur naturgewollten Harmonie zurückzukehren. Wenn nicht besonders schwer wiegende Gründe vorliegen, dann führt die allgegenwärtige Heilkraft des Lebens bald wieder Regie, und wir werden auch bald wieder gesund sein. Gesundheit ist die Regel, und wir können uns an die Regeln halten und auf diese Weise mit dem Ganzen im Einklang sein. Unser Planet ist ein großes lebendiges Wesen, das in sich stimmig ist. Das heißt, eins bedingt das andere, alles ist mit allem eins. Die Erde ist unsere Mutter, die uns unseren irdischen Körper gegeben hat, und wir können mit ihr friedlich kooperieren, mit ihr wachsen und gedeihen und zufrieden sein. Die Natur ist immer bemüht auszugleichen, zu heilen, und sie lädt uns ein, im Gleichklang mit ihr, gesund und stark unser Leben zu genießen.

Harmonie *ist,* wenn wir uns in Übereinstimmung mit dem immer bejahenden Prinzip des Lebens befinden, ist das, was das Leben lebenswert macht. Harmonie sucht und findet durch das Gesetz der Resonanz zu Harmonie. Nutzen Sie deshalb Ihre Möglichkeiten, aus der Harmonie des Ganzen die Kraft zu finden, zu sein und zu tun, was immer *Sie wollen.*

Alles Unharmonische ist behindernd und unterliegt deshalb keiner natürlichen Förderung, ganz einfach, weil es nicht förderlich ist. Wer krank machende Gefühle hegt, wird sich in vielerlei Weise falsch verhalten, er schwimmt gegen den heilenden (heiligen) Strom des Lebens und muss mit zunehmenden Behinderungen rechnen.

Suchen Sie deshalb jeden Tag nach Möglichkeiten, im Gleichklang zu sein mit sich und der Welt, es spart Kraft und viele leid-volle Erfahrungen. Denken Sie positiv, und alles Leidvolle wird verschwinden, weil ganz einfach hell und dunkel nicht miteinan-der sein können. Richten Sie Ihre Gedanken auf alles Sinnvolle, nehmen Sie teil am Aufbauenden, seien Sie im Einklang mit der schöpferischen Macht inmitten von Ihnen. Ihre Vitalität basiert auf der freien fließenden Lebenskraft. Sie helfen ihr, indem Sie nach Harmonie streben und Ihren Geist mit positiven Gedanken füllen. Dass ein gesunder Geist in einem gesunden Körper lebt, wussten schon die Alten. Als Dank werden Sie vom Leben lie-bevoll umspült, um zu neuen Gestaden getragen zu werden.

▶ Alles, was Sie in der Welt an Leiden wahrnehmen, ist nur der Heilungsschmerz, sind die Wehen einer Geburt. Sie lassen Liebe dorthin fließen, wo vorher der Schmerz wohnte.

Lernen auch Sie, voller Vertrauen an das zu glauben, was noch nicht ist, damit es werden kann

Das Gesetz des Lebens ist das Gesetz des Denkens und des Glaubens, und das wusste die junge Opernsängerin Vera D., als bei ihr eine sechs Zentimeter große Zyste diagnostiziert wurde. Sie wusste von der Macht in ihr und konnte sich selber innerhalb von vier Wochen mit Affirmationen vollkommen heilen. Sie hatte sich in den Jahren zuvor wenig um ihr seelisches Wohl ge-kümmert, und ihr Körper signalisierte in seiner Sprache, dass es zu einer bedrohlichen Störung ihrer inneren Harmonie gekom-men war.

Ich erlebte immer wieder, wie bei vielen meiner Patienten spontane Heilungen geschahen, gleichgültig ob es sich nun um eine leichtere Krankheit oder um eine schwere Krebserkrankung handelte. Wenn sie bereit waren zu glauben, dann waren damit alle Voraussetzungen gegeben, dass ein Wunder geschehen konnte. Alle Menschen haben von Geburt an das Recht, ihre Lebensqualität nach ihren persönlichen Vorstellungen zu gestalten. Ob Sie nun zu dieser »Macht« Gott sagen oder irgendeinen anderen Namen nennen, es ist dieselbe Kraft, aus der heraus alles *»Gewordene«* seinen Anfang nahm. Weil überall um uns herum Fülle ist, können Sie von ihr so viel Gebrauch machen, wie immer Sie wollen. Verständlicherweise wird es aber immer eine Frage Ihrer Aufgeklärtheit (Bewusstheit) sein, ob Sie glauben können oder an Ihren Möglichkeiten zweifeln.

Ich bringe Ihnen in diesem Buch uraltes Wissen von einfachen Gesetzmäßigkeiten nahe, damit Sie von dem phantastischen Schatz in Ihnen zum Glück dieser Welt geführt werden können. Es wird zunehmend leichter werden, sich selber in den angeführten Beispielen zu erkennen und zu einem zufriedenen Leben zu finden.

▶ Wenn Sie die Schönheit der Welt sehen möchten, dann brauchen Sie dazu keine Brille.

Mit Autosuggestion zu vollkommener Sehkraft

Im Volksmund heißt es: »Wer nicht hören (sehen) will, muss fühlen.« Es ist auch hier wieder Angst, die uns etwas nicht hören oder sehen lässt.

Ein guter Freund, in dessen Familie fast alle Brillenträger sind, wusste bereits in frühen Jahren von der Macht des Bewusstseins und entschied sich damals dafür, bis ins hohe Alter hinein keine Brille zu brauchen. Immer wenn von Augen oder Sehkraft die Rede war, sagte er: »Ich habe sehr gute Augen, ich sehe hervorragend.«

Wenn jemand in größerer Entfernung z. B. eine Schrift nicht richtig erkennen konnte, freute er sich darüber, dass er *sehr wohl sehen* konnte, und sagte das auch.

Der Hintergrund von Sehschwäche ist aus psychosomatischer Sicht recht einfach zu verstehen. Wer Zukunftsängste hat, wird auf Grund dessen zur Kurzsichtigkeit neigen, sein Blick ist eher auf nahe Liegendes gerichtet. Er hat Angst vor dem, was kommt, und wird Zukünftiges, also Entfernteres, nur verschleiert wahrnehmen können (wollen). Wer Angst vor der Gegenwart hat, verschließt seine Augen vor dem Naheliegenden, er »sieht« gut, was weit entfernt, also ungefährlich ist. Er überspringt die Gegenwart und spricht gerne von der Zukunft. »Sei doch nicht so kurzsichtig«, haben Sie sicher schon zu jemandem gesagt, weil

Sie erkannt haben, dass er nicht sehen wollte, was doch so *nahe* lag. Ich habe tausenden diese einfachen Zusammenhänge aufzeigen können und ihnen somit geholfen, die Schönheit der Welt wieder zu sehen. Ich lehrte, wieder »hinzusehen«. *Hinsehen* anstatt *wegsehen* soll heißen: Weder wende ich meinen Kopf zur Seite (Schiefhals), noch »will« ich etwas nicht sehen (Brillenträger). Es gibt keine »schlechten« Augen, sie sind immer perfekte Organe, die aber »Ihren unbewussten Befehlen« gehorchen.

Verinnerlichen Sie: Es sind nicht die Augen, es ist *Ihr Nichtsehen-Wollen,* das zur »Vernebelung« führt.

Wenn Sie »schlechte« Augen haben, dann können sie mit Affirmationen sehr gut in diesen unheilvollen schleichenden Prozess eingreifen. Füllen Sie Ihr Bewusstsein mit Gedanken an vollkommene Sehkraft und perfekte Augen und wenden Sie sich dem seelischen Hintergrund für gutes Sehvermögen zu.

Eine etwa fünfundvierzigjährige Frau kam zu mir, weil sie unter zunehmender Sehschwäche litt. In ihrer Familie, sagte sie mir, litten mütterlicherseits fast alle im fortschreitenden Alter an einer erblich bedingten Sehstörung. Es war ihr bewusst, dass sie an Tagen, an denen es ihr nicht gut ging, immer öfters zur Brille greifen musste, um ihre tägliche Arbeit zu verrichten. Frau P. war bisher davon überzeugt gewesen, dass dies ihr Schicksal war und sie deshalb auch nicht viel dagegen tun konnte. Als sie jedoch zum ersten Mal ein Buch las, in dem über »die Macht Ihrer Gedanken« berichtet wurde, begann sie darüber nachzudenken, ob das, was Sie über Vererbung wusste, auch tatsächlich stimmte.

Ihr war nicht bekannt, dass in vielen Fällen ein Sehfehler nicht genetisch weitergegeben wird, sondern über die so genannte »Identifikation« Symptome unbewusst von den Eltern übernommen werden. Als Kinder »eignen« wir uns von unseren Bezugspersonen deren Eigenart an. Unseren Eltern sind Vorbilder, und im Lauf der Entwicklungsjahre gleichen wir uns mehr und mehr an. Der Sohn wird die Eigenart seines Vaters zu kopieren beginnen und z. B. dessen Gesichtszucken übernehmen. Er will werden wie der Vater, groß und stark. Warum beginnt ein Zwölfjähriger zu rauchen? Wohl kaum, weil er ein Bedürfnis nach Tabak hat, wahrscheinlich aber, weil in seinem Elternhaus (Vater) geraucht wird und er demonstrieren will, dass er dazugehört. Warum haben Kinder Vorlieben für bestimmte Speisen? Sicherlich weil diese Speisen des Öfteren gekocht und als besonders wohlschmeckend gelobt wurden. Was schmeckt und was nicht schmeckt, ist nicht Geschmacksache, sondern eine Frage, welche Esskultur sich »eingebürgert« hat und wie oft eine Speise in einem besonderen Kontext als etwas Besonderes hervorgehoben wurde.

In Afrika isst man in einigen Regionen lebende Heuschrecken als etwas ganz Lukullisches. Sie werden das wohl etwas anders sehen, weil man Ihnen diesen Leckerbissen (noch) nicht schmackhaft gemacht hat. Ich weiß noch recht gut aus meiner Kindheit, dass Kaviar etwas ganz Besonderes sein musste, nur reiche Leute konnten sich diese Delikatesse leisten, ergo musste sie sehr gut schmecken. Als ich mir dann welchen kaufen konnte, war ich enttäuscht, denn er schmeckte gar nicht so, wie ich vermutet hatte.

Der Großteil unserer persönlichen Eigenschaften oder auch Charaktermerkmale, wie die Neigung zu »familienbedingten« Eigenheiten, wird mit Sicherheit durch unseren Wunsch, ähnlich wie die Eltern zu sein, von uns imitiert. Wir wollen natürlich nicht die Krankheiten übernehmen, aber unser Unterbewusstsein unterscheidet nicht, was gut oder nicht gut ist. Zudem sind wir in unserer Prägezeit zu jung und unerfahren, um selektieren zu können, und deshalb übernehmen wir fast alles, was wir an Eigenschaften bei den Eltern (für) wahrnehmen. Wir sehen die Welt durch die »Brille« unserer Eltern, und solange wir noch nicht »abgenabelt« sind, sind wir unbewusst an ihre Eigenheiten gebunden.

Zu Beginn der Pubertät fängt normalerweise der Prozess der Individualisation an. Ist die Bindung ans Elternhaus über die Norm hinaus stark, so prägen sich dem Kind Familienmuster für immer ein, und es wird nie wirklich es selber sein können.

Frau P. lernte im Laufe einer Therapie ihre Mutter als von ihr getrennte Persönlichkeit zu sehen.

Auf der einen Seite war die Mutter, auf der anderen Seite sie selbst. Sie verstand auf einmal, dass sie so lange fortsetzen würde, was sie von der Mutter übernommen hatte, bis sie erkannt hatte, dass sie eine »Weiterentwicklung« und keineswegs eine Verlängerung der elterlichen Eigenarten war. Eltern geben uns eine Art Startkapital, mit dem wir unsere »Laufbahn« beginnen. Kinder aber sind Originale und sollten die Fortsetzung *des Lebens* über die Eltern hinaus sein und keineswegs eine Kopie.

Frau P. erkannte, dass sie die Freiheit hatte, sich aus den Persönlichkeitsmerkmalen ihrer Eltern diejenigen auszuwählen, die ihr gut und sinnvoll erschienen. Die Eigenschaft der Mutter, die Welt durch eine Brille zu sehen, wurde von ihr nicht weitergetragen. In einer Trancesitzung segnete sie ihre Mutter, und von dieser Minute an begann sie ihre Augen als perfekte Werkzeuge zu verstehen. Frau P. lernte die Welt unabhängig von dem Filter der mütterlichen Sicht mit *eigenen* Augen so zu sehen, wie sie wirklich ist. Voller Wunder, voller Schönheit und grenzenloser Freude.

Wenn Sie Vertrauen in sich und Ihre Zukunft haben, werden Ihre Augen innerhalb weniger Wochen die Welt wieder mit Freude und einer neuen Frische des Blicks als Ganzes wahrnehmen. Meine Patientin hatte das Leben so zu »sehen« gelernt, wie es ihr von ihrem Elternhaus überliefert worden war.

Sie suggerierte sich in den folgenden Wochen: »*Meine Augen sind perfekte Werkzeuge Gottes, sie sehen eine wundersame Welt und vermitteln mir vollkommenes Vertrauen. Ich bin ein Ausdruck göttlicher Perfektion, und meine Augen lassen die Harmonie der Welt in mein Innerstes. Durch alles, was ich sehe, wird in mir der Zustand des Friedens und der Ausgeglichenheit verstärkt. Ich sehe gut und sehe die Schönheit um mich herum. Ich nehme wahr, was ist, und auch das, was werden will. Ich lebe im vollkommenen Vertrauen auf das Gute in meinem Leben.«*

Wenn Sie eigene Affirmationen kreieren wollen, so finden Sie in meinen anderen Büchern ausführliche Anleitungen, wie Sie Ihren schöpferischen Geist dazu veranlassen können zu verwirklichen, was immer Sie wollen.

Alter Glaubenssatz:
Angst – die Mentalität des Nicht-sehen-Wollens.

Neuer Glaubenssatz:
Vertrauen – Wer die Schönheit der Welt sehen möchte, braucht dazu keine Brille.

▶ Je sensibler Sie sind, umso weniger Leiden sind notwendig. Unsensibilität führt zu un-nötigem Widerstand und schafft daher unnötiges Leiden.

Der Geist in uns hört zu, wenn wir denken

Frau Mahler suchte meinen Kollegen Udo Röthke in Köln auf. Sie hatte gehört, dass er nach der in meinen Büchern beschriebenen Methode vorgeht, und bat ihn um Rat. Sie besprach mit ihm die Vorgehensweise, mit der *sie selber* ihren Brustkrebs heilen wollte. Sie hatte bereits einige Bücher über spirituelle Themen gelesen und war von der »Macht« in ihr überzeugt. Mein Kollege erkannte bei der Kranken die Bereitschaft, vorbehaltlos zu glauben und unterstützte sie bei ihrem Plan.

Frau Mahler versetzte sich mehrmals täglich in Trance und suggerierte sich über einen Zeitraum von drei Wochen Folgendes:

»Ich bin nach dem Ebenbild Gottes geschaffen und setze nun meine Schöpferkraft zur Wiederherstellung vollkommener Gesundheit ein. In mir ist die Vorstellung des Schöpfers von meiner Unversehrtheit und löst jetzt alles nicht zu mir Gehörende auf. Mein Körper ersteht jetzt vollkommen heil nach dem Bild, das die schöpferische Allmacht von mir hat. Die Vorstellung von wohlgeformten, gesunden Brüsten erfüllt meinen Geist und macht mich froh. Die Wunder wirkende Kraft in mir führt und lenkt mich alle Zeit und wird mir den besten Weg zur Erfüllung meiner Wünsche weisen.«

Sie suggerierte sich Gesundheit, voller Hingabe und Vertrauen, nach kurzer Zeit gesund zu sein. Und so gab sie sich ihre Gesundheit zurück. Sie war es ja, die sich ihre Gesundheit genommen hatte, und verständlicherweise konnte nur sie sie sich zurückgeben. Nach zwei Monaten waren alle Metastasen verschwunden, und ihr behandelnder Arzt konnte nur ungläubig den Kopf schütteln. Frau Mahler sagte mir bei einem Besuch: *»Ich habe immer gewusst, dass ich bald wieder gesund sein würde, danke für Ihre Bücher.«*

Bei einer so schwer wiegenden Diagnose ohne einen spirituellen Therapeuten auszukommen ist möglich, wenn der Glaube unumstößlich ist. Frau Mahler konnte bedingungslos glauben, sie hatte erkannt, dass es nicht die hässlichen Vorkommnisse in ihrer Vergangenheit waren, die zu dem Unglück geführt hatten, sondern ihre Reaktion darauf. Sie gab nicht länger ihrer Umwelt Schuld an dem, was ihr Sorgen machte. Sie sah sich nicht mehr als »Opfer« der Umstände, sondern übernahm von diesem Zeitpunkt an selber die Verantwortung für ihre Lebensqualität. Sie wusste, wenn sie vergeben würde und ihren »Augiasstall« ausmistete, konnte ihr Unterbewusstsein (Immunsystem) ihren Körper regenerieren und in neuem Glanze auferstehen lassen. Sie wusste, sie hatte sich selber durch ihre negativen Gedanken vergiftet, und sie entgiftete sich nun durch gesunde, lebensbejahende Gedankenmuster.

Ein Mensch war geheilt von alten Glaubenssätzen, er warf Ballast über Bord, und aus seinen neuen »geistigen Inhalten« konnte ein »neues Leben« werden. Er hatte verstanden: Nicht andere machen mich krank, sondern es ist meine Mentalität, meine negative Art, zu denken und zu fühlen, die das Unheil geschaffen hat.

Eine Vorstellung ist ein *Eindruck*, der früher oder später zum *Ausdruck* kommt. Ob Sie sich nun etwas Gutes oder etwas Ungutes vorstellen, dem Geist in Ihnen ist es »gleich-*gültig*«, er dient Ihnen getreulich und bringt hervor, was Sie gedacht und gesagt haben. Indem Sie dieses Buch lesen, durcheilen Sie die Ebene des Leidens mit Siebenmeilenstiefeln. Sie können durch Ihr Wissen von geistigen Zusammenhängen Ihre Ziele leichter verfolgen. Alle jene, die nicht an dieser Gesetzmäßigkeit interessiert sind, werden oft leidvoll erfahren müssen, dass *»das Leben barmherzig ist gegenüber allen, die mit ihm sind, aber schonungslos gegen alle, die es nicht selber in die Hand nehmen«.* Und dass sie nicht Opfer sind, sondern immer nur Eigentore geschossen haben.

Mit diesem Buch haben Sie gewissermaßen Ihr Leben in der Hand. Damit Sie alle Zeit gesund und glücklich sind, verwenden Sie das in ihm niedergeschriebene Wissen weise, *denn heute ist der erste Tag vom Rest Ihres Lebens.*

▶ Die Fähigkeit, Worten den Atem des Lebens einzuhauchen.

Die Macht des Wortes

Ich erzähle Ihnen nun eine liebenswerte Geschichte von einem Sufimeister, der ein krankes Kind heilte. Er nahm das Kind, berührte es leicht am Kopf und wiederholte einige Worte. Dann gab er es seinen Eltern zurück und sagte: »*Es wird alsbald gesund sein.*« Jemand, der dies nicht glauben wollte, warf ein: »Wie kann das möglich sein, dass jemand durch ein paar wiederholte Worte einen anderen heilen kann?«

Von einem sanften Sufi erwartet niemand eine zornige Antwort, doch er drehte sich zu dem Mann um und entgegnete recht heftig: »*Was verstehst du davon? Du bist ein Narr!*«

Der Mann war sehr beleidigt. Sein Gesicht rötete sich, und er wurde wütend.

Da sagte der Sufi: »*Wenn ein Wort die Kraft hat, dich wütend zu machen, warum sollte es dann nicht auch die Kraft haben zu heilen?*«

Diese kleine Geschichte will uns vermitteln, dass Gedanken mächtig sind. Werden Sie ausgesprochen, so wirkt ihre Kraft bereits auf zwei Ebenen. *Tun* Sie auch, was Sie *gedacht* und *gesagt* haben, dann ist Ihre Energie im Fluss, und *Sie sind wahrhaftig.* Wer der Wahrheit dient, dem kommen die guten Kräfte des Kosmos zu Hilfe. Wahrheit ist ein Ausdruck von Liebe, und sie beflügelt alles, was ihr nahe kommt.

WIE AUCH SIE
DEN REICHTUM DES LEBENS
GENIESSEN KÖNNEN

GEISTIGE GRUNDLAGEN

▶ Ihre guten Gedanken und guten Taten haben gutes Karma im Gefolge.

Wohlstand ist für alle da

Die Schöpfung ist gerecht, jeder kann im Rahmen seiner Eigenart ein gutes Leben führen, einfach weil genug für alle da ist. Bei den überwiegenden Formen von Elend und Not können wir erkennen, dass fast immer der Mensch selber für seine Qual verantwortlich ist. Die Welt ist dazu geschaffen, allem Lebendigen ein friedliches Zuhause zu bieten. Das ganze Universum ist eine Bühne, auf der unentwegt seelische, geistige und körperliche Entwicklung stattfindet, und Sie sind mitten darin, sich zu entwickeln, zu gestalten und mitzutun.

Wie Sie vielleicht wissen, ist Dr. Joseph Murphy seit langen Jahren mein Mentor und Vorbild. Es war natürlich kein Zufall, dass ich ihn kennen lernte. Ich las damals *voller Begeisterung* seine Bücher und verstand, was ich zu tun hatte. Er schreibt: »Das dankbare Herz ist dem Guten nahe«, und genau das wollte ich doch sein. Sowohl dem Guten im allgemeinen Sinne als auch dem guten Dr. Joseph Murphy im Besonderen wollte ich nahe sein. Ich flog also in den Siebzigerjahren nach Los Angeles, nur um danke zu sagen. Etwas hatte mich motiviert, mich auf den weiten Weg zu machen, was es war, wusste ich damals noch nicht.

»Old Joe«, wie er von seinen Freunden genannt wurde, war schon seit Jahrzehnten durch seine Bestseller weltbekannt. Er inspirierte Millionen Menschen, den einfachen Weg der geistig Erwachenden zu gehen.

Dr. Murphy folgte ganz sicher den von ihm beschriebenen Geistigen Gesetzen. Es war deutlich zu erkennen: Er gab der Welt sein Bestes, und sie belohnte ihn, indem sie ihr Bestes gab. Er sagte damals im Laufe unseres Gesprächs zu mir:

»Du hast ein Anrecht auf Reichtum. Du bist geboren, um ein sorgenfreies, glücküberstrahltes Leben in Wohlstand und Überfluss zu führen.«

Diese Worte kamen aus seinem Herzen, und sie fanden den Weg zu meinem Herzen. Sie veränderten mein Leben, weil ihre Botschaft von mir verstanden wurde und ich mich damals entschieden habe, ihr zu folgen. Dr. Murphy zitierte während unserer Gespräche die mittlerweile weltbekannten Worte des Schriftstellers Ernest Hemingway, der anlässlich einer Rede sagte:

»Man umgebe mich mit Luxus, auf das Notwendigste kann ich verzichten.«

Den Wunsch von Dr. Murphy, mich auf die sonnige Seite des Lebens zu führen, konnte ich deutlich fühlen, und ich gab mir damals selber das Versprechen, ihm zu folgen. Tief in mir war das Bewusstsein, dass es rechtens ist, wohlhabend zu sein und nach einem erfüllten Leben zu trachten. Es war der Ausdruck einer uns allen innewohnenden Sehnsucht nach einem erfüllten Leben, den ich deutlich fühlen konnte. Ich hatte meine Berufung gefunden, und so war es nur logisch, dieser Linie treu zu bleiben und meinen »Beruf« mit viel Liebe zu erfüllen.

Geld, sagt man, symbolisiert Arbeitskraft. Es steht für Leistung, und wenn man genug hat, dann kann sein Besitzer es sich leisten, der groben Ebene des Broterwerbs fernzubleiben. Geld zu haben bedeutet, frei zu sein und sich je nach persönlichem Geschmack den schönen Künsten zuzuwenden.

Wenn viele Werbeversprechen Ihnen suggerieren, nur Ihr Bestes zu wollen, dann geben Sie doch Ihr Bestes, und es kann nicht anders sein, als dass Ihnen mit gleicher Münze heimgezahlt wird. Das heißt, horten Sie keine Reichtümer, sondern belassen Sie Geld im flüssigen Zustand, damit *Sie* »flüssig« sind.

In der einschlägigen Literatur wird zum besseren Verständnis Geld mit Blut gleichgesetzt. Solange in Ihren Adern genug Blut zirkuliert, sind Sie gesund. Wenn zu wenig da ist, spricht man von Blutarmut und versucht, mit Transfusionen den labilen Kreislauf wieder anzuregen. Bei Geld ist es das Gleiche, wenn zu wenig vorhanden ist, wird mit Krediten versucht, wieder »ins Geschäft« zu kommen. Wenn Sie es wollen, dann gehen Sie mit mir den Weg des »Wohl-Standes«, und praktizieren Sie die in diesem Buch beschriebenen Gesetze des Schöpferischen Geistes. Überzeugen Sie sich, dass Sie von grenzenloser Fülle umgeben sind, und öffnen Sie sich ihr. Es gibt für den bewussten Menschen keine schlechten Zeiten, immer ist Konjunktur, immer geschieht Wachstum, nur der Pessimist sieht es nicht. Er hat sein Herz verschlossen und kann infolgedessen nicht in das Herz der Dinge sehen, er weiß nicht: *»Nur mit dem Herzen sieht man gut.«*

Wer mit den Rhythmen des Kosmos schwingt, der wird mit allem Nötigen versorgt werden. So steht es in allen Weisheitsbüchern geschrieben, und Ihr künftiges Leben wird es beweisen. Wahrhaftig reich zu sein bedeutet nicht, materiellen Überfluss alleine, sondern das Wissen zu haben, sich immer helfen zu können. Was auch geschehen mag, der *selbst*-bewusste Geist weiß, dass Armut letztlich auf Mangeldenken beruht.

Beginnen Sie, sich täglich mehr und mehr mit den Geistigen Gesetzen vertraut zu machen, lernen Sie, Ihre Schöpferkraft zielgerichtet einzusetzen. Überzeugen Sie sich vom unendlichen Überfluss; fühlen Sie sich von der Schöpfung umworben, und legen Sie die Mentalität des innerlich und äußerlich Zufriedenen »an den Tag«.

Ich kenne einige, die zu Geld ein schlechtes Verhältnis haben;

sie schimpfen über Geld und möchten es am liebsten abschaffen. Sie lehnen es sogar ab, sich auch nur vorzustellen, jemals wohlhabend zu sein, und sie behaupten in ihrer unterschwelligen Aversion, kein Geld zu brauchen. Sie projizieren ihren Ärger auf Gott und die Welt und auf alles, was mit Reichtum in Verbindung ist. Schon vor zweitausend Jahren hieß es: *»Herr, vergib ihnen, denn sie wissen nicht, was sie tun.«*

Jeder schaufelt sich sein eigenes Grab, jeder liegt so, wie er sich bettet. Denken Sie täglich daran: Was Sie lieben, das kommt zu Ihnen, was Sie ablehnen, meidet Sie (lehnt *Sie* ab). Zu lieben bedeutet, sich von den himmlischen Mächten zum Glück der Erde tragen zu lassen; etwas abzulehnen ist *mangel*ndes Bewusstsein und führt *bei Ihnen* selber zu *Mangel*. Wenn Sie beginnen die Welt zu lieben, dann kommt sie zu Ihnen, und Sie brauchen nichts und niemandem hinterherzulaufen. Streben Sie nach »Harmonie« in allen Bereichen, damit Sie ein Leben lang glücklich und zufrieden sind.

Heute weiß ich, es war das Gesetz der Resonanz, das mich vor einem Vierteljahrhundert nach Los Angeles fliegen ließ. Es war meine innere Führung, die mich auf die Reise um die halbe Welt schickte, weil dort die Antworten auf meine vielen Fragen waren.

▶ Wenn man nicht hat, was man liebt, dann muss man lieben, was andere übrig lassen.

Reich zu sein ist Ihr gutes Recht

Reich zu sein bedeutet, sogar weniger Aufwand zu treiben, als nötig ist, um den Status der Armut zu erhalten. Kaum jemand sagt, dass er genug Geld hat. Genauer ausgedrückt, die allermeisten klagen über ihre permanenten finanziellen Schwierigkeiten. Dabei ist »gerade so über die Runden zu kommen« und sich selten etwas Besonderes leisten zu können wirklich nicht genug und muss auch keineswegs sein. Es gibt kein Gesetz, das Sie verurteilt, zur unterprivilegierten Gesellschaftsschicht zu gehören. In den Weisheitsbüchern fragt der Heilige Geist: »*Warum klopfst du als Bettler an meine Tür? Ich habe dich reich gemacht.*«

Selbst in den so genannten reichen Ländern mangelt es, wenn man genauer hinsieht, an vielem. Der Lebensstandard ist allgemein höher, aber es ist nur eine dünne gesellschaftliche Schicht, der es wirklich gut geht.

Am Anfang meiner »Laufbahn« orientierte ich mich wie eine Brieftaube. Sie fliegt, wenn sie auf eine weite Reise geht, zunächst einen Kreis, um sich dann auf ihr Ziel auszurichten. Ich hatte in meinen jungen Jahren viele »Warum-Fragen«. Ich fragte mich: Warum ist alles so, wie es ist? Warum sind einige reich und ich nicht? Ich verdiente damals 1,72 DM in der Stunde, und es war mir schnell klar, dass ich mit diesem Salär niemals gut würde leben können. Ich wechselte nach einer handwerklichen Ausbildung in einen kaufmännischen Beruf zu einem großen Warenhauskonzern in die Abteilungsleiterlaufbahn und verdiente 800 DM brutto im Monat. Ich erkannte, dass etwas nicht stimmte und eine grundsätzliche Neuausrichtung erforderlich war. Ich fing damals an, mich mit »Reichen« zu unterhalten und sie zu fragen, wie sie es angestellt hatten, wohlhabend zu werden. Mich interessierte: *Stellten* sie sich *an,* oder unternahmen sie etwas? Sich anzustellen bedeutete damals für mich zu warten, bis man an der Reihe war. Ich war damals Angestellter und ahnte, dass ich wohl mehr *unternehmen* musste, als zu warten, bis es jemandem gefiel, mich zu Tisch zu bitten. Ich erkannte, dass, wenn ich mich anstellte, ich immer zu denen gehören würde, die sich mit kleinen Gehältern begnügen mussten, und das wollte ich keineswegs. Mir klingt noch aus meiner Jugendzeit in den Ohren: »*Stell* dich nicht so dumm an.« Damals schon nahm ich mir vor, dass damit eines Tages Schluss sein sollte, ich wollte von der Plage, zu wenig Geld zu haben, befreit sein. Schnell wurde mir klar, dass es für jeden einen ihm gemäßen Weg geben musste, mit Freude am Tun und ohne große Mühe zumindest doch ein gutes Auskommen zu haben.

Ich vermute, dass auch Sie »Wohl-*habende*« kennen, die gut von ihren Zinsen leben könnten. Es gibt Unternehmer, die zehn Stunden in der Woche arbeiten und Millionen verdienen. Wenn Sie dieser Themenkomplex wirklich interessiert, dann fragen Sie, hinterfragen Sie, bis die Antworten, die Sie erhalten, *einleuchtend* sind.

Der psychologische Hintergrund der Problematik, immer zu wenig Geld zu haben, ist schnell aufgedeckt. Er setzt sich aus einigen Ihrer Charaktereigenschaften zusammen, ist aber leicht zu durchschauen und zu beheben.

Wenn gesagt wird, innen beginnt das Außen, dann ist es nach dieser Maxime der Mangel innen, der dafür verantwortlich ist, dass es außen an vielem fehlt. Wenn Sie allzu oft denken, dass Ihnen zur Verwirklichung Ihrer Vorstellungen das nötige Geld fehlt, dann *muss* es auf Grund der Ihnen nun schon bekannten Gesetzmäßigkeiten auch wirklich fehlen.

Wer nur 1000 oder 2000 Euro verdient, kann sehr wohl intelligent und beruflich hoch qualifiziert sein, aber trotzdem finanziell auf der Stelle treten. Nicht blindes Drauflosarbeiten, sondern *gezieltes* Erfolgsstreben führt zum erwünschten Status. Arrangieren Sie sich niemals mit Mangel, sonst werden Sie wie die Politiker dazu degradiert, ihn allenfalls, mehr schlecht als recht, zu verwalten. Machen Sie an dieser Stelle keine Kompromisse. Konsequentes Überlegen, wie »Verdienen« erleichtert werden kann, ist wichtiger, als »fleißig« Überstunden zu machen. (Und in der nächst höheren Steuerklasse bestraft zu werden.) Wer nicht an den faszinierenden Möglichkeiten seines Schöpferischen Geistes interessiert ist, der wird nur sehr schwer auf die Sonnenseite des Lebens gelangen. In dieser Situation ist es am besten, Sie überlegen, weil es *überlegen* macht. Man wird ein Leben lang Umwege gehen, wenn man nicht genügend interessiert darin ist, nach Abkürzungen zu suchen. Allzu viele arbeiten einfach drauflos und hoffen, treu ergeben, auf gerechten Lohn. Zu viele wissen nicht, dass geistige Beweglichkeit höher belohnt wird als manuelle Fähigkeiten oder gar Überstunden.

Der Kardinalfehler in den Köpfen der meisten ist, dass sie glauben, im Schweiße ihres Angesichts ihr tägliches Brot verdienen zu müssen. Der Mentalität, sich mühevoll abzuplagen, liegt ein falscher Denkansatz zu Grunde. Geld und Gut sind das Ergebnis geistiger *Aufmerksamkeit*, die Sie ihnen widmen. Wenn Sie beginnen, Wohlstand Ihre *werte* »Beachtung« zu schenken, dann säen Sie und ernten sehr bald schon »Werte« im Überfluss.

Ich bin befreundet mit einem Mitglied des Direktoriums eines großen Verlages in Hamburg, das 150 000 Euro im Jahr verdient, ohne je angestrengt zu wirken. Es ist ein noch junger Mann, der gerne lacht und sein Leben genießt. Matthias W. lebt bewusst im Hier und Jetzt, er leistet hervorragende Arbeit, macht sich keine Sorgen und richtet seine Aufmerksamkeit auf die schönen Seiten dieser Welt. Wenn Sie von sich und Ihren Zielen überzeugt sind, dann ist auch Ihr schöpferischer Geist davon überzeugt. Er kreiert, was immer Sie sich wünschen, weil in Ihrem Inneren *immer nur Ihre Meinung zählt*.

Sie sollten sich darauf konzentrieren, Ihren Traum zu leben, der Geist in Ihnen kümmert sich um die *Verdinglichung*. Sie genießen, die geistige Instanz tut ihre Werke, und das Wichtigste ist, Sie müssen sich nirgends anstellen.

Wohlstand und Schönheit, beides kommt von innen. Ihr *Aussehen* berichtet dem geschulten Beobachter, wie es *in Ihnen* aussieht. Dasselbe trifft auf alle äußeren Bereiche zu. Sagen Sie mir, wer Ihre Freunde sind, und ich sage Ihnen, wie es Ihnen geht. Wenn aus Ihren Worten Mangeldenken zu hören ist, dann leiden Sie Mangel. Sagen Sie, was Sie denken (geistige Großwetterlage), und es ist erkennbar, was aus Ihnen werden wird.

Um reich zu werden, sollten Sie davon *überzeugt* sein, dass Ihnen *Gutes* zusteht, und keineswegs nervös von einem Termin zum anderen hetzen. Im Bewusstwerden seiner Möglichkeiten liegt die Aufgabe des Schülers an der Universität des Lebens und keineswegs im stereotypen Wiederholen von »*Ich bin reich*«.

»*Wenn das Herz das, was die Lippen murmeln, versteht, dann handelt es sich um ein Gebet.*«

Das heißt, mit dem Herzen bei einer Sache zu sein, in das Herz der Dinge zu sehen und mit dem Schöpfergeist *eins* zu sein.

In einem Psalm heißt es: »*Mögen Dir gefallen meines Mundes Worte und die Gedanken meines Herzens, mein Herr und Er-löser.*«

Wenn unsere Gedanken, Worte und Taten im Einklang mit den Gesetzen der Schöpfung sind, dann wird uns von höherer »Warte« geholfen werden. Lauterkeit, Wahrhaftigkeit und Friedfertigkeit sind die besten Protagonisten für erfülltes Leben. Versuchen Sie deshalb, immer eine befriedigende Lösung für *alle* Beteiligten herbeizuführen, weil dann niemand gegen Ihre Vorstellungen opponiert und Sie vom Ganzen Förderung erfahren.

Anstatt der Masse zu folgen, sollten Sie Ihren eigenen Weg gehen und auf das Vertrauen, »*was noch nicht ist, aber sicher sehr bald werden wird*«. Die Masse wird niemals reich sein, weil sie geistig unbeweglich ist und sich für diese einfachen Gesetzmäßigkeiten nicht interessiert. Fast jeder, der Angst vor Armut hat, wird erleben, dass das, was er befürchtet, auch geschieht. Reich oder arm ist eine Frage der Mentalität, *und die ist veränderbar*. Richten Sie Ihre Aufmerksamkeit auf die Eigenheiten Ihrer Persönlichkeitsstruktur. Durchforsten Sie sich, und ändern Sie gegebenenfalls, was einer Veränderung bedarf. Fragen Sie sich: Wie bin ich in meinem Innersten? Beginnen Sie, wenn nötig, mit einer Säuberungsaktion. Jede gute Hausfrau reinigt ihr Haus von Zeit zu Zeit, weil sich Un-»Rat« angesammelt hat.

Was bedeutet Ihnen der Bibelspruch: *»Fürchte dich nicht, ich bin bei dir bis ans Ende deiner Tage«*?

Sie können diese Botschaft lächelnd als frommen Spruch abtun oder sie *beherzigen* und erleben, dass es Ihnen gut geht, weil die Geistigen Gesetze für Sie Sorge tragen. Der Geist, der alles geschaffen hat, spricht durch die Propheten zu uns. Ich empfehle Ihnen, darauf zu vertrauen, dass er die Wahrheit sagt!

Volksweisheiten sind ein bedeutender Fundus an tiefgründiger Klugheit, bedienen Sie sich ihrer, damit die Weisheit der Jahrhunderte Ihnen dienen kann.

Jeder kann haben, »wohl-haben«, wenn er weiß, dass es außer dem Augenscheinlichen das Unsichtbare gibt, und wenn er zu vertrauen lernt, dass die geistige Welt ihm zur Seite steht.

Im Vorspann sagte ich: Die beste Verteidigung gegen die Unwägbarkeiten des Lebens ist das Wissen um die Gesetze des Denkens und Glaubens.

Wenn zu Ihnen von »höherer Warte« gesagt wird, dass Sie sich nicht sorgen sollen, dann lassen Sie doch den Sprecher tun, was er versprochen hat, und sorgen *Sie* sich nicht. Sie haben sehr wohl die Freiheit, Ihren Geist von alten Glaubenssätzen zu reinigen, damit aus einem unverfälschten Gemüt reine »Erde« wird, auf der Sie Gutes pflanzen und reiche Ernten erhalten.

Zeus wusste nicht, was zu tun war. Sie dagegen leben im dritten Jahrtausend, in dem eine geistige Revolution die Welt zu verändern beginnt.

Widmen Sie täglich einen Teil Ihrer Zeit den Werten auf Ihrem inneren Konto, und das geistige Gesetz valutiert es und transferiert es auf das Konto Ihrer Bank.

Ich sagte bereits: Nicht das stereotype Wiederholen, reich zu sein, führt zum erwünschten Ziel, sondern das beginnende Reichtumsbewusstsein, das Gefühl, bereits zu sein, was Sie sein wollen. Es sind die Gedanken hinter Ihren Worten, die die »Macht« repräsentieren und Ihr Wohl oder Weh kreieren. Sie sind, was Sie denken. Worte alleine, wenn sie nicht von Ihren Gedanken getragen werden, sind nur Schall und Rauch.

In der Hypnosetherapie lehre ich, mit dieser Kraftzentrale zu kooperieren, das heißt, direkt in die »Werkstatt des Geistes« zu gehen und den erwünschten Auftrag zu erteilen. Was immer auch geschehen mag, wer diese einfachen Techniken beherrscht, wird sich in allen Lebenslagen zu helfen wissen. Entwickeln Sie das Bewusstsein, dass eine im wörtlichsten Sinne weltbewegende »Macht« zu *Ihrer Verfügung* steht. Entwickeln Sie ein vertrauensvolles Verhältnis zum Schöpferischen Geist. Sie wissen, dass er da ist und Ihnen zur Seite steht, also sorgen Sie sich nicht, *begreifen* Sie das, und *ergreifen* Sie seine dargebotene Hand.

Wandern Sie in den Villenvierteln schöner Städte umher und bewundern Sie die prachtvollen Häuser. Wo ist das Autohaus mit den teuersten Luxuslimousinen, wo der teuerste Juwelier? Wo das Grundstück, auf dem eines Tages Ihre Villa stehen wird? Beginnen Sie, in Phantasien zu schwelgen, sehen und fühlen Sie Reichtum und Überfluss in allen Lebenslagen.

Leser von Büchern, die ähnliche Themen behandeln, schreiben mir und berichten manchmal desillusioniert, trotz aller Bemühungen keinerlei Erfolg zu haben, ja, dass sich ihre gesamte

Situation sogar verschlechtert hat. Sie besuchten Erfolgsseminare, ohne dass sich etwas zum Guten veränderte, und müssen manchmal sagen: »Außer Spesen nichts gewesen.« Ich bin dann gefordert, in einfachen Schritten aufzuzeigen, wie diese Gesetzmäßigkeiten zu handhaben sind und wie es jedem möglich ist, die grundlegenden Prinzipien der Machtfülle in ihnen zu verstehen.

Mit Affirmationen etwas ändern zu wollen ist ein Schritt, ihm müssen weitere folgen. Erinnern Sie sich an die Beispiele von der Vielschichtigkeit. Bildliche *Vorstellungen* (Affirmationen) und *Fleiß* verbunden mit einem *zielstrebigen* Geist führen *gemeinsam zum Ziel.*

Ein Landwirt aus Österreich besuchte mich und erzählte mir, dass er seit Monaten täglich mit Autosuggestionen nach Reichtum strebe, ohne dass sich der erwünschte Erfolg eingestellt habe. Enttäuscht und nahezu entmutigt machte er mit dem Besuch bei mir einen letzten Versuch, seinem Leben eine positive Wende zu geben.

Im Laufe des Gesprächs konnte ich ihm aufzeigen, wo er zuerst hinschauen sollte, um zu erkennen, was »ihm« wirklich gemäß war. Wenn das höhere Selbst etwas anderes als einen landwirtschaftlichen Betrieb für ihn als ideal erkennt, dann kann die innere Kraft nicht fließen. Als Landwirt verstand er das Gleichnis des Säens, ich machte ihm begreiflich, dass er als »Gärtner« den Zeitpunkt berücksichtigen muss und einen »fruchtbaren« Garten braucht, damit der Same aufgeht. Es sind also mehrere Zutaten nötig, um eine reiche Ernte einzufahren. Ich versuchte zu hinterfragen, ob er als Landwirt wirklich auch seine ganze Kraft einsetzte, um überdurchschnittlich erfolgreich zu sein. Wer nicht an seinem »Platz« ist, wie könnten da Affirmationen alleine seine Lebensqualität entscheidend verändern?

Die Grundvoraussetzung für Erfolg ist also, seine Berufung zu kennen!

Die folgende Bibelweisheit verdeutlicht gut, dass »*alle Bemühungen umsonst sind, wenn der Herr nicht baut das Haus*«.

Wie Sie bereits gelesen haben, setzt sich die stärkere Emotion gegenüber der schwächeren durch. »Das Stärkere verleibt sich das Schwächere ein« heißt, wenn Sie sich etwas wünschen, gleichzeitig jedoch im Unbewussten an der Verwirklichung nicht mitgearbeitet wird, dann kann verständlicherweise nicht eintreten, was Sie wollen, sondern: »*Was Sie befürchteten, wird über Sie kommen.*«

So wie wir etwas denken und etwas anderes sagen können, so haben viele zwar ihren Wunsch im Kopf, aber im Herzen wohnt der Zweifel. *Aufgesetztes*, Wunschdenken also, ist Kosmetik, darunter aber ist das alte Glaubensmuster und verhindert mit Leichtigkeit, dass Sie *zum Zuge* kommen.

Fragen Sie sich als Erstes, ob Sie an Ihrem Platz sind und was Ihren Träumen eventuell im Wege steht. Erst wenn hier Klarheit besteht, sollten Sie sich daranmachen, mit Affirmationen für »freie Bahn« zu sorgen!

Denken Sie also auch an Reichtum, wenn Sie von Reichtum *sprechen*, und *tun* Sie, was nötig ist, damit sich Ihre Gedanken zu Form, Funktion und einem wunderbaren Erleben verdichten.

»*Sprechen Sie nicht mit gespaltener Zunge*« heißt, mit der bekannten Formel von Emil Coué zu sagen *und zu meinen*: »*Es geht mir jeden Tag in jeder Hinsicht immer besser und besser.*«

Was auch immer Sie sich suggerieren, es sollte glaubwürdig und nahe an Ihrer persönlichen Realität sein. Verbünden Sie also Ihre Affirmationen mit der »Kunst des Machbaren«, damit kein unnötiger Konflikt zwischen Ihrem Wunsch und Ihrer Meinung von seiner Verwirklichung entstehen kann. Wenn Sie nicht glauben können, entsteht Widerspruch und im günstigsten Fall eine

Pattsituation. Oder Sie investieren Zeit und Geld und erleben enttäuscht, dass es anders kommt, als Sie es sich wünschten. Zu einem Wunsch Ja sagen, ihn aber unterschwellig für unrealistisch zu halten bedeutet, ihn zu unterminieren oder, im günstigsten Fall, nichts gesagt zu haben. Das eine hebt das andere auf. Aus diesem Grund ist der Zustand von Trance (Hypnose) wichtig, weil während dieses »schläfrigen« Zustands der kritische Verstand weniger ablehnend reagieren wird. Stellen Sie sich das ähnlich vor, als würden Sie nachts aufgeweckt und Ihnen würde gesagt, dass es vier Uhr ist. Auch wenn es erst drei Uhr geschlagen hat, ist Ihnen das in diesem schläfrigen Zustand gleich-*gültig*. Genau das geschieht, wenn Sie in Trance sind. Ihnen wird suggeriert, dass Sie erfolgreich sind, und obwohl das *noch* nicht stimmt, wird es doch von Ihrem Schöpfer-Geist akzeptiert. Trance (Hypnose) ist die ideale Voraussetzung, um *widerspruchslos* Ihre alten Glaubensmuster durch neue, aufbauende Vorstellungen zu ersetzen.

Ihre (unbewusste) destruktive Meinung stört Ihren angenehmen Lebenslauf

Sollten Sie in Ihrem Herzen zu viele Befürchtungen »hegen«, dann geben Sie damit im wahrsten Sinne das Heft aus der Hand. Wenn eine Vorstellung mit intensiven *Gefühlen* verbunden ist (Angst, Freude), wird sie als Wunsch verstanden. Unabhängig also, ob Sie es wollen oder befürchten. Ihr Geist versteht nicht, was Sie *meinen*, sondern was Sie *denken und fühlen.*

Erinnern Sie sich an den Lehrsatz von der Polarität, in dem vermittelt wird, dass zwei Pole, Vorstellung und Emotionen, für das »Werden« nötig sind. Der rote Faden dieses Buches hilft Ihnen zu meiden, was unerwünscht ist, und zu bejahen, was Sie sich wünschen.

Meiden Sie angsterfüllte Zukunftvisionen, wie sie auf das Ende des vergangenen Jahrtausends projiziert wurden. *Glauben* Sie auch nicht, dass sie sich noch verspätet einstellen werden. Nichts von all den Horrorvisionen eifriger Schwarzmaler ist eingetreten oder wird eintreten. Der an die Wand gemalte Teufel nährt Ihre Ängste und reduziert auf diese Weise Ihr Vertrauen. *Bejahen* Sie also immer das, was Sie wollen, und niemals das Gegenteil. Nähren Sie das Vertrauen *in sich*, in Gott und seine wunderschöne Welt.

Wer Wind sät, wird Wind (Sturm) ernten, wer reich ist, wird reicher, und dem Armen wird genommen, was er hat. Sie haben jetzt einige Male den Begriff »seelische Großwetterlage« gelesen. Sorgen Sie dafür, dass sich in Ihrer Seele ein *stationäres* »Hoch« bildet. Der Topmanager Matthias W. aus Hamburg tut genau das und sorgt sich nicht. In der Praxis heißt das, »guten Mutes« zu sein und Ihren Geist mit all dem anzufüllen, was *begehrenswert* ist.

Ihr seelisches Hoch kann permanent werden, ein Tief auch. Wieder sind Sie gefordert zu wählen, was werden soll. Betrachten Sie das Leben als einen Selbstbedienungsladen, gehen Sie und wählen Sie sich, was immer Sie wünschen. Wählen Sie Wohlsein, Gelingen und Vielfalt in allen Lebenslagen. Mehr können Sie nicht tun, mehr ist nicht nötig, alles andere wird Ihnen gegeben werden.

▶ Möchten Sie, dass Ihnen alles zufließt, so werden Sie zur Mulde!

Füllen Sie Ihr geistiges Schatzhaus mit Überfluss

Öffnen Sie Ihr Herz, und entfernen Sie alles, was an negativen Aussagen über Geld vorhanden ist.

Affirmieren und bejahen Sie nur, was *Sie* wollen. Stellen Sie sich täglich vor, dass vollkommener Wohlstand Sie umgibt. Fühlen Sie, wie es ist, wohlhabend zu sein. Verhalten Sie sich wie jemand, der mit materiellen Gütern gesegnet ist. Leisten Sie sich etwas Besonderes in dem Wissen, dass es Ihnen zusteht.

Sagen Sie:
»In mir und um mich herrscht Fülle, sie wärmt mein Herz, und große Freude erfüllt meine Seele. Ich bin, der da hat, und weil ich habe, gebe ich von ganzem Herzen. Ich verwende meinen Wohlstand weise und zum Wohle aller. Mein Herz ist erfüllt von Dankbarkeit über das gnädige Schicksal, das mich führt und lenkt und mir allezeit den besten Weg zur Erfüllung meiner Wünsche weist. Ich bin ein seelisch und geistiger Magnet, der alles Gute anzieht. Meine innere Führung weiß, was ich für meine Ziele brauche, und sie führt auf ihre Art herbei, was werden soll. Danke, dass es so ist.«

Wenn schon anstellen, dann richtig

Wer sich entschieden hat, in einem Unternehmen mitzuarbeiten, der sollte die gleiche Liebe zu seiner Tätigkeit empfinden, als wäre er selbstständig. Denn Lieblosigkeit kann nicht zu guten Resultaten führen und mit gutem Geld bezahlt werden. Es kann nicht sein, dass Sie es Ihrem Chef neiden, wenn er *mit* Ihnen gutes Geld verdient. Sollten Sie illoyal Ihrem Arbeitgeber gegenüber sein, indem Sie neidisch sind oder glauben, ungerecht bezahlt zu werden, dann haben *Sie* damit das Gesetz von Ursache und Wirkung in Gang gesetzt. Als erste Reaktion werden Sie kaum eine Gehaltserhöhung erhalten, und es ist sehr wohl möglich, dass Sie auf Grund Ihrer Distanziertheit (die ja eine innere Kündigung ist) Ihren Arbeitsplatz verlieren. Je mehr in einem Unternehmen an einem »Strang« gezogen wird, desto ökonomischer kann gearbeitet werden. Sobald zu viele »Individuen« zugegen sind, ist von einer auf Erfolg ausgerichteten Strategie keine Rede, und der Personalchef *muss* störende Faktoren entfernen.

Erkennen Sie, dass Ihre innere Einstellung als Schicksal zu Ihnen zurückkehren muss. Wenn Sie insgeheim eine schlechte Meinung von Ihrer Firma haben, wie kann Ihr Chef dann von Ihnen begeistert sein? Sie sollten mit Ihrer Mit-arbeit (Loyalität) der Letzte sein, auf den man verzichten könnte. Sie sollten mit Ihrer Präsenz und Ihrem Einfallsreichtum zu den Bestbezahltesten unter den Kollegen gehören. Sie sollten eine sehr gute Meinung von Ihrer Firma haben, damit »man« einen guten Eindruck von Ihnen hat.

Ich selbst bin seit fünfunddreißig Jahren kein Angestellter mehr, und niemand kann mich ausstellen. Wäre ich aber in einem Unternehmen tätig, so hätte ich mit Sicherheit eine Führungsposition, weil ich in der Liebe bin. Mein Verhältnis zu mir und meiner Arbeit gewährt mir den gerechten Lohn. Nie hat mir das Leben einen wohlverdienten Euro vorenthalten, nie erhielt ich Geld, das mir nicht zustand. Es »herrscht« vollkommene Gerechtigkeit, weil das Gesetz von Ursache und Wirkung dafür sorge trägt.

▶ Wo Ihre Gaben liegen, da sind auch Ihre Aufgaben.

Der bessere Weg

Wenn Sie zum Schmied und nicht zum Schmiedchen gehen, heißt das, sich auf den *direkteren* Weg zum Ziel begeben zu haben.

Sie können sagen, dass Sie angewandte Psychologie praktizieren und deshalb erfolgreich geworden sind. Sie können Ihren Erfolg damit begründen, dass Sie sich nach den Lebensweisheiten richten, die in genügender Auswahl zur Verfügung stehen. Mancher sagt, dass er fleißig war und auf diese Art und Weise erfolgreich wurde. Der Nächste glaubt, Glück gehabt zu haben, und hofft, dass es so weitergeht. Wieder ein anderer nutzt die Macht der Imagination und erreicht sein Ziel.

Sie sehen, wieder ist Vielschichtigkeit am Werk. Viele Wege führen zum Ziel, nur *einige sind kürzer.*

Sicherlich möchten Sie wissen, wie es am einfachsten ist, wie Sie die größtmögliche Förderung erhalten und was Sie tun müssen, damit Ihnen die so oft erwähnten kosmischen Kräfte zu Hilfe eilen.

Alle gerade aufgeführten Wege führen zum Erfolg und sind anerkannte Möglichkeiten, im Leben weiterzukommen, also erfolgreich, zufrieden, gesund und glücklich zu sein. Das Erfolgversprechendste aber ist, wenn Sie sich direkt an die alles verursachende Weisheit wenden. *Sie ist in allem zu finden, was sich in der Psychologie ausdrückt. Alles, was im Laufe der Menschheitsgeschichte als Volksweisheit zu uns gekommen ist, ist ihr Werk. Sie wirkt im Fleißigen und lässt ihn zu seinen Zielen streben, und alle Religionen berichten von ihrer Gegenwart.*

Sobald Sie mit der Funktionsweise Ihres Bewusstseins vertraut sind, liegt die Möglichkeit, zu den »Gewinnern« zu gehören, in Ihrer »Hand«. Hier nun setzt der Vorschlag an und empfiehlt Ihnen, in die Stille zu gehen und sich führen zu lassen. Nicht mein Wille, sondern die oft zitierte Aufforderung »*dein Wille* geschehe« ist der bessere Weg, wenn Sie weiterkommen wollen. Bei allen Möglichkeiten gibt es eine für Sie am besten geeignete, sie gilt es zu finden und ihr zu folgen. Es gibt etwas Einzigartiges, das danach sucht, durch Sie zur Welt zu kommen und Sie zum Vorbild für andere zu machen. Sobald Sie dazu bereit sind, dienen Sie diesem Einzigartigen und, gewissermaßen zur Belohnung, dient es Ihnen, indem Sie reich belohnt werden.

Nur der in sich geeinte Mensch kann auf Dauer ein glücklicher Mensch sein. Wenn wir akzeptieren, dass innerer Friede höher zu bewerten ist als materielle Werte, dann werden wir auch zustimmen, dass materiell reich zu sein immer nur *ein* Aspekt von etwas viel Größerem ist. Ihre Vollendung erreichen Sie, wenn Sie das Glück des »Himmels *und der Erde*« in sich vereinen. Das heißt, materiell gesegnet zu sein und seine Seele nicht verkauft zu haben. Letztlich ist es zweitrangig, ob wir genug oder viel Geld haben. Solange wir zufrieden sind, ist die Welt in Ordnung. Nach Geld zu streben darf nicht der Versuch sein, einen Mangel an inneren Werten zu ersetzen. Zufriedenheit und Glück empfinden wir, wenn wir einen Sieg errungen haben. Immer wenn wir am Ende einer schwierigen Situation gut ankommen, sind wir zufrieden mit dem, was ist. Unter diesem Gesichtspunkt wird das »Gute« nicht von außen kommen und auch niemals auf die materielle Seite dieser Welt gerichtet sein. Der berühmte Lottogewinn hat sicherlich angenehme Begleiterscheinungen, aber wahres Glück ist damit keineswegs verbunden.

In dem Wissen, Ihre einzigartigen Fähigkeiten richtig zu nutzen, entsteht die Vorfreude auf Ihre zukünftigen großen Taten, und das ist schon die halbe Strecke des Weges. In der Hoffnung, all Ihre Sorgen meisterlich zu bewältigen, sollten Sie jetzt damit anfangen, selber Ihres Glückes »Schmied« zu sein.

Theorie und Praxis können nahe beieinander sein

Ein Leser, der zu großem Reichtum gekommen war, besuchte mich, um mir zu berichten, wie er seinen Weg gefunden hatte, und sich bei mir zu bedanken. Er erzählte mir, dass er vor Jahren meinem Rat gefolgt war, als Erstes an einen schönen Urlaubsort zu fahren. Der neue Lebensabschnitt sollte mit einem freudigen Akkord beginnen und so auf eine angenehme Weise unterstreichen, dass Großes in Vorbereitung war. Klaus S. wählte Saint-Tropez an der französischen Südküste, wo er erst einmal Ruhe suchte, bevor er durchstarten wollte. Während der drei Wochen an diesem luxuriösen Urlaubsort begann er sich ausführlich mit der Macht des schöpferischen Geistes vertraut zu machen. Die friedliche Atmosphäre erleichterte es ihm, sich in die Gesetzmäßigkeit einzufühlen und zu einem tiefen Verständnis der Gesetze von Ursache und Wirkung zu kommen.

Er affirmierte täglich zweimal eine halbe Stunde lang:

»Die unendliche Weisheit in mir führt und lenkt mich alle Zeit und wird mir den Weg zu großem Reichtum weisen. Ich bin ein außerordentlicher Erfolg, grenzenloser Reichtum ist für immer mein. Alle meine finanziellen Vorstellungen erfüllen sich nun in Vollkommenheit. Die Weisheit in meinem Inneren ist das Licht,

243

das mir den Weg leuchtet, sie hilft mir, die richtigen Entscheidungen zu treffen.«

Klaus S. hatte damals nichts außer seinem Mut auszuprobieren, ob die oft unglaublich anmutenden Behauptungen einschlägiger Literatur denn auch wirklich stimmten. Er begann seine Vorstellung vom Leben zu präzisieren und damit seinen Geist zu beauftragen, seine Zielvorstellungen zu erfüllen. Klaus S. wollte reich werden. Er hatte verstanden, dass seine *Vorstellungen* und das *Wissen von der Durchführbarkeit* seiner Pläne die entscheidenden Faktoren waren, um seine Ziele zu erreichen. In den Wochen nach seiner Rückkehr begann er nach dem kaufmännischen Grundsatz zu handeln: »Ist der Handel noch so klein, er bringt doch mehr als Arbeit ein.« In den Zeitungen waren viele interessante Immobilienangebote, und er entschied sich als Erstes dafür, eine kleine Einzimmerwohnung zu kaufen. Geld hatte er damals nicht, sein »Startkapital« bekam er von Freunden und Verwandten, die ihm Glauben schenkten, als er sie um einige zigtausend Mark bat. Im Laufe eines kurzen Zeitraumes stieg diese Wohnung um über siebzig Prozent im Wert, und er konnte sie mit gutem Gewinn an einen Interessenten weitergeben. Klaus hatte sein erstes Eigenkapital und nahm sich vor, es in Kürze zu verdoppeln. In den folgenden Jahren hatte er ein immer klareres Gefühl, wann und wo es eine lukrative Anlage gab. Er richtete sein Interesse darauf aus, mit Wertpapieren zu handeln, und informierte sich ausführlich über die Eigenheiten des Kapitalmarktes. Nach fünf Jahren hatte er mit seinen Immobilien das Kapital zusammen, um ein kleines Aktienpaket zu kaufen, und er begann mit höherem Risiko, aber auch höheren Gewinnchancen an der Börse zu spekulieren. Er wollte nach oben, aus seinem kleinen Vermögen sollte ein großes werden. Er wunderte sich einerseits über seine erstaunlichen Erfolge, wusste aber andererseits, dass sein unumstößliches Vertrauen in die Weisheit seines

Unterbewusstseins ihn immer begleiten würde. Einmal kaufte er für sechzigtausend Mark Aktien, die am Markt als absteigend bezeichnet wurden. Er wusste rational, dass er nicht kaufen sollte, aber etwas in ihm ließ ihn das Risiko eingehen und dennoch zugreifen. Innerhalb von zwei Jahren verdoppelte sich der Wert, und bis heute hat er sich fast verzehnfacht.

Man könnte oberflächlich sagen, Klaus S. sei ein Glückspilz, wüssten wir nicht, dass Glück eben keineswegs Glückssache ist, sondern immer nur die Folge unseres Denkens, Fühlens und Tuns. Um es ganz deutlich zu machen: Glück ist die Ernte unserer Gedanken, Worte und Handlungen.

Wer vor fünfzehn Jahren für zehntausend Dollar Microsoft-Aktien gekauft hat, ist heute mehrfacher Dollarmillionär. Ein Risiko war es keineswegs; nur die Angst, etwas falsch zu machen, veranlasste die meisten, nicht zuzugreifen. Wenn zu wenig Vertrauen zur geistigen Führung vorhanden ist, mangelt es an Glauben, und wo kein Glaube ist, kann niemals etwas werden.

Klaus ist heute nach fünfzehn Jahren mehrfacher Millionär und lebt in einer schönen Villa. Ihm ist nie in den Sinn gekommen, im Schweiße seines Angesichts sein täglich Brot zu verdienen, weil er wusste: Er muss nicht in die Ferne schweifen, alles ist in ihm! Er hatte seine Gedanken an Reichtum *verdinglicht*!

Nehmen Sie das Geschenk der Schöpfung an, Sie sind geboren, zu siegen und am Reichtum der Welt zu partizipieren, seien Sie sich dessen ständig so bewusst, wie nur möglich, und lassen auch Sie aus Ihren Vorstellungen Überfluss werden. Entwickeln Sie ein »stationäres« Geldbewusstsein, erkennen Sie, dass Ihnen grenzenloser Reichtum zusteht, nehmen Sie alles Gute in ihr Bewusstsein, und Sie werden reich belohnt werden.

FALLBEISPIELE

▶ Wir alle sollten mehr und mehr den Mut haben, uns unseres eigenen Verstandes zu bedienen.

Mangeldenken führt zu Mangel

Eine Frau in mittleren Jahren rief mich an, um mit mir über ihre Sorgen zu sprechen. Mit meiner Sekretärin hatte sie vereinbart zu telefonieren, weil es ihr zu teuer war, von Köln nach München mit der Bahn zu fahren. Im Gespräch erzählte sie, dass sie als Altenpflegerin arbeite und nur eintausend Euro im Monat verdiene. Meine verschiedenen Vorschläge, was sie tun könnte, um ihre Situation zu verbessern, lehnte sie mit der Begründung ab, kein Geld für *so etwas* zu haben. Ich konnte, nachdem ich ihren unaufhörlichen Klagen eine halbe Stunde lang zugehört hatte, nicht länger ruhig sein und sagte ihr, dass ihr Chef in meiner Nähe sein Privathaus für 2,5 Millionen Euro gebaut habe.

Ich wollte zumindest versuchen, dieser Frau bewusst zu machen, wie sehr ihre finanzielle Situation von ihr selber »gemacht« worden war. Der eine verdient mit der Versorgung der älteren Generation Millionen, die andere geht mit Kleingeld nach Hause. Frau L. konnte meinen Argumenten nicht folgen, wie sollte sie auch in so kurzer Zeit am Telefon einen komplexen Zusammenhang verstehen lernen.

»Zufällig« kenne ich den Inhaber des Altenheims, in dem Frau L. in der Tat im Schweiße ihres Angesichts ihr Brot verdient. Der Besitzer hatte vor zwanzig Jahren hart gearbeitet, hatte Kredite aufgenommen und damals sein erstes Seniorenheim gekauft.

Dass es im Laufe der Zeit sieben wurden, ist seinem großen Fleiß und seinem kaufmännischen Geschick zu verdanken.

Es wäre durchaus denkbar, dass Frau L. dasselbe getan hätte. Oder sie hätte mit anderen gemeinsam einige Jahre lang das nötige Geld für eine Anzahlung sparen können und dann, anstatt sich bei ihrem Chef für tausend Euro »an-zu-stellen«, etwas unternommen (Unternehmer). Wohlstand ist für alle da, aber weder kocht das Leben auf Sparflamme, noch sollten Sie an der falschen Stelle sparen. In Träume zu investieren heißt, Vertrauen zu haben, aber genau das fehlte ihr.

Der Selbstständige hat eine Chance, gutes Geld zu verdienen. Aber er erkauft sich seine Möglichkeiten mit dem Risiko eines finanziellen Crashs. Unternehmer unternehmen etwas, weil sie glauben, dass es allemal besser ist, als abzuwarten, was wohl geschehen mag. »Selbstständige« haben die Mentalität eines Stehaufmännchens, und selten kann sie etwas wirklich umwerfen. Ich kenne keinen Erfolg-»Reichen«, der nicht einige Male von vorne angefangen hätte. Darum geht es ja im Leben, immer wieder den Mut zu haben, von vorne anzufangen, *wenn es nötig ist.*

Was, glauben Sie, ist besser, ein Arbeitsleben lang Schlange zu stehen, wenn Bezahlung erfolgt, oder etwas zu unternehmen und *zumindest die Chance* zu haben, zu den Besserverdienenden zu gehören? Wer das Risiko scheut, bezahlt dies oft mit einem bescheidenen Lebensstandard.

Ich konnte Frau L. nicht helfen, weil sie nicht bereit war, in eine Fahrkarte von Köln zur herrlichen Metropole München zu investieren. Was wir hineingeben, das bekommen wir wieder heraus. Jeder Kaufmann weiß, das Investitionen sinnvoll sind und sich lohnen. Frau L. wollte ganz offensichtlich nichts davon wissen.

Überlegen Sie, in wie vielfältiger Weise auch Sie blind einem anerzogenen (Sparsamkeits-)Muster folgen. Wie oft denken und sagen Sie: »Ich kann mir das nicht leisten, ich habe kein Geld für so etwas«? Sie haben einen freien Willen; wer nicht wagt, der nicht gewinnt. Wagen Sie eigene Gedanken, damit Ihre Einzigartigkeit zu Tage treten kann und Sie zu den »Gewinnern« zählen. Nur wenn Sie frei von alten Glaubenssätzen handeln, gehen Sie *Ihren* Weg, alles andere ist eine Form von Mitläufertum. Seien Sie sicher, dass die »Macht« Sie zu Ihren Zielen führt. Nur wer sich sicher ist, kann frei sein und wird eine Einladung vom »Jetset« erhalten.

Kleine Brötchen backen, ein Jahr sparen müssen, um einen Urlaub zu finanzieren, ist das Ergebnis von traditionellem Mangeldenken. Wer oft glaubt, dass er etwas nicht vermag, der wird es kaum zu einem Vermögen bringen. Eine einfache Gesetzmäßigkeit beweist: Was wir mögen, das mag auch uns. Es ist nicht nötig, dass Sie *an sich* sparen, überall ist »Fülle«. Wohin wir sehen, ist »Genüge«, beteiligen Sie sich an des Lebens Freude. Wenn Sie in Not sind, rufen Sie mich an, ich bin für Sie da. Mit dieser kleinen Begebenheit wollte ich Sie an Ihren freien Willen erinnern. Machen Sie sich frei vom »traditionellen« Denken, von negativen Glaubenssätzen, und stehen Sie auf, um »selbst-ständig« auf Ihrem Weg zum Glück dieser wunderbaren Welt zu sein. Es stimmt, die erste Million ist noch anstrengend, dann allerdings wird es leichter.

Der Grund dafür mag Sie überraschen. Nichts zu haben und sich reich zu fühlen ist verständlicherweise schwerer, als eine (erste) Million Euro im »Rücken« zu haben und nach der zweiten Ausschau zu halten.

Illusionen haben keine Richtung,
Visionen aber sind richtungsweisend

Walter K. hat etwas unternommen

Er ist ein bekannter Geschäftsmann, der auch heute, nachdem er sein Unternehmen verkauft hat, noch landesweit bekannt ist. Er könnte ein Vorbild für angehende »Erfolgreiche« sein, wenn sich nur mehr entschließen könnten, den Nächsten zu lieben wie sich selbst. Wer an die Reinkarnationstheorie glaubt, empfindet in der Gegenwart von Walter K. die liebevolle Bewusstheit einer alten Seele. Alles, was wir normalen Erdenbürger vielleicht noch zu lernen haben, ist ihm bekannt und somit auch voll integrierter Bestandteil seiner Lebensphilosophie. Da ich Walter K. seit Jahren kenne, glaube ich, mir das Urteil erlauben zu können, dass er niemals versucht hat, etwas Besonderes zu sein. Seine »Rolle« ist, was eigentlich selbstverständlich sein sollte, vorbildlich in seinem gesamten Verhalten und im Umgang mit anderen Menschen zu sein. Er ist jener edle Kaufmann, der in Sonntagsreden als Vision genannt wird. Wenn es darum geht, Ideale aufzuzeigen, dann ist er heute noch das Vorzeigemodell der Nation. Weil Menschen mit Vorbildwirkung selten zu finden sind, habe ich Walter K. gebeten, ein paar seiner »Geheimnisse« zu lüften. Er sagte zu diesem komplexen Sachverhalt:

»Erfolg ist die Kunst des Machbaren, und wenn wir einige wenige Gesetzmäßigkeiten beachten, ist er auch für jeden zugänglich. Bald erkannte ich, dass zwischen den Darstellungen und dem praktischen Tun der meisten Menschen größte Lücken klaffen. Als ich mich selbstständig machte, bot sich für mich die Möglichkeit, das vorzuleben, was andere oft für unrealistisch hielten. In meinem eigenen Betrieb konnte ich Personen jeden

Alters, trotz aller Mängel, die einem anzuhaften pflegen, in vielen Fällen Vorbild sein. Indem ich z. B. gemachte Zusagen einhielt, nichts von anderen verlangte, was ich nicht selbst bereit gewesen wäre zu tun, dachte ich trotz phantastischer wirtschaftlicher Erfolge immer in Monatsgehältern der Normalverdiener und blieb immer mit beiden Beinen auf dem Boden.

Wichtig war mir, den Menschen und nicht seine Herkunft zu sehen. Das damit entstandene Vertrauen in die eigene Fähigkeit des Einzelnen hatte großen Einfluss auf sein Selbstwertgefühl und damit auf die Leistungsbereitschaft und auf seine Lebensfreude.

Von entscheidender Bedeutung war jedoch bei den Betroffenen immer das Gefühl, nicht missbraucht zu werden. Voraussetzung ist natürlich, dass in derartigen Fällen nicht nur die eigenen Aussagen auch unter schwierigsten Umständen belastbar bleiben müssen, sondern dass sich meine Mitarbeiter völlig zu Recht als Partner fühlen. Als Partner im Streben um überdurchschnittlichen Erfolg.

Mein Nachfolger in dem von mir aufgebauten Unternehmen war erstaunt über die in dieser schwierigen Branche (Rundfunk, Fernsehen) erzielbaren Gewinne. Erschreckt hatte ihn allerdings das weit über dem Durchschnitt liegende Einkommen der Mitarbeiter und die firmeninterne Lebensqualität. Meine Erklärung, dass nicht trotz, sondern wegen dieser enormen Ausgaben erst ein derartiger, allseits beachteter Erfolg möglich war, wurde mit Verwunderung zur Kenntnis genommen.

Was meiner Meinung nach in unserer Gesellschaft mehr herangebildet werden sollte, sind charismatische Führungspersönlichkeiten mit hohen ethischen Grundwerten in Politik und Wirtschaft. Menschen, die daran glauben, dass es stimmt, was Henry Ford einmal gesagt hat: ›Geld läuft man nicht nach, man geht ihm locker entgegen.‹

Ein erfolgreicher Mensch kann nicht alles, was ihm im Laufe

der Zeit »zugefallen« ist, selbst verbrauchen. Deshalb sollte er seine Verpflichtung all jenen gegenüber wahrnehmen, die noch nicht erkannt haben, dass im Gesetz vom Geben und Nehmen Segen liegt. Für jeden persönlich und für die gesamte Menschheit wäre das ein gewaltiger Fortschritt.«

So weit einige Aussagen von Walter K. Wer ihn kennen lernt, genießt seine Ruhe, ja seine tiefe innere Gelassenheit, aus der heraus er handelt. Seine Freundlichkeit ist sein Naturell, seine Gastlichkeit ist ihm ein Bedürfnis, und so wundert es nicht, dass er in mannigfaltiger Weise vielen ein Vorbild ist und viele Freunde hat.

Ich kenne eine große Anzahl Geschäftsleute, die täglich »ihren« Erfolg imaginieren. Sie wiederholen mehrmals während des Tages mit Hingabe ihre Lieblingsaffirmationen. Sie wissen »Am Anfang war das Wort (Geist)«, und so betrachten sie ihre Wunschvorstellungen vor ihrem inneren Auge, bis sie wahr werden. Wer sich lange genug suggeriert, zu den Besten zu gehören, und *sein Bestes* gibt, wird Erfolg haben. Wer von seinen Qualitäten überzeugt ist und weiß, dass er »gut« ist, der wird genau das zum Ausdruck bringen. Der schöpferische Geist kann nicht anders, er wird Sie von Erfolg zu Erfolg bis zu Ihren Zielen führen.

Es ist ein sehr natürliches Verhalten, wenn Sie nach Höherem streben. Auch für mich ist es das Maß der Dinge, meine Mitarbeiter zu achten und zu ehren und ihnen die besten nur möglichen Arbeitsbedingungen zu bieten. Als ich vor Jahren die Ambition hatte, die größte Praxis Europas zu leiten, investierte ich weit über zweihundertfünfzigtausend Euro in die Ausstattung der einzelnen Räume. Patienten und Sekretärinnen und natürlich meine Therapeuten sollten sich wohl fühlen. Ich musste das verdiente Geld nicht für mich verbrauchen, die Lebensqualität der mir »Anvertrauten« war mir immer so wichtig wie meine eigene. Es war eine gute Zeit mit dieser großen Familie, die sich aus bis zu fünfunddreißig Mitgliedern zusammensetzte und sich gemeinsam um das Wohl der Patienten bemühte.

Ob groß oder klein, wie könnte eine glückliche Familie nicht zu den erstrebenswerten Qualitäten gehören? Natürlich sollten Sie Ihrer Berufung folgen, wahre Freunde haben, Ihre privaten und geschäftlichen Angelegenheiten in Ordnung wissen. Verwenden Sie deshalb täglich einen gewissen Teil des Tages darauf, mental sicherzustellen, dass Sie alles *haben,* was Sie zu Ihrem Glück brauchen.

Denken Sie Großes, damit Großes geschieht

Lesen Sie dieses Buch auf jeden Fall mehrere Male; die Zeit, die Sie dazu benötigen, ist die beste Investition Ihres Lebens. Sollten Sie selbst nach mehrmaligem Studieren der hier beschriebenen Geistigen Gesetze nicht Ihre Ziele erreicht haben, dann kommen Sie einige Tage zu mir. Ich berate Sie und helfe Ihnen, Ihren Weg zu finden.

Alles, was Sie sich vorstellen können und was im Bereich des Machbaren liegt, das können auch Sie haben. Nehmen Sie von allem Guten und Wünschenswerten geistig Besitz, und es wird Ihnen schon bald gehören. Leben Sie von heute an im Bewusstsein des Erfolgs, und es wird nicht lange dauern, bis Sie angekommen sind.

Affirmation:
»Zu Siegen bin ich gekommen, zum Erfolg bin ich geboren, Wunder über Wunder geschehen, und ich werde zu meinem Glück getragen.«

▶ Lernen Sie aus Ihren Misserfolgen, sie sind Ihr Wegweiser für Ihre zukünftigen großen Taten.

Ein Millionär, der alles verlieren musste, um »reich« zu werden

Wolfram D. aus Köln kam zu mir, weil er Konkurs angemeldet hatte und nicht mehr ein noch aus wusste. Sein gesamtes Vermögen hatte er verloren und saß auf einem Schuldenberg von fünfeinhalb Millionen Euro.

Aber tief in ihm war der Wille, wieder auf die Beine zu kommen und all die Demütigungen zurückzuzahlen, die er während des Niedergangs seines Unternehmens hatte ertragen müssen. Sein Unterbewusstsein führte ihn in seiner Not in eine Buchhandlung, in der er »zufällig« eines meiner Bücher entdeckte. Als er beim Lesen die geistigen Zusammenhänge, die zu seinem wirtschaftlichen Zusammenbruch geführt hatten, zu verstehen begann, wusste er zugleich, dass er nicht wirklich gescheitert war, sondern sich mit dem neuen Wissen finanziell schnell erholen würde und dass ihm mit den katastrophalen Vorkommnissen der Vergangenheit etwas »gesagt« werden sollte. Voller Hoffnung kam er zu mir nach München, um sich für einen neuen Start »Verstärkung« zu holen. Ich gab ihm auf geistiger Ebene Kraft und konnte ihm vermitteln, den Konkurs als Chance zu verstehen.

Wolfram D. ist intelligent, er hatte ein »Einsehen« und lernte recht schnell, wieder an sich und seine Schaffenskraft zu glauben.

Um wieder ins Immobiliengeschäft einzusteigen, studierte er in der Folgezeit ausführlich *siebenundachtzig!* verschiedene Finanzierungsmodelle, bis er das für ihn richtige gefunden hatte. Herr D. kaufte erneut Häuser und Fabriken, baute Supermärkte und setzte seine »teuer« erworbenen Erkenntnisse bewusst ein, um diesmal ohne unkalkulierbares Risiko ein neues Vermögen zu bilden.

Die tiefe Verzweiflung über seinen Bankrott hatte ihn gelehrt, was er in Zukunft besser machen konnte. Erfolgsbewusst wie er war, hatte sein altes Denksystem ihm im Laufe der Jahre mehr als fünf Millionen Euro beschert, das neue jedoch ließ ihn wahrhaftig zu großem Reichtum kommen. Dass er sich gleich nach einem völligen Misserfolg nach nur zweieinhalb Jahren mit dem dreifachen Kapital bei den oberen Zehntausend zurückmeldete, ist ein wunderbarer Beweis für die kreative Instanz in uns.

Heute ist Herr D. dankbar für seinen »Stolperstein« auf dem Weg der Erkenntnis, jetzt kann er mit den mittlerweile fünfzehn Millionen Euro in Ruhe mit seinen Söhnen weiter an seinem Imperium bauen.

Diese Begebenheit soll Ihnen verdeutlichen, dass in jedem »Unglück« auch des Schicksals Chance zu Tage tritt, zum Multimillionär zu werden. Auch für Sie hat die Vorsehung Chancen eingebaut, die darauf warten, Ihnen »dienlich« zu sein.

Unzählige haben sich in einer ähnlichen Situation umgebracht, Herr D. erkannte seine Möglichkeit und kam als »gemachter« Mann aus dem Desaster heraus. Manchmal ist am Computer ein »Reset« erforderlich, um einen Neustart zu beginnen, und im Leben ist es nicht anders.

WIE SIE IN EINER GLÜCKLICHEN PARTNERSCHAFT LEBEN KÖNNEN

GLEICH UND GLEICH GESELLT SICH GERN

▶ Reich zu werden ist der Traum eines Bettlers, Könige sehnen sich danach, das Glück zu finden.

Weil Ihre Freunde Ihnen ähnlich sind, haben Sie einander gefunden. Wenn Sie einem Bekannten ein Buch empfehlen, wird »sichtbar«, ob bei Ihnen genügend gleiche Interessen vorhanden sind und Sie Freunde werden können. Haben zwei ähnliche Ambitionen, dann ist das eine wichtige Voraussetzung, um aneinander Verstärkung zu erfahren. Ist der andere an für Sie wichtigen Themen interessiert, ist auch Interesse *an Ihnen* vorhanden. Ihre Gedanken, Wünsche, Hoffnungen etc. sind Aspekte Ihrer Persönlichkeit, und wer daran teilnimmt, ist in Resonanz mit Ihnen. Man könnte im doppelten Sinne des Wortes sagen: Er *hat* etwas von Ihnen, und Sie haben etwas von ihm. Die Volksweisheit: »Gleich und Gleich gesellt sich gern«, ist richtig. Wenn Sie darauf achten, wird Ihnen »Ähnliches« zur »Seite« stehen, und Sie werden erleben, dass Einigkeit stark macht. Verinnerlichen Sie dieses Wissen der inneren Zusammenhänge von allen mit allem. Damit Ihnen vieles von nun an leichter fällt, sollten Sie Ihren Freundeskreis erweitern. Lassen Sie das Gesetz der Resonanz Gleichgesinnte zu Ihnen führen, damit Ihre innere Stärke auch von außen Zuspruch findet und Sie machtvoll Ihres Weges gehen.

Es gibt eine kleine chassidische Geschichte von einem Rabbi, der einem Schüler sagte: »Wenn du in den Himmel kommst, wird Gott nicht fragen: ›Warum warst du nicht Moses?‹ Er wird fragen: ›*Warum warst du nicht du?*‹«

Ihre (neue) Partnerschaft wird dem Ideal entsprechen, wenn Sie die Gesetze des Lebens anwenden

Liebe wird in Ihr Leben Einzug halten, wenn Sie anerkennen, dass alles, was Sie zu Ihrem Glück brauchen, bereits in Ihnen ist. Lesen Sie in diesem Buch unter dem Aspekt einer liebevollen Beziehung so lange weiter, bis Ihre Herzen verschmolzen sind.

Es ist, vereinfacht gesagt, auf mangelnde Kommunikation zurückzuführen, wenn eine Partnerschaft nicht Ihrem Ideal entspricht. Wenn die Gespräche verstummen, beginnt das Nichtausgesprochene zur Gefahr zu werden. Sobald Sie aber die geistigen Gesetze ernsthaft studieren, wird der richtigen Anwendung und einer liebevollen Verbindung nichts im Wege stehen. Miteinander zu sprechen heißt, seine Meinung mit der des anderen abzugleichen. Miteinander kommunizieren ist ein Aufeinanderzugehen und Vorbedingung, um gemeinsame Ziele zu entwickeln und seinen Geist mit dem des anderen zu vereinen.

Weil es zu einer glücklichen Verbindung einiges an Erfahrung (Weisheit) braucht und die traditionelle Vermittlung von ethisch-moralischen Werten vielfach nicht mehr gegeben ist, müssen wir oftmals schmerzlich fühlen, was wir nicht gehört haben. Aber wir alle lernen, und weil wir bereit sind, Neues anzuerkennen, können wir besser und besser miteinander umgehen (lernen).

Eine wahre Partnerschaft ist dann gegeben, wenn das Gesetz der Resonanz Ihnen Ihre Dualseele zu-geführt hat und beide wissen, dass Sie füreinander bestimmt sind.

Eine menschliche Verbindung sollte immer eine Herzensangelegenheit sein, weil materielle Werte oder ein angeheirateter Status auf Dauer niemals allein glücklich machen können.

Wenn Sie Ihre Frau verstehen wollen, dann sollten auch Sie mit dem Herzen denken, während sie mit Ihnen spricht. Wenn Sie wirklich hören wollen, was Ihr Mann sagt, dann sollten Sie seinen rationalen Beweisführungen folgen, damit Sie nicht allzu lange auf verschiedenen Wellenlängen aneinander vorbeiargumentieren. Sie sollten mit Ihrem Verstand fühlen, was er Ihnen sagen will. Frauen sind anders, weil sie in ihrem Herzen sind. Männer lieben ihre Logik und wünschen von ihrer Frau, dass sie ihr folgen kann.

Sie haben bereits viel über die Geistigen Gesetze gelernt. Integrieren Sie dieses Wissen, es wird Ihnen nützlich sein, wenn einmal guter Rat teuer ist.

»Sehen« Sie, »fühlen« Sie, wie Ihr Traumpartner sein soll. Verabreden Sie sich geistig heute Abend mit ihm zu einem Stelldichein. (Aber gehen Sie auch hin.) Erkennen Sie, dass Sie Ihr Ideal rufen können und dass auf Ihren Ruf geantwortet werden wird. Sie müssen nicht warten, nichts und niemand verurteilt Sie zur Passivität, weil Sie der Protagonist Ihres Lebens sind. Kreieren Sie liebevolle Affirmationen, in denen Sie der geistigen Instanz in Ihnen klarmachen, was Sie wollen.

Einer fünfundvierzigjährigen Frau aus der Nähe von Paris gab ich folgende Affirmationen und war ein Jahr später Trauzeuge bei ihrer Hochzeit im oberbayrischen Inzell.

»Ich weiß, dass der Geist, der alles miteinander verbindet, mir den idealen Partner zuführt. Er hat gleiche Interessen wie ich, und wir gehören zusammen von Anbeginn. Jetzt ist die Zeit unserer Gemeinsamkeit gekommen. Ich sehe seine Eigenschaften, sie passen wunderbar zu mir und meinen Vorstellungen von einer göttlichen Verbindung. Ich weiß, dass wir uns gegenseitig tragen werden, dass wir unsere Herzen in des anderen Gewahr geben können und dass wir vollkommen miteinander harmonieren. Uns vereint die Hingabe zur Ehrlichkeit, zur Treue, wir sehnen uns nach einem Leben in gegenseitigem Vertrauen, Wohlstand

und Zufriedenheit. Wir sind inniglich in Liebe verbunden, ach-
ten einander und wollen das Glück des Himmels und das der
Erde miteinander teilen.

Die Weisheit des verbindenen Geistes wird uns jetzt zueinan-
der führen.«

Lernen Sie Ihre Affirmationen auswendig, das heißt, »ein-verlei-
ben« Sie sie sich. In Ihrer Werkstatt des Geistes sollte kein Raum
für irgendeine andere Vorstellung sein, damit Ihr Idealpartner
und Sie sich in Kürze begegnen können.

Konzentrieren Sie sich auf die Charaktereigenschaften des
Wunschpartners, und *Sie* werden *seine* Wesenszüge annehmen.
Während Sie sich vorstellen, wie *er* sein soll, werden *Sie selber*
zu dem, was Sie imaginieren. Je intensiver Sie die erwünschten
mentalen Eigenschaften verbildlichen, umso mehr werden *Sie*
sich mit ihnen identifzieren, und als Folge wird das Gesetz der
Resonanz dann einen Menschen auf Sie aufmerksam werden lassen, der zu Ihnen passt.

Am besten lesen Sie diese Zeilen gleich noch einmal.

Durch *Ihre* Imaginationsübungen *der* Eigenschaften, die Sie
sich bei Ihrem Partner wünschen, wandelt sich *Ihre* Persönlichkeit, Sie werden jetzt Anziehung auf jemanden ausüben, der
Ihrer Eigenart entspricht. Zu wissen, dass Sie es waren, der
durch Ihre Vorstellung ihn »erschaffen« hat, erweitert Ihr Wissen der schöpferischen Intelligenz in Ihnen. Wenn Sie diesen Teil
verstanden haben, dann wissen Sie mehr als 99 Prozent Ihrer
Mitmenschen.

Die Erfahrung lehrt, dass zwei Seelen, die sich fanden, oft das
Gefühl haben, sich schon lange zu kennen. Genau das ist wahr,
beide kennen sich, weil sie bereits lange Zeit miteinander im
»Gespräch« gewesen sind.

Wenn Sie ein »gebranntes Kind« sind

Wenn Sie es schon einige Male versucht haben, dann haben Sie mittlerweile einiges an Erfahrung, und es kann nicht mehr lange dauern, bis Sie und Ihr Ideal zusammenkommen. Als Erstes sollten Sie Ihre negativen Erfahrungen in Ihrem Geist löschen. Es ist manchmal wichtig, etwas zu vergessen, um Vergangenes vergangen sein zu lassen. Solange Sie in Ihrem Gemüt noch »Vorbehalte« haben, werden Sie allzu leicht inneren Widerspruch auslösen und das Räderwerk Ihres Geistes in die falsche Richtung laufen lassen. Ob Sie *unbewusst* den geliebten Partner mit Furcht besetzen oder sich mit ihm glücklich vereint *sehen,* ist von entscheidender Bedeutung für das Fließen Ihrer beider Energie. Ihre Freude mit Furcht zu besetzen können Sie sich nicht leisten, weil Sie sonst auf der Stelle treten und frustriert resignieren. Wer einmal Schiffbruch erlitten hat, fürchtet verständlicherweise, dass es wieder geschehen könnte, und ist innerlich auf »der Hut«. Solange Sie sich nach Ihrem Traumpartner sehnen, aber zugleich Angst vor einem erneuten Misserfolg haben, herrscht eine Pattsituation, und Sie kommen nicht von der Stelle. Sie wissen ja, der schöpferische Geist in Ihnen wägt ab, er unterscheidet, was gewichtiger ist. Wie groß ist Ihre Sehnsucht nach Ihrem idealen Partner, wie groß Ihre Angst vor einem weiteren Fehlschlag? Das Gesetz verlangt, *»dass der Stärkere siegt«.*

Oft kommen Singles zu mir und erzählen, dass sie seit Jahren keinen passenden Partner gefunden haben. Immer und immer wieder geschieht dasselbe, One-night-Stands oder allenfalls lockere, *unverbindliche* und letztlich unbefriedigende Beziehungen. Noch sind Ihre unguten Erfahrungen alle gespeichert und in der Addition ein mächtiges »Paket«, das *gegen* Ihre Sehnsucht handelt. Sie sind auf der Suche nach Glück und zugleich ängstlich

und auf Abwehr eingestellt, wenn es an Ihre Tür klopft. Es ist, als
wenn Sie sich selber ein Bein stellen würden. Sorgen Sie zuerst für
klare Verhältnisse, lösen Sie innere Konflikte, damit das neue
Glück auch wirklich und von ganzem Herzen willkommen ist.

Damit also die Verhältnisse eindeutig sind, reinigen Sie Ihr
Gemüt von ängstlichen Inhalten und füllen es mit Visionen vollkommener Freude. Affirmieren Sie, das heißt, »sehen« Sie Ihren
Traumpartner mit allen erstrebenswerten edlen Eigenschaften.
Stellen Sie sich immer wieder detailliert die Beziehung zu Ihrem
zukünftigen Lebens- und Liebespartner vor. Was wollen Sie mit
ihm erleben, was wollen Sie zu seinem Glück beitragen, und was
sollte er Ihnen geben? Seien Sie kreativ, erschaffen Sie mit Ihrem
Schöpfergeist eine vollkommene, das heißt göttliche Beziehung,
die Sie mit Ihrem Idealpartner leben und erleben werden.

Schreiben Sie das wichtigste Stück Ihres Lebens selbst: Ihre
ganz persönliche Novelle oder Poesie der Liebe und des gemein-
samen Glücks, und es ist kein Wunder, wenn es klopft.

Hier ein Gedicht über die Liebe von der Schriftstellerin und
Fernsehautorin Carlin Ziegler, das mich persönlich tief berührt
hat.

Im Bann des Zaubers…
von Carlin Ziegler

Im Bann des Zaubers jener Nacht,
als der volle Mond wie trunken am Himmel stand,
war die Sehnsucht in uns erwacht,
sachte nahmen wir uns bei der Hand.

Ach, Liebster, wohin nur mit so viel Glück
und der Liebe sehnendem Schmerz,
und was bleibt am Ende von all dem zurück,
allein die Erinnerung an ein liebendes Herz?

Da hab ich den Glanz in deinen Augen gesehn,
die auf einmal heller strahlen als alle Sterne,
ja, wir wollten beide auf die große Reise gehn,
endlich Antwort finden in der weiten Ferne.

Unser Blick verlor sich in dem Sternengefunkel,
dann zog es zwei Herzen mit Macht hinfort,
und so durchbrachen wir Zeit und Raum und das Dunkel,
kehrten heim, an den ewig heiligen Ort.

Voller Ehrfurcht tauchten wir in die Stille
der immer währenden Unendlichkeit ein.
Oh, du einzig sehnender, göttlicher Wille,
in Liebe, in Liebe mit allem eins zu sein.

▶ Eine erfüllte Liebesbeziehung ist Balsam für das Herz.

Maria und Hans Sechelmann können für alle, die sich eine ideale Partnerschaft wünschen, Vorbilder sein

Es gibt sie, die ideale Partnerschaft. Maria und Hans kenne ich nun schon lange Jahre. Sie leben jetzt in zweiter Ehe die göttliche Verbindung zweier Menschen, die nicht aufgegeben haben, daran zu glauben, dass es den Himmel auf Erden geben muss. Beide wussten, als sie sich trafen, dass eine gute oder eine schwierige Verbindung in der Massivität oder Transparenz des Egos begründet liegt. Man kann auch sagen: In unseren Eigenheiten liegt die Voraussetzung, mit jemandem zu harmonisieren oder besser andere Wege zu gehen. Es ist eine Frage der Wellenlänge, inwieweit Charaktere sich anziehen oder besser voneinander fernbleiben.

Wieder ist es das Gesetz der Resonanz, das Gleiches zu Gleichem finden lässt, und es stellt sich für viele lediglich die Frage, ob dem Schicksal die Chance gegeben wurde oder nie ein »Lottoschein« ausgefüllt worden ist. Es genügt nicht, wieder zu hoffen, sondern es muss etwas getan werden, um die ideale Begegnung *herbeizuführen*. Sie erinnern sich: »*Wir müssen schon etwas tun, damit sich etwas tut.*«

Es gibt verträgliche Menschen und eher komplizierte Charaktere, für jeden aber gibt es ein Pendant oder auf gut Deutsch: Für jedes Töpfchen existiert irgendwo ein Deckelchen. In langen Gesprächen erzählten mir Maria und Hans, wie sie es zu Wege brachten, aus anfänglichen egoistischen Sichtweisen wahre Gemeinsamkeiten werden zu lassen.

Wieder hinzuhören war beiden zur wichtigen Eigenschaft geworden. Maria sagte, als wir in ein Gespräch vertieft waren: »Wir wussten, dass wir unsere Verhaltensmuster ändern mussten, um dem Neuen eine Chance zu geben. Wir hatten beide unsere Erfahrung, wie es nicht geht, jetzt wollten wir wissen, wie es möglich ist, in Liebe verbunden zu sein. Die erste Frage war also: »Was sollten wir meiden, womit sollten wir auf*hören*? Wir nahmen uns vor, wirklich hin-zu-*hören*, wenn der andere etwas zu sagen hatte. Wir wollten antworten *auf das, was wir hörten*, damit ein echter Dialog zwischen uns möglich wurde. Der neue erwachsene Mensch wird versuchen, sich in den anderen hineinzufühlen, um ihn und seine Welt besser zu verstehen.

Maria und Hans mieden negative Begriffe und änderten gedanklich und verbal ihre Kommunikation hin zum Verbindenden.

Hans sagte: »Viele Begriffe aus dem üblichen Sprachgebrauch werden von uns nicht verwendet, das heißt, alle Vorwürfe, Anschuldigungen, Reduzierungen der Persönlichkeit des anderen lernten wir zu meiden. Uns war wichtig, Worte und Rituale zu finden, die in unserer Verbindung einen festen Platz haben sollten. Wir sprachen lange Abende von der Liebe und versuchten ihr Diener (Schüler) zu sein. Wir richteten unseren Geist auf Vertrauen, beschäftigten uns mit Sanftmut und übten über eine lange Zeit, Respekt voreinander zu haben. All das braucht Geduld, ganz besonders, dem anderen zu vertrauen und sich ihm im wahrsten Sinne hinzugeben. In unseren ersten Jahren erkannten wir, dass wir eine Chance hatten, eine ideale Partnerschaft zu führen, wenn wir nur weiter aufeinander zugingen. Wir wollten nicht lernen, uns *auseinander zu setzen,* unser Wunsch war es, *einander* zu finden. Aus-einander-setzungen hatten wir bei Freunden zu Genüge erlebt, am Ende lebte der eine in Hamburg und der andere in Wien. Es war auch nicht unser Bestreben, uns zusammenzuraufen, sondern wir wollten in Liebe unser Herz in des anderen Gewahr geben. Wir wussten, dass wir lieben wollten und nicht streitend unsere Zeit vergeuden. An jedem Abend wird derjenige, welcher zuerst müde ist, vom Partner zu Bett gebracht und »eingemuckelt«. Selbstverständlich waren uns liebevolle Wünsche für eine gute Nacht und ein liebevolles Danke für den miteinander verbrachten Tag.

Jeder sollte sich täglich selbstverständlich »seine« Portion Zärtlichkeit abholen dürfen. Wir lernten dem so genannten Ehealltag zu entgehen, indem wir in vielerlei Hinsicht »experimentierten«. Routine ist der Feind des Liebeslebens, also ließen wir uns etwas einfallen.

Waren wir verschiedener Meinung, dann musste niemand befürchten, dass der andere deshalb schmollte. Es war uns als reifen Menschen bewusst, wie wichtig es ist, tolerant zu sein und sein zu dürfen, wie wir nun mal sind.

Wir meditierten, wenn uns danach war, und wir lernten, unseren Geist in der Stille und innerem Frieden zu »einen«.

Zusammenfassend können wir sagen: Es ist leicht, glücklich zu sein, wenn man in der Liebe ist und ein wenig auf die Spielchen des Ego achtet. Es ist kein weiter Weg zu erkennen: Ich bin nicht auf der Welt, um das zu tun, was du von mir erwartest, denn ich bin ich, du bist nicht auf der Welt, um das zu tun, was ich von dir erwarte, denn du bist du. Treffen wir uns auf dieser Basis, so können wir den Himmel auf Erden haben und für die Zeit unseres irdischen Daseins glücklich sein.

Sicher hört sich diese kurze Darstellung einfach an, aber sind nicht auch Ihnen Partnerschaften bekannt, die dem Ideal entsprechen? Ich selbst werde es nie aufgeben, an das Ideal zu glauben, nach dem Allerhöchsten zu streben. Für jeden ist die Tür zum Paradies geöffnet, *wenn wir es denn glauben können*. Es ist, um zur Glückseligkeit zu gelangen, keineswegs nötig, allzu viele Kompromisse einzugehen. Am Ende meiner »Zeit« werde ich nicht sagen, ich hätte zu früh aufgehört, an Gottes Liebe im Land der Lebenden zu glauben.

Wenn Sie ein *liebenswerter Partner* sind, dann wird das Gesetz Gleiches zu Ihnen führen. Wenn wir uns der Leichtigkeit des Seins hingeben, dann muss nicht *schwer* fallen, was doch prinzipiell ein *Leichtes* ist. Das sichtbare Äußere weist auf das unsichtbare »Herz der Dinge« hin, beginnen Sie, diesen Teil der Schöpfung stärker in Ihr Denken mit einzubeziehen. Das Ganze wartet darauf, Sie zu verbünden, damit Sie nicht länger verheiratet und doch alleine sind. Das All-*ein*-sein mit Ihrem Traumpartner kann sehr wohl von nun an Ihr *Zuhause* und Ihr Himmel auf Erden sein.

Die Allgegenwart des Schöpfer-Geistes will Ihnen gut tun, Sie dürfen das Geschenk annehmen und wahrhaft glücklich sein.

Wenn Sie *für sich* etwas tun möchten, dann affirmieren Sie: *»Gott sorgt für mich.«*

Wenn Sie etwas für Ihre Partnerschaft tun wollen, dann sollte es heißen: *»Gott sorgt für uns.«* [*]

---

[*] Maria und Hans können Sie über E-Mail erreichen: eternal-bliss@t-online.de

ALLES LEBEN IST EIN EWIGER TRANSFORMATIONSPROZESS

▶ Nur wer sich sicher ist, kann frei sein.

In der heutigen Zeit gibt es eine Fülle neuer Erkenntnisse und neuer Wege, um Erfüllung zu finden. Heilige Schriften aus allen Kulturen dienen uns dabei als Gebrauchsmuster mit ihren der Ewigen Philosophie entlehnten Weisheiten, wie wir am besten zu unseren Zielen gelangen können.

Die von mir entwickelte »sanfte Heilung durch Hypnose« ist ein direkter Weg, wieder Vertrauen in unsere All-Weisheit zu gewinnen. Die Folge davon ist ein deutlich spürbarer Kraftzuwachs und mehr Kreativität in all unseren Aktivitäten. Wer sich vertraut, verabschiedet sich von Abhängigkeit, von Schuldgefühlen und, was noch viel wichtiger ist, von jeglicher Opfermentalität. Wer sein Urvertrauen wieder findet, dessen Liebesfähigkeit wird freigesetzt und glättet natürlicherweise im Umgang mit seinen Mitmenschen die »Wogen.«

Wie Sie in vielen Beispielen gelesen haben, ist es sehr wohl möglich, selbst tief liegende Ängste aufzuspüren, durch Vertrauen *aufzulösen* und so zu mehr individueller Lebensqualität zu gelangen. Es gilt, sich selbst in einem größeren Zusammenhang zu verstehen, um seine wahre Größe zu offenbaren. Es stimmt, was in den Schriften geschrieben steht, wir sind in unserem innersten Wesen Licht, und die Welt wartet darauf, dass wir es leuchten lassen und strahlend in Erscheinung treten.

Alles Leben ist ein Prozess der Offenbarung, hin zu einer höheren, lichteren Ordnung. Indem wir mehr und mehr das Sichtbare und das Unsichtbare als eins anerkennen, geschieht es, dass wir selber heil werden, dass wir Heilung erfahren und dass Heiles von uns ausgeht. Sobald wir in unserem Inneren verankert haben, nach einem selbst bestimmten Leben zu trachten, sind wir bereits auf dem Weg der Selbstverwirklichung. Es gehört zu unseren tiefsten Sehnsüchten, Einsicht in alle Ebenen der Schöpfung zu nehmen und zu verstehen, warum die Welt so ist, wie sie ist. Unser aller Weg ist der Weg der Erkenntnis, und er führt uns zur höchsten inneren und äußeren Freiheit. Wenn wir nur oft genug fragen, woher wir kommen, warum wir »da« sind und wohin wir gehen, erhalten wir auf die Sinnfrage des Lebens Antwort.

Unser ganzes Leben, der Weg, den wir alle gehen, führt uns zum Verstehen, wie einfach es ist, »Einsicht« zu erlangen und zufrieden und glücklich zu sein. Erleuchtung kann am leichtesten mit »vollendeter Selbsterkenntnis« übersetzt werden.

Es gehört zu Ihren Aufgaben, dass Sie sich von den Schleiern der Illusionen befreien und erkennen, dass Sie Ihr Leben in Freiheit gestalten können.

Sich »leer« machen und zu vertrauen ist ein einfacher Weg, den Sinn der Schöpfung zu erkennen und bald schon Ausdruck höchster irdischer und göttlicher Präsenz zu sein.

Nur ein wenig tägliche »Hinwendung« ist genug, um den so genannten Alltag nachhaltig zu wandeln und sich auf den Weg zum paradiesischen Zustand der All-Einheit zu begeben.

Es gehört zum wesentlichen Bestandteil meiner Lebensphilosophie, mit alten Dogmen aufzuräumen und keine neuen aufzustellen. Niemand sollte irgendjemand folgen, jeder hat seine eigene innere Führung, der er ge-*horchen* soll. Immer ist der Suchende bestimmender Mittelpunkt, der in seinem eigenen Rhythmus durch seinen individuellen Prozess der Wandlung geht. Es ist durchaus möglich, dauerhaft aus einem Alltag einen friedvollen *ALL*-tag werden zu lassen.

Erinnern Sie sich an die kleine chassidische Weisheit, in der Gott fragt: »*Warum warst du nicht du?*«

Es kann also nur Ihr Ziel sein, durch Auflösen alter Begrenzungen das mit Leben zu erfüllen, was Ihrem innersten Wesen entspricht. Sich vom Strom des Lebens tragen zu lassen, um zur Quelle zu gelangen, damit Lebensfreude, Kreativität, Intuition und Selbstvertrauen in Ihr Leben zurückkehren. Die einzige Voraussetzung ist, Neues willkommen zu heißen und sich danach zu sehnen, das Wunder eines Übergangs vom Menschen zu den Göttern zu erfahren.

In einem Zen-Gedicht heißt es:
Wenn du Es kennen lernen willst, kannst du es nicht sehen, du kannst Es nicht festhalten, aber du kannst Es auch nicht verlieren.

In deiner Unfähigkeit, Es zu begreifen, begreifst du es.

Wenn du schweigst, spricht Es. Wenn du redest, bleibt Es stumm.

Das große Tor ist weit geöffnet für alle, die guten Willens sind, und keine Menschenmenge ist da, die den Weg versperrt.

Dass es nichts gibt, was zu erreichen wäre, ist keine leere Rede. Es ist die Wahrheit. Du bist immer schon mit dem Buddha eins gewesen, also behaupte nicht, du könntest dieses Einssein durch verschiedene Übungen erreichen. Könntest du dich in diesem Augenblick davon überzeugen, dass es nichts zu erreichen gibt, dass der Bodhi-Geist »unerreichbar« ist und tatsächlich überhaupt nichts jemals erlangt werden kann, dann hättest du den Bodhi-Geist.

Hart ist der Sinn meiner Rede! Sie soll dich lehren, dass du dich jeder Suche nach der Buddhaschaft enthalten sollst, weil jedes Suchen zum Scheitern verurteilt ist.

Das Absolute ist überall und zu *jeder* Zeit. Das heißt, dass es in seiner Totalität immer *allgegenwärtig* ist.

Da Gott (Buddha, das Absolute) das *Selbst des Menschen* ist, gibt es nichts, was ein Mensch erreichen könnte, nichts, dem er begegnen könnte.

»Wer Gott nicht überall sieht, sieht ihn in Wahrheit nirgendwo.« Es ist »Zeit, zu erwachen« und zu erkennen, dass das, was wir suchen, in uns ist.

KRITIKER

▶ Nehmen Sie sich so an, wie Sie jetzt noch sind, Ihre »Eigenart« beweist Ihnen, dass Sie Mensch sind und dass Sie leben.

Sollten Sie der Meinung sein, dass Sie klüger sind als andere, dann hoffe ich für Sie, dass es stimmt. Das aber auch zu sagen, wäre wiederum gar nicht weise. Bewusstsein (Intelligenz) kann sich selber erkennen. Unbewusstheit (Dummheit) dagegen ist genau dazu nicht in der Lage. Zum Erkennen der eigenen Unzulänglichkeit müsste man intelligent sein, aber genau diese Mischung ist eher selten. Kritik ist fast nie ein Zeichen von Intelligenz, und so ist es töricht, einem Dummen zu sagen, dass er dumm ist, er würde es nicht verstehen und wütend werden. Beim Maß der eigenen Intelligenz sind ausnahmsweise alle einig, jeder glaubt, dass er vom lieben Gott genug bekommen hat.

Wüsste der Kritiker, dass er sich durch seine Bewertung selber in die Reihen derer begibt, die er beanstandet, er würde schweigen. Wer intelligent ist, weiß das und kann den Weg der Selbsterkenntnis gehen, wer aber kritisiert, der ist sich nicht bewusst, dass er sich selber outet.

Ein Kritiker kann viel zerstören, und das ist auch seine »verborgene« Absicht, mit der er seine Verbitterung über die Unwegsamkeiten *seines* Lebens auf andere überträgt. Der Grund, warum Kritiker zur öffentlichen Demontage in Fernsehshows eingeladen werden, ist leider die Einschaltquote und nicht der Gerechtigkeitssinn des Programmdirektors. Exhibitionistisch veranlagte Moderatoren kommen einem sensationslüsternen Publikum entgegen und rufen beim Zuschauer Schadenfreude und wenig gute Instikte wach. Wer öffentlich seine Mitmenschen schlecht macht, der ist in seinem Bewusstsein eingeschränkt; beten Sie für ihn, er ist noch unterwegs, genau wie wir. Meiden Sie Sendungen dieser Art, es bleibt allzu leicht vom üblen Geruch etwas an Ihnen »hängen«.

Bei Kritikern haben wir vor allen unaufrichtige Menschen vor uns, die selber wenig in der Lage sind, etwas zum Allgemeinwohl beizutragen, und um der Aufmerksamkeit willen andere auseinander nehmen.

Zum Glück hat alles in der Welt eine zweite Seite, und auch Kritik hat ihre Berechtigung, wenn sie von Liebe getragen wird.

Wenn jemand Sie um *Ihre* Meinung bittet und Sie ihn konstruktiv und liebevoll be-*raten,* dann ist es Hilfe zur Selbsthilfe. Das ist erwünscht und wird letztlich auch beiden gut tun. Vorsicht aber, in »be-raten« ist auch der Begriff »raten« enthalten, raten aber kann der andere auch ohne Sie. Es ist wie bei der Deutung eines Traumes, der Träumende weiß im Allgemeinen besser, was ihm gesagt werden sollte, und der professionelle Be-»rater« hält sich wohlweislich mit *seiner* Meinung zurück.

Wenn jemand Sie um Hilfe bittet, dann tun Sie gut daran, ihn in seinem »So-sein« liebevoll zu bestärken. Dann sind Sie kein Kritiker, sondern ein Liebender und, wie könnte es anders sein, werden Sie Liebe ernten.

Anstatt zu kritisieren, ist es allemal besser, wenn Sie die guten Eigenheiten beim anderen hervorheben, ihn darauf hinweisen, dass er seinen Weg finden wird und seine Schwächen getrost vergessen kann.

Die Falle der Rationalität

▶ Gott ist alles, und darüber hinaus ist er das »Mehr«, das dieses Alles übersteigt.

Die folgenden beiden Kapitel könnten dem weniger geübten Leser etwas unbequem erscheinen, da wir in einen Bereich eintauchen, der mit dem Verstand alleine nur schwer greifbar ist. Nutzen Sie deshalb Ihre Verbindung zu Ihrem höheren Selbst (SQ), mit ihm haben Sie ein erweitertes Bewusstsein und werden vieles leichter verstehen. Lesen Sie diesen Text am besten mehrmals, um seinen Inhalt ganz zu erfassen.

Einige glauben, dass Positives Denken mit der Gefahr verbunden sei, zugleich das Gegenteil zu bewirken, also Negatives entsteht aus Positivem. Diese rein rationale (IQ) These besagt: Wer versucht zu vertrauen, der muss in derselben Quantität als Gegenpol Angst in sein Leben rufen. In ihrem Versuch, sich die Welt ihrem eigenen Verständnis anzupassen, gehen Kritiker so weit zu behaupten, dass Positives Denken deshalb gefährlich sei.

In umfangreichen Untersuchungen einer namhaften amerikanischen Universität wurde zweifelsfrei bestätigt, dass Heilungsgebete für einen Erkrankten, selbst über große Entfernungen, wirksam sind. Wäre die eben angeführte These richtig, dann müsste, wenn jemand durch eine Fürbitte wieder gesund wird, er zugleich auch krank werden, oder jemand anders müsste als Gegenleistung leiden. Sie sehen an diesem kurzen Beispiel, wie unsinnig es ist, das Gesetz der Polarität im Bereich der Metaphysik anzuwenden.

Wer behauptet, dass Beten oder positives Denken mit Gefahr verbunden ist, der hat Angst und macht deshalb Angst; er hat sich nicht wirklich mit der Tiefe dieses Themas befasst. Wer die Aussagen der Ewigen Philosophie als gefährlich bezeichnet, glaubt, dass er bestraft wird, wenn er vertraut, und verteufelt in seiner »Kurzsichtigkeit« den Weg zum Licht. Diesen ängstlichen Zeitgenossen bleibt, weil sie hochgradig unglücklich sind, oft nur die Flucht in die Ratio. Sie intellektualisieren emotionale Bereiche, um ihrem eigenen Schmerz zu entgehen. Der geistig interessierte Mensch weiß jedoch, dass wir unsere Verhältnisse ändern können ohne Negatives auszulösen.

Die Physik postuliert, dass Licht paradoxe Eigenschaften hat. Es ist sowohl eine Welle als auch Teilchenstrahlung, und das ist rationaler Logik zufolge schlichtweg unmöglich. Es kann nicht sein, es darf nicht sein und ist doch.

Um Ihnen zu helfen, diese intellektuelle Hürde zu überwinden, sollten wir wieder einmal die Verstandesebene verlassen. Alles, was Sie um sich herum wahrnehmen, ist nur in Bezug auf etwas Gegensätzliches zu verstehen. Sie vergleichen und wissen über den Vergleich, was Sie vor sich haben.

Befassen wir uns, zum besseren Verständnis, mit dem Thema Polarität/Nichtpolarität.

Die Lehre von der Polarität besagt, dass alles, was Sie wahrnehmen, gut und zugleich auch schlecht ist, also die berühmten zwei Seiten hat. Sie kennen die Aussage: Eine Medaille hat zwei Seiten. Wenn Sie Licht machen, entsteht zugleich auch Schatten. Es ist gut für die Pflanzen, wenn Sie um Regen bitten, aber es ist nicht gut für die Menschen, die sich sonnen möchten. Indem wir um Regen bitten, entsteht sowohl Gutes als auch Nichtgutes. Sie haben mit dem einen auch das andere geschaffen.

Dieser einfachen Logik zufolge erschaffen wir, indem wir zu Gott beten, den Teufel.

Die übergeordnete Sicht jedoch besagt: Wenn etwas kein Pol *ist,* dann hat es auch *kein Gegenüber,* und nichts *Entgegengesetztes* kann daraus entstehen. Licht hat Schatten als Gegenüber, Wasser ist Nahrung, aber es kann auch Bedrohung sein.

Sobald Sie sich also etwas *Nicht*polarem zuwenden, entsteht, im Gleichnis gesprochen, aus Licht *nicht* automatisch Schatten und aus Ihrem Streben nach vollkommenem Glück nicht zugleich auch unsägliches Leid.

Es heißt: Gott ist unvergleichlich, er ist die Summe der Teile und *das »Mehr«, das über die Summe hinausgeht.* Wenn etwas also das Ganze ist, womit wollen Sie es vergleichen, um es verstehen zu können? Es gibt kein anderes Ganzes.

Und das Wichtigste: Wenn Gott *kein Gegenüber* hat, dann sind auch *göttliche* Eigenschaften wie Liebe, Vertrauen und Hoffnung, *weil sie zu ihm gehören,* eigenständig und unterliegen nicht dem Gesetz der Gegensätzlichkeit. Daraus könnte begreiflich werden, was in der Ewigen Philosophie seit Menschengedenken zur Hauptaussage gehört: *»Es gibt nichts außer Gott.«* Und das wiederum heißt, dass der Glaube an den Teufel auf dem Unverständnis der Universalität Gottes beruht. Der Teufel ist also nicht Gottes »Gegenspieler«, sondern er existiert, weil weltliche Theologen über lange Zeit in ihrem Dominanzverhalten »Gläubige« zu fehlerhaftem Denken genötigt haben. Es heißt: Der Glaube schafft Tatsachen, und erst auf diese Weise ist der Teufel für jene, die an ihn glauben, *tatsächlich* geworden.

Weil sich allzu viele nicht des eigenen Verstandes bedienen und sich stattdessen bedenkenlos den falschen Glaubenssätzen unbelehrbarer Theologen anschließen, gehört der Teufel leider immer noch zu den Vorstellungen unserer Gesellschaft.

Das heißt, dass alle Religionen an dieser Stelle irren. Hier liegt *ein* Grund, warum von bewussten Menschen alte christliche Glaubenssätze mit Argwohn betrachtet werden und sie zu ihrer angestammten Religion auf Distanz gehen.

Ganz besonders wenn wir in den Bereich der Metaphysik kommen, ist die intellektuelle »Sicht« eher behindernd, als dass mit ihr ein »Durchblick« möglich wäre. Die rein rationale Beweisführung der Wissenschaft ist zu sehr auf das Detail gerichtet, als dass mit ihr Gott in seiner unendlichen Größe bewiesen oder auch verneint werden könnte. Unsere Wissenschaft ist zu weltlich, als dass das über die Welt Hinausgehende jemals durch sie erfasst werden könnte. Der Intellekt ist ein ungeeignetes Werkzeug, um etwas ihn selbst Übersteigendes annehmen zu können. Es ist eine Tatsache, dass Licht wissenschaftlich betrachtet nicht existieren dürfte, und genauso ist auch Gott in seiner alles überragenden Existenz, mit all seinen Eigenschaften, für alle, die ihn durch intellektuelle Filter betrachten, nicht existent.

Es müsste wohl mit dem Teufel zugehen, sollten die Wissenschaftler dennoch eines Tages fündig werden. Aber wir können wohl beruhigt sein: Die These vom Teufel ist nur eine geistige Nachlässigkeit und ein Werk allzu weltlicher Geistlicher.

Wer sich selber als welterfahren, klug und rational sieht, *wer intellektuell etwas auf sich hält,* von dem muss Gott »logischerweise« mit *all seinen Attributen* verneint werden.

Wer aber *»weiß, dass er nichts weiß«,* dessen Spiritualität ist erwacht und der wird in seine Weltanschauung das »Jenseits« der Welt mit einbeziehen. Beginnen Sie, sich von den engen Grenzen der Rationalität zu befreien, und Sie können in grenzenloser Freude sein, ohne dafür in der Hölle büßen zu müssen.

Der weltliche Mensch denkt im Rahmen der Polarität, der Erwachende erkennt *sich* im Non-Dualen (im Darüberhinausgehenden) und ist so viel irdischer Müh und Plag enthoben!

Das Gesetz der Welt ist das Gesetz der Polarität.

Das über die Welt Hinausgehende aber ist *nicht-polar.*

Nur beides, »Himmel« und »Erde«, sind *das Ganze.* Licht ist Welle und Partikel, und erst diese Eigenschaften machen Licht möglich. Solange jemand nur die weltliche Perspektive sieht, kann er das »Ganze« gewiss nicht verstehen.

Wer lernt, seinen Geist auf Raum und Zeit *und* das, worin alles sein »Sein« hat, auszurichten, der braucht sich nicht zu fürchten, dass sein Licht Schatten wirft. In ihm hat Gott die Führung übernommen, er denkt im Sinne des Ganzen und kann deshalb die Enge des polaren Denkens verlassen. Wer gläubigen Herzens betet, dem sei versichert, dass seine Fürbitten erhört werden und er dabei keineswegs gleichzeitig den Teufel an die Wand malt.

Im derzeitigen Entwicklungsstadium der Menschheit ist der Intellekt Favorit, aber langsam lernen Erwachende übergeordnete (über das weltliche Denken hinausgehende) Dimensionen zu begreifen.

In der Physik bedingt das eine das andere, das Studium der Metaphysik erhebt sie über das Gesetz der Gegensätzlichkeit und macht sie frei.

Logik ist nur der Anfang des Weges, nicht aber ihr Ziel.

Alter Glaubenssatz:

Wer an Gott glaubt, muss auch den Teufel akzeptieren. Wer A sagt, muss auch B sagen.

Neuer Glaubenssatz:

Die »Welt« besteht aus dem Diesseits und dem Darüberhinausgehenden. *Gott ist alles,* und er gestattet jedem, das in ihm zu sehen, was immer er sehen möchte!

ALTE UND NEUE GLAUBENSSÄTZE

▶ In den Tiefen Ihrer Seele ist die Wahrheit aufbewahrt.

Diese Seiten müssten logischerweise am Anfang des Buches stehen. Nach reiflicher Überlegung habe ich mich jedoch entschlossen, sie hier am Ende zu platzieren. Ich gehe davon aus, dass Sie meiner Empfehlung folgen und dieses Buch noch einmal lesen. Ihr Verständnis der Zusammenhänge von Ursache und Wirkung ist mit Sicherheit jetzt größer, und die folgenden Seiten werden Ihnen beim zweiten Lesen einleuchtender erscheinen.

Ein Glaubenssatz ist etwas, das wir *für wahr* halten. Aber haben wir nicht alle oft erfahren müssen, dass sich so manches im Nachhinein als falsch oder zumindest als nicht ganz richtig erwiesen hat?

Im Anfang des Entwicklungsstadiums eines Menschen ist es verständlich, dass *seine* Wahrheit nicht immer Anspruch darauf hat, festgehalten zu werden. Sie ist alles andere als fester Boden, sondern eher ein schnell dahinfließendes Wasser. Ich meine damit, dass über weite Strecken alles eher Meinung, Vermutung und Hypothese ist, als dass ihm endgültige Aussagekraft zugestanden werden kann.

Ihnen ist sicher aufgefallen, dass jeder darauf besteht, dass das, was er sagt und denkt, von anderen als wahr akzeptiert wird. Das ist nur möglich, weil es jedem zugestanden ist, *seine* Wahrheit zu leben. Was wir zu wissen *glauben,* ist auf jeden Fall subjektiv und immer nur *ein Aspekt* einer größeren, alles beinhaltenden, höchsten Wahrheit. Wir alle sind in der ersten Hälfte unserer Reise durch die Inkarnationen »*Teil*haber« an der Schöpfung und können deshalb auch nur An-*Teil* an der Wahrheit haben. Wenn wir zu erwachen beginnen, werden wir nicht mehr »Teil« haben, sondern uns als Schöpfer, als den »einen« in vielen erkennen. Wann immer Sie beginnen, nach der höchsten Erkenntnis zu streben, werden Sie entdecken, dass *das Ganze und Sie* nur durch *alte Glaubenssätze* voneinander getrennt sind. Wenn Sie aufhören *zu glauben*, dass Sie nur ein kleines Rädchen sind, werden Sie Ihr Ziel erreicht haben und wissen, dass Sie immer das Ganze gewesen sind. Das »eine«, von dem hier die Rede ist, ist das *Ganze,* und das Ganze nennen wir Gott.

Es ist jetzt an der Zeit zu klären, was *Sie von sich* erkannt haben. Sie wissen: Sie sind, was Sie denken und glauben, was also glauben Sie, *wer Sie sind*?

Wenn es heißt, dass die Wahrheit wie fließendes Wasser ist, dann wäre diesem Bild zufolge das Ziel der Ozean, in den alles mündet. Es gibt eine höchste Wahrheit, und sie wird Ozean des Wissens, Ozean der Liebe oder auch Schöpfer, der Ewige, der Gerechte, der Erhalter, der himmlische Vater, Jahwe, Herr Zebaoth, Jahova, höchster Richter, der Allgütige, der Allweise, der Allmächtige oder Gott genannt. Es ist nachvollziehbar: Je *höher* eine Betrachtungsweise ist, umso *tiefgründiger* wird ihre Aussagekraft sein.

Ihre alten Glaubenssätze sind wie ein Filter, durch den Sie Ihre Welt anschauen. Durch die Zunahme Ihrer Bewusstheit (Bewusstseinserweiterung; SQ) verändert sich Ihre Betrachtungsweise und somit Ihre Weltanschauung. Als Schüler an der Universität des Lebens erhalten Sie zunehmend tieferen Einblick in das, was *wirklich* ist, und kommen, von Semester zu Semester, der höchsten Realität näher und näher. Noch ist die Menschheit »diesseits der *Wirklichkeit*«, aber die »Quelle«, aus der alles hervorgegangen ist, ist das Ziel, zu dem alles zurückkehrt und das alle erreichen werden.

Alles Leben ist ein bewusstseinserweiternder Prozess hin zur höchsten Bewusstheit, in das alles zu *seiner* Zeit eingeht. Die allseits bekannte Aussage

»Die Wahrheit wird euch frei machen«

meint in diesem Zusammenhang mit dem Begriff Wahrheit das Reich, aus dem alles »entsprungen« ist und zu dem alles zurückkehrt. Je *tiefer* ein Mensch in der Wahrheit lebt, umso *höher* ist der Grad seiner Freiheit.

Alles ist ein ewiger Kreislauf, und so ruft uns zurück, was uns hervorgebracht hat. In unserem tiefsten Inneren sind wir wahrhaftig, und *was wahr ist, kann nicht fehlgehen.* Was immer wir in unserer subjektiven Welt auch an Unrecht erdulden mögen, dort, wo wir herkommen, *herrscht* Gerechtigkeit, und deshalb zieht es uns auch dorthin zurück. Damit will ich Ihnen sagen, dass Sie auf Ihrem Weg das Reich des Subjektiven verlassen und zur höchsten Wahrheit gelangen. Sie sind auf dem Weg der Wahrheit und Auferstehung zur höchsten Bewusstheit und damit zum ewigen Leben.

Was Sie bisher glaubten, bildete das Fundament Ihres bisherigen Lebens, was Sie zukünftig glauben, wird Ihre neue Lebensqualität bestimmen. Kreieren Sie Ihre *eigenen* Glaubenssätze, und erschaffen Sie damit Ihre *eigene* Welt.

Ihr neuer Glaubenssatz könnte lauten: *»Ich glaube, was ich in meinem Innersten als wahr erkannt habe.«*

▶ Ein Gedanke kann uns sehr wohl tragen, wenn wir damit beginnen, ihn zu tragen.

Um Ihnen Mut zu machen

Über die Hälfte der Leser ist, trotz meiner Ermunterungen, zu diesem Zeitpunkt bereits »ausgestiegen«. Die meisten beginnen etwas, führen es aber nicht zu Ende. Ich kann es sehr wohl verstehen, dass man, wenn ein Text ungewohnt ist, nach weniger Frustrierendem Ausschau hält, aber manchmal bedeutet es auch das Ende eines großen Traumes, wenn man zu früh aufhört. Indem *Sie* bis hierher gelesen haben, waren *Sie Ihrer* Vision treu, Sie erbrachten eine Leistung, von der es heißt, dass Gott ihr seinen Segen gibt. Allzu viele schauen, was *man* für sie tun kann, und wollen nicht einsehen, was *sie selber* tun können. Hilfe sollte immer Hilfe zur Selbsthilfe sein, ganz einfach, weil Sie dadurch unabhängig sind, Ihren Lebensweg *eigenständig* zu gestalten. Es ist offensichtlich, dass Sie Ihrer Bestimmung folgen, weil Sie sich von anfänglichen Schwierigkeiten nicht zurückhalten ließen. Ich versichere Ihnen: Wenn Sie die Geistigen Gesetze beharrlich erforschen, wird es Ihnen immer gut ergehen. Tief in Ihrem Inneren wissen Sie, dass Sie in diese Welt gekommen sind, um zu helfen, dass sie zu dem Paradies wird, als das sie gedacht ist. Und Sie wissen, dass Ihnen im selben Maße geholfen wird, wie Sie Hilfe gewähren.

Mit Ihrem erweiterten Bewusstsein erwacht auch zugleich Ihre Liebe, und davon wird von nun an Ihre Welt erfüllt sein. All Ihre Gespräche sollten getragen sein von der Offenheit Ihres Geistes. Die Zeit, unseren Bewusstseinshorizont zu erweitern, ist gekommen, mehr brauchen wir nicht.

Es ist wie bei einem Hologramm, an jedem Punkt ist die Information des Gesamten zugegen. Das heißt auf uns Menschen übertragen: In jedem Einzelnen liegt alles, was er zu einem glücklichen Leben braucht. Heben Sie den Schatz aus dem Fundus Ihres Geistes, damit Ihnen Ihre »Einzigartigkeit« täglich aufs Neue bewusst wird und Sie Ihren Teil zum Ganzen beitragen.

Das Denken der Welt erfährt durch Sie eine Veränderung und den Übergang zur ganzheitlichen Weltanschauung. Im Bewusstsein Ihrer Möglichkeiten sind Sie, bewusst oder unbewusst, zu einem Botschafter für die Welt geworden.

Sie können begleitet von vielen anderen der größten Herausforderung folgen, die je den menschlichen Geist erreicht hat. Wenn Sie sich aufmachen, *»sich selbst zu erkennen«*, wird von jetzt an Freude Ihr Wegweiser zu Ihrem erfüllten Leben sein.

Sie sind auf dem Weg zur geistigen Freiheit, Ihr wahres Wesen wird sich von den Schleiern alter Glaubenssätze befreien, und Sie werden mit wachsender Bewusstheit verstehen, dass in allem Liebe wohnt. Sie befreien sich von allen Leiden und werden fortan sehr viel mehr Freude am Leben empfinden.

Für jeden, der bereit ist, steht der geistige Quantensprung bevor, von dem in neuerer Zeit zu lesen ist. Wenn Sie erkennen, dass Sie nur Gast in dieser Welt sind, dann kommt auch der Tag, an dem Sie sich bewusst werden, dass Sie hier sind, um die Welt mit Ihrer Einzigartigkeit zu vervollkommnen. Sie sollten so, wie Sie sind, den Menschen ein Vorbild sein und sie an ihre wahre Heimat, in der wir alle eins sind, erinnern. Jeder ist dem Ganzen (Gott) *gleich*-gültig, ein erwachender Mensch aber ist »auferstanden«, er hat *seinen* Weg gefunden und hilft anderen, den ihren zu finden. Als »Erwachender« sind Sie ein Vorbild für die Welt. Weil Sie sich selber erkannt haben und in diesem Bewusstsein Ihr Leben gestalten, erfüllt sich, sichtbar für alle, der Sinn Ihres Daseins.

Sie helfen einem Menschen, der in Not geraten ist, dann am nachhaltigsten, wenn Ihre Selbsterkenntnis bei *Ihnen* Früchte trägt und Sie selbstlos und großzügig teilen, was Sie sind und haben. Wenn Sie erkannt haben, dass alle Formen von Leiden lediglich auf einem Irrtum beruhen und Leiden eine »Wahl« ist, werden Sie mit Dankbarkeit die »Berichtigung« einleiten.

Leiden ist ein Weg der Schwäche, den viele gehen, weil sie keinen anderen kennen. Sie gehen den Weg nach Golgatha in dem Glauben, dass er Stärke sei. Sie glauben, dass sie schuldbeladen die Welt betreten haben und der Weg des Leidens Sühne ist. Viele, allzu viele, mit alten Glaubenssätzen Beladene erhoffen sich tapfer einen Platz im Himmel *zu erleiden*. Dass der Weg zum Himmel durch die Hölle führt, ist einer der fundamentalen Irrtümer, denen ein Mensch erliegen kann. Wir müssen uns wahrhaftig nicht quälen, um eines Tages zum Ausgleich belohnt zu werden. Als Erwachender werden Sie verstehen, dass Sie in Liebe »Ihre Welt« neu erschaffen können, und Zufriedenheit wird Ihr stetiger Begleiter sein. Einfacher gesagt: Je bewusster Sie sind, desto mehr halten Sie jegliche Form von Leiden fern.

Sie wissen jetzt, dass der beste Schutz vor den Unwägbarkeiten des Lebens das Wissen um die Gesetze des Denkens und Glaubens ist.

Indem Sie den geistigen Weg gehen, verwandeln sich all Ihre Fragen in Antworten, und Sie werden bald mit Leben erfüllen, wer Sie in Wahrheit sind. Indem Sie sich selbst verstehen, verstehen Sie andere. Wie Sie sich selbst verstanden haben, so haben Sie die Welt verstanden, denn Sie und die Welt, mit allem, was da ist, sind *eins*. Alles ist nur eine Variante des vielfältigen Lebens, innerhalb dessen wir alle unserer Bestimmung entgegensehen.

Machen wir uns auf den Weg in die Liebe, sie ist die einzige Therapie, auf die wir zu unserer Heilung angewiesen sind. Sie sind aufgerufen, sich selbst zu lieben, sich als geistiges Wesen zu entdecken, um damit als Werkzeug des Himmels am irdischen Gedeihen mitzuwirken.

Ein Einzelner und auch viele Einzelne können etwas für die Welt bewirken, wenn sich aber viele in einem Geist verbünden, kann sehr schnell Großes seinen Anfang nehmen. Erheben wir uns über unsere Egoebene, hin zum spirituellen Ganzen, und erschaffen eine neue Dimension von Leben, im inneren und äußeren Frieden.

In jedem von uns *lebt* ein göttlicher Funke, und Sie haben begonnen, Ihren zu einem Feuer zu entfachen.

Im Namen der geistigen Welt sage ich Ihnen: »Sie sind willkommen« – gleichgültig welcher Glaubensgemeinschaft Sie angehören. Lassen Sie uns die in allen Religionen enthaltenen Weisheiten verbreiten und mit Leben erfüllen.

Propheten aller Zeiten haben uns ein immenses Wissen zum Geschenk gemacht. Lernen wir von ihnen, damit uns unser Leben eine große Freude ist.

Die verschiedenen Religionen haben ihrem Gott oder ihren Göttern nur unterschiedliche Namen gegeben, alle haben einen wahren Kern, aber auch genauso viele »Geschichten«, die für den modernen Menschen zur Last zu werden beginnen. Wir werden uns aber geistig nur weiterbewegen, wenn wir Spiritualität (reinen Geist) unseren Führer sein lassen. Mit spirituellem Geistesgut, wie es Ihnen nun zur Verfügung steht, und etwas Mut werden Sie ein Förderer des Ganzen sein. Sie kennen das Gesetz von Ursache und Wirkung: einer für alle, und als Antwort: alle für einen!

Sie sind hier, weil Sie »berufen« wurden und die Welt Sie als glückliches Vorbild braucht. Sie sind in *dieser* Welt, weil Sie und Ihre erwachende Geistigkeit dem Ganzen mehr dienen, als Sie es bisher glauben mochten.

In der Vergangenheit war die Selbstverwirklichung das Privileg einiger weniger Auserwählter. Noch Anfang des Jahrhunderts war der Weg der Erkenntnis fast ausschließlich geheimen Orden vorbehalten. All das Wissen, das Sie aus Ihren alten Glaubenssätzen zu befreien vermag, steht Ihnen zur Verfügung, und es ist an der Zeit, dass Sie den Ihnen zugedachten Platz einnehmen.

Das Bewusstsein unserer geistigen Dimension sollte zum Allgemeingut werden, es sollte bereits in den Schulen gelehrt werden, damit das Leiden der Menschheit ein Ende hat. Nur wenn wir uns unserer Bestimmung bewusst sind, kann das Neue Ausdruck finden.

Teilen Sie Ihr Wissen mit denen, die weniger Einblick in den Sinn des »Seins« haben. Hören wir dazu noch einmal die Worte, die ich Ihnen von Mutter Teresa übermitteln soll:

»Ihre Mitmenschen im Westen hungern und dürsten nach der Botschaft ihrer Erlösung, geben Sie ihnen vom Brot der Erkenntnis, sodass sie satt werden und Frieden in sie einkehrt.«

Von der Vision Ihres »Erwachens« geleitet, habe ich dieses Buch für Sie persönlich geschrieben, und es ist mein »Baustein« für Ihr Wohlergehen und den Frieden in der Welt.

Ich biete Ihnen hier zum besseren Verständnis eine Strukturierung des bisher Gelesenen an. Es gibt bekanntlich viele Wege nach Rom, und für Sie gilt es zu entscheiden, in welcher Weise Sie sich Ihrer vielfältigen Möglichkeiten bedienen. Sie sollten wählen, welcher der »Wege« Ihnen dienen soll.

Ihr Naturell ist Freiheit, und deshalb ist es Ihnen freigestellt, in welcher Quantität und Qualität Sie an dem vielen, was ist, Anteil *nehmen*. Entscheiden Sie, was das Leben Ihnen bieten soll und was von all dem Guten Ihnen *zur Seite* steht.

Beginnen wir mit einem altbewährten Weg.

Die Trancetechnik

Versetzen Sie sich täglich ein- bis zweimal in Trance (Autogenes Training), weil in diesem Zustand das Unterbewusstsein besonders empfänglich für Suggestionen ist. Nutzen Sie die Zeit des Schlafes. Indem Sie Tonkassetten mit Affirmationen einsetzen*,

* Info, Akzent-Verlag

informieren Sie Ihren Schöpfergeist höchst wirkungsvoll über Ihre Ziele. Während einer Trance ist das Tor zum Unbewussten weit geöffnet, und Ihre Botschaft gelangt sofort zum Adressaten. Die Werbewirtschaft praktiziert seit langem erfolgreich, in Ihr Unterbewusstsein den Wunsch zu implantieren, sich am allgemeinen Konsum zu beteiligen.

Von Herzen kommender Dank

Sagen Sie wieder danke, weil das dankbare Herz dem Guten näher ist und Sie sich nicht zum Bittsteller degradieren sollten. Zu bitten sagt aus, dass Sie sich bedürftig fühlen. Klopfen Sie nicht als Bettler an die Tür des Reichtums. Danken Sie stattdessen dem Leben, wie ein König zu einem anderen danke sagt. Sie sind reich, deshalb danken Sie für alles, was Sie jetzt schon sind und haben (damit es mehr wird).

Die Tagesschaumoderatorin Dagmar Berghoff sagte mir bei einem Gespräch, dass sie niemals neidisch war, wenn es einer Kollegin oder einem Kollegen besser ging als ihr. Und dass sie immer dankbar war für alles, was sie erleben durfte. Aus ihrer lang anhaltenden Karriere beim Fernsehen könnte man annehmen, dass ihr eine Protektion zuteil wurde, aber es war sie selber in ihrer dankerfüllten Art, die die Bahnen ihres Geschicks ebnete. Wer kennt sie nicht in ihrer stets gleich bleibenden Ruhe, mit der sie die Tagesschau moderierte. Kaum dass sich ihr Äußeres in den vielen Jahren vor der Kamera verändert hätte. Es gibt nur das Gesetz von Ursache und Wirkung, Dagmar Berghoff und ihre jahrzehntelange Präsenz in deutschen Heimen ist die Wirkung; in ihrer liebenswürdigen Persönlichkeit und ihrer Dankbarkeit jedoch liegt die Ursache dafür, dass die erfolgreichste Tagesschaumoderatorin zur beliebtesten Frau des Landes gewählt wurde. Mit dem Ende des zwanzigsten Jahrhunderts beendete sie ihre Präsenz in der Tagesschau, und es bleibt uns allen zu wünschen, dass es ihr noch lange gut gehen möge.

Die Sprache der Bilder

Sehen Sie *bildlich* vor sich, an was Sie Gefallen finden. Weil der Geist sich durch Bilder ausdrückt, wenn er etwas sagen will (Träume), ist es wichtig, dass auch Sie in Gleichnissen reden und »blumig« sagen, was *Sie möchten*.

Machen Sie sich im Geiste einen *Zehnsekundenfilm* von Ihrer Zielvorstellung. Sich bewegende Bilder sind informativer als ein stehendes Bild. Lassen Sie die Symbolik dieser Bildfolge der bestmögliche Ausdruck Ihrer Wünsche sein. Jeder Mensch, gleich welcher kulturellen Zugehörigkeit, sollte diese Bilder verstehen und erkennen können, was Sie begehren und wonach *Ihr Herz sich sehnt*.

Affirmationen (Suggestionen)

Sagen Sie täglich dem schöpferischen Geist, was *Sie mögen*. Was Sie beständig wiederholen, das nimmt mehr und mehr Raum in Ihrer Gedankenwelt ein. Wenn *offen-kundig* ist, was Sie mögen, dann wird daraus ein Vermögen. Reduzieren Sie in dieser Zeit Ihre übrige Geistestätigkeit und konzentrieren Sie sich ausschließlich auf Ihr Ziel.

Affirmation:
»Meine innere Harmonie wird mich heute zu wunderbaren Ereignissen führen. Die Weisheit meines höchsten Selbst wird all die Menschen zu mir führen, die mit mir kooperieren. Göttliche Liebe und vollkommene Harmonie verändern in diesem Mo-

ment alles zum Guten. Ich bin erfüllt von Liebe und der Präsenz des höchsten Bewusstseins. Harmonie und Wohlwollen sind mein Naturell und weisen mir den Weg zu Gesundheit, Erfolg und großem Wohlstand. Über das Gesetz der Resonanz werden alle guten und sinnvollen Situationen von mir wie von einem Magneten angezogen. Ich fühle die Macht in mir, sie macht mich zuversichtlich und lässt mich zur rechten Zeit am rechten Ort sein. Weil ich von meinem inneren Reichtum weiß, wandelt sich nun alles zum Guten. Wie innen so außen. Meine Sinne und all mein Streben sind auf Frieden und liebevolles Miteinander ausgerichtet. Meine friedfertige Seele findet Ausdruck als Gesundheit und Frohsinn und lässt mich anderen Trost und Hilfe in ihrer Not sein. Ich bin der Schöpfer meiner Welt und kreiere wachbewusst und freudig mein neues Leben.
Die Zeit meines Erwachenes ist gekommen.«

Das wissenschaftliche Gebet

Indem Sie erkannt haben, dass innen das Außen seinen Anfang nimmt, halten Sie damit die Bausteine zu Ihrem Glück in den Händen. Wenn Sie um die Gesetze des Denkens und Glaubens wissen, sind Ihre Affirmationen nicht angewandte Magie, sondern ein wissenschaftliches Gebet. Es beruht auf einer klaren Gesetzmäßigkeit, dass, wenn Sie Ihre gedankliche Welt verändern, sich damit Ihre physische Welt verändert. Der wissenschaftliche Denker hat erkannt, dass der Schöpfer dem Betenden nicht widerstehen kann, weil er selber das Gesetz *ist*. Der Schöpfer lebt *inmitten seiner Schöpfung* und gibt dem, der das Wort an ihn richtet, von seinem unendlichen Reichtum. Es ist der Geist, der alles geschaffen und in Ihnen seine Wohnstatt hat, der Ihnen zukommen lässt, was Sie sich von *Herzen* wünschen.

Richten Sie das »Wort« an ihn, damit er Ihnen antworten

kann. Wenn das Herz das, was die Lippen murmeln, kennt, dann handelt es sich um ein Gebet, heißt es in einem Weisheitsbuch. Diese Worte wollen uns sagen, dass Sie keine rationale Sprache verwenden sollen, um die schöpferische Instanz über Ihre Wünsche zu informieren.

Sehen Sie freudigen Herzens Ihren Wunsch vor sich, und Sie beauftragen damit den Schöpfergeist, den kürzesten Weg zu seiner Verwirklichung zu finden. Vertrauen und glauben Sie, und nach Ihrem Glauben wird Ihnen geschehen.

Wenn zwei übereinstimmen (Bewusstsein und Unterbewusstsein), dann wird nach dem Gesetz zu Stande kommen, worin sie sich einig waren. Im Matthäusevangelium 18,19 sagt der Prophet: *»Wenn zwei von euch auf Erden übereinstimmen in irgendeiner Sache, um die sie bitten; es wird ihnen zuteil werden von eurem Vater im Himmel.«* Diese Worte wollen uns die Gesetzmäßigkeit vermitteln, die hervorbringt, was *einstimmig* beschlossen wurde.

»Einstimmig« bedeutet »sich einig sein« und meint in diesem Zusammenhang auch, dass Ihre Wünsche und Ihre Freude »eins« sein sollten. Der »Vater im Himmel« ist das Gesetz, das dafür Sorge trägt, dass Ihnen zuteil wird, was Sie begehren.

Die Wahrheit bringt es an den Tag

Die Sonne bringt es an den Tag, sagt uns eine Volksweisheit. Die Sonne steht hier für das Licht des *bewussten Seins (SQ)*. Denen, die im »Licht« stehen, sind alle Dinge möglich. Streben Sie zum Licht, denn im Licht der *Erkenntnis* werden Sie sich Ihrer Allmacht bewusst, und folglich werden Wunder über Wunder geschehen. Klarheit führt zur Wahrheit und ist der Garant für ein erfülltes Leben. Weil es dem Gesetz des Schöpfers entspricht, sollten Sie klar, bewusst und *wahrhaftig* sein.

Das Gesetz der Polarität

Wenn eins und eins zusammenkommen, dann geht aus ihnen ein Drittes hervor. Sie praktizieren das Gesetz der Polarität: Wenn Sie zwei zusammenbringen, kreieren Sie damit ein Drittes. Das ganze Universum beruht auf dieser grundlegenden Gesetzmäßigkeit. Es ist wie beim elektrischen Strom, erst wenn der Pluspol und der Minuspol zusammenkommen, wird Licht möglich. Indem Sie lernen, der Strategie der Schöpfung zu folgen, bedienen Sie sich göttlicher Schöpferkraft. Nur der Vater *und* die Mutter können ein Kind in die Welt rufen. In der Mystik heißt es:

>*Aus Einem* (Gott) wurden *zwei* (die Schöpfung), und aus ihnen gingen die *zehntausend Dinge* hervor.«

Gemeint ist: Der *Eine* teilte sich, *Er* wurde polar (zwei), und aus der Polarität entstand all das, was ist.

Das Gesetz der Resonanz

Gleich und Gleich haben zueinander ein anziehendes Verhältnis. Praktizieren Sie deshalb das Gesetz der Resonanz, indem Sie sich schon jetzt so fühlen, wie Sie sein wollen. Ihre guten Gefühle »beseelen« Ihre Wünsche und helfen ihnen, in die Welt zu kommen. Wenn Sie sich als bereits erfolgreich fühlen können, dann hat das nach dem Gesetz der Resonanz Erfolg zur Folge.

Der Ursprung von allem ist innen, deshalb »tun Sie, als haben Sie empfangen«, damit das, was Sie bereits für »wahr« nehmen, durch Sie zum *Ausdruck* kommen kann.

Überzeugen Sie sich

Überzeugen Sie sich davon, dass Ihre Sorgen auf »entglittenen« Vorstellungen beruhen. Erkennen Sie: Ihre Ängste sind eher Schatten in Ihrem Gemüt, als dass sie wirklich *begründet* wären. Es sind immer nur *Ihre* destruktiven Gedanken, die zu *Ihrer* persönlichen Realität werden.

Seien Sie davon überzeugt, dass Sie ein Kind des unendlichen Kosmos sind, dass aller Reichtum in Ihnen ist und darauf wartet, durch Sie *in die Welt* zu finden.

Beweisen Sie sich...

Halten Sie täglich leidenschaftliche Plädoyers darüber, dass es Ihnen möglich ist, gesund, erfolgreich und wohlhabend zu sein. Wenn andere erreicht haben, was Sie anstreben, dann wird es Ihnen genauso gelingen. Die Allweisheit in Ihnen wird unverzüglich reagieren und Ihnen zur Seite stehen.

Treffen Sie eine wichtige Entscheidung

Entscheiden Sie *jetzt,* dass Ihr Leben in neuen, glücklicheren Bahnen verlaufen soll. Glauben Sie, dass eine große Macht in Ihnen darauf wartet, Ihren Gedanken und Worten »Ausdruck« zu verleihen. Erkennen Sie, dass Sie nicht alleine sind und immer die »Macht« an Ihrer Seite haben.

Die Beschlussmethode

Sprechen Sie »das Wort«; *beschließen* Sie, Ihre Ziele zu erreichen. Sie können sich sicher sein, dass alle Hilfe, die Sie benötigen, all*gegenwärtig* ist. Nutzen Sie die wunderwirkende Macht
Ihres Geistes, damit auch in Ihrem Leben Wunderbares zustande
kommt. Sagen Sie: »Ich habe gesprochen, *und so ist es.*«

Wählen Sie

Wenn Sie wählen, wem Sie dienen wollen, oder richtiger, was *Ihnen* dienen soll, wird sich Ihre Lebensqualität entscheidend verbessern. Im Buddhismus heißt es: Glück ist die Ernte Ihrer
guten Taten. Gutes hat demnach seinen Anfang in Ihren freund-
lichen Gedanken, Worten und Ihrem Tun. Indem Sie wählen,
was Sie wollen, fokussieren Sie Ihre Schöpferkraft auf Ihr Ziel.
Es gehört zu Ihren angestammten Rechten, dass Sie wählen dür
fen, was werden soll. Scheitern Sie nicht an der intellektuellen
Klippe; es ist so einfach, wie alles Bedeutende einfach ist. Nehmen Sie in den Fundus Ihres Bewusstseins auf, dass die Freiheit
zu wählen Ihr höchstes »Gut« ist und die Mächte des Himmels
und der Erde *Ihnen* zu Diensten stehen.

Machen Sie es sich zur Gewohnheit, zu den Glücklichen dieser Welt zu gehören, und sagen Sie bei jeder Gelegenheit: »*Ich
habe mich für das Glück entschieden.*«

Die Macht der Liebe

Die Summe aller hier aufgeführten Vorschläge gipfelt in dem, was die Liebe für Sie tun kann. Der Liebe ist ohne Mühe alles möglich, ihr kann nichts widerstehen. Nehmen Sie als Beispiel die Heiligen aller Kulturen. Ihre Besonderheit lag in ihrer bedingungslosen Liebe. Sie alle sollten uns als wahrhaft »Liebende« ein Vorbild sein. Heilige sind ein Beispiel, wie es sein könnte. Sie gehen uns voraus und fordern uns damit auf, ihnen zu folgen. Heilige tun im Grunde nichts, die Liebe ist es, die alle *Macht* hat. Wenn wir einen Menschen lieben, haben wir Anteil an Gottes Liebe. Wenn Sie in der Liebe sind, gibt es nichts mehr, was Sie noch tun könnten, alles ist getan. Weil alles, was Sie lieben, zu Ihnen kommt, enthebt es Sie aller weltlichen Bedürfnisse, enthebt es Sie, im Schweiße Ihres Angesichts Ihr tägliches Brot zu verdienen.

Zu lieben heißt auch, unseren Nächsten so wahrzunehmen, wie er gedacht ist, und ihm zu sagen, dass er willkommen ist. Bemühen Sie sich, mit liebendem Herzen in jedem das Gute zu sehen, und Sie erheben sich und Ihr Gegenüber damit in den Stand, an der Gemeinschaft der Heiligen (Heilen) teilzuhaben.

Erkennen Sie: Liebe besitzt nicht, noch lässt sie sich besitzen. Alles, was in der Welt zu unsäglichem Leiden führte, beruht auf dem Unverständnis von der Allmacht der Liebe. Armut und jegliches Elend bedeutet lediglich ihre Abwesenheit in den Herzen der Leidenden.

Unser Leiden ist lediglich ein Heilungsschmerz, eine Wehe zur Geburt des Paradieses, von der in heiligen Schriften die Rede ist. Als Paradies ist die Welt vom Schöpfer gedacht worden, geben wir uns *seiner* Vision hin, dann hat die Zeit des Leidens ein Ende, und es wird einst jene Einigkeit auf Erden herrschen, die wir alle so sehr erhoffen. Liebe lässt Liebe folgen, und wo vorher Schmerz wohnte, zieht Friede in die Seelen ein.

Lassen Sie mich noch einmal auf einige wichtige Passagen der vergangenen Kapitel eingehen, damit Sie in Ihrem tiefsten Inneren überzeugt sind und von der Macht Ihres (Unter-)Bewusstseins zum Erfolg geleitet werden.

Vergebung

Wenn Sie an all dem Guten, von dem hier so oft die Rede war, Ihren Anteil haben möchten, dann sollte Ihr Gemüt »rein« sein. Das heißt, dass *Sie* vergeben, was »man« Ihnen angetan hat.

Anderen zu vergeben ist eine unverzichtbare Voraussetzung, sowohl für Ihr Seelenheil als auch für alle anderen Belange Ihres Lebens. Sich selbst keine Vorhaltungen zu machen heißt, sich und seinen Fehlern in Liebe zu begegnen. Verdrängte Bitterkeit ist die Hauptursache von fast allem Ungemach.

Zu *vergeben* heißt, ein Werkzeug der Liebe zu sein, und es bedarf nur des wahren Wunsches nach Frieden, damit Liebe zu dem Licht wird, das Ihnen den Weg leuchtet.

Es wird immer Ihre Sehnsucht nach Wahrheit sein, die den Wunsch zu vergeben über ein Lippenbekenntnis hinaushebt. Zu lieben wird uns in allen heiligen Schriften geheißen, und wir sind auch alle dazu fähig. Deshalb, lieben *Sie sich* und Ihren Nächsten, weil das der Garant zu einem glücklichen Leben ist. Den anderen zu lieben heißt auch, ihm zu vergeben und ihn von den Fesseln der traditionellen Gebundenheit zu befreien. *Und* was Sie für einen anderen getan haben, das haben Sie für sich getan. Es sind

Ihre verzeihenden Gedanken, die Ihnen und anderen Gutes tun und Ihnen die Schönheit eines friedvollen Lebens offenbaren.

Wenn Sie vergeben haben, dann ist »Friede mit Ihnen«, dann »geben Sie Frieden«, und alte Erinnerungen lassen Sie in Frieden. Zu vergeben bedeutet auch, dass andere nicht länger Macht über Sie haben; weil Sie sich Ihrer »Fesseln« entledigt haben, sind Sie frei zu sein, wie es der Herrgott sich für Sie gewünscht hat.

Erlösung heißt, dass Sie sich durch Vergebung *lösen* können und auf diese Weise von aller Gebundenheit *erlöst* sein werden.

Wahrhaftigkeit

Auf dem Weg zu einem glücklichen Leben zu sein bedeutet, auf dem Pfad der Wahrheit zu wandeln. Mit Recht heißt es:

»Die Wahrheit wird euch frei machen.«

Wahrheit und Klarheit an seiner Seite zu wissen bedeutet, bewusst auf dem direkten Weg ins Licht zu sein. Bei »Licht« betrachtet, offenbart sich, was wahr, edel und gottgleich ist. Sich selbst zu erkennen bedeutet zugleich, göttliche Attribute zu leben, wahrhaftig zu sein und auf dem Weg der Freiheit zu wandeln. Feindseligkeit und jedwede Verärgerung sind dagegen Garanten für »Gewitterwolken« in *Körper, Seele und Geist.*

Dienen Sie allem, was wahr ist, und die Wahrheit wird Ihr Diener sein und Sie zur höchsten Erkenntnis geleiten.

Neue Wege gehen

Gewohnheiten sind Laster, oder nennen wir sie besser Lasten, die wir uns selber aufgebürdet haben. Ausgetretenen Pfaden zu folgen führt nicht »weiter«, sondern allenfalls ist es auf altbekannten Wegen ein Im-Kreise-Laufen.

Ich sagte in den vorherigen Kapiteln, dass wir keine Fortsetzung unserer Eltern sind, sondern dass wir aus ihnen hervorgegangen sind, um, von ihnen ausgehend, auf unserem *eigenen* Weg zu sein. Gewohnheiten in Ihrem Elternhaus sind Eigenheiten, an die Sie sich »gewöhnt« haben, die, wenn es um Ihr Fortschreiten geht, nur in Ausnahmefällen wirklich dienlich sind. Gewohnheiten machen Sie gewöhn-lich und bedeuten, dass Sie Ihrer Besonderheit nicht genügend Raum geben.

Wenn wir uns etwas angewöhnt haben, dann können wir es uns auch wieder abgewöhnen. Setzen Sie auf die »Macht« und affirmieren Sie, frei von Automatismen zu sein. Ob es zu viel Essen ist, ob Sie vierzig Zigaretten rauchen oder zu viel vom Falschen trinken, das sind Eigenarten, von denen Sie sich sehr wohl befreien können.

Es ist jedoch keineswegs der felsenfeste Wille, sondern Ihre aus tiefster Seele kommende Entscheidung, liebevoll mit sich selber umzugehen. Wenn Sie verzichten, um mit weniger ein Wesentliches an »Mehr« zu haben, dann entlassen Sie sich damit aus einem selbst geschaffenen Gefängnis.

Wer sich von einer Sucht befreien möchte, dem kann geholfen werden. Der schöpferische Geist in uns ändert, was der Änderung bedarf, wenn wir ihn von *Herzen* darum bitten. Er ist Ihr Freund und Diener, der immer für Sie da ist, *probieren Sie es aus.*

99,9 Prozent aller Tiere folgen einem inneren Programm und nehmen nur so viel Nahrung zu sich, *wie ihnen dienlich ist.* Lernen Sie, wieder auf Ihre innere »Stimme« zu hören, sie sagt Ihnen, wenn es genug ist. Wenn Sie die Gebrauchsanleitung der Natur befolgen, dann können Sie von Ihrer Lieblingsspeise essen, so viel und so oft sie wollen. Sie sollten nur darauf achten, wie viel Sie wirklich brauchen. Wenn genug ist, dann ist genug, dann können Sie doch eigentlich nicht noch mehr wollen. Wenn aber doch, dann kompensieren Sie *offensichtlich* angestauten Frust in Ihrem Gemüt. *Zu viel* zu essen ist eine Ersatzbefriedigung. Denken wir daran, dass unser Essen nicht das Höchste ist, sondern eher der Nährboden, auf dem das Höchste gedeihen *oder verderben kann*. Stillen Sie deshalb Ihre Sehnsucht nicht mit Essen. Der Volksmund sagt dazu: Gehen Sie nicht zum Schmiedchen, gehen Sie zum Schmied.

An der richtigen Stelle enthaltsam zu sein heißt keinesfalls, auf etwas Gutes zu verzichten, sondern ist ein Gebot der Intelligenz. Alles ist eine Frage der Dosierung, zu viel wird schnell zu Pflastersteinen auf dem Weg zum Glück, zu wenig ist Lieblosigkeit und Asketentum und lässt Sie insgeheim gierig werden. Nicht das Essen oder der Alkohol ist letztlich suchterzeugend, sondern Sie sind »süchtig« nach Liebe und begnügen sich manches Mal leicht-*fertig* und be-*denken*-los mit unbefriedigendem Ersatz.

Weil aber auch die Gewohnheit eine zweite Seite hat, ist sie dann sinnvoll und gut, wenn Sie sich täglich Zeit für sich nehmen, um zu *sich und Ihrem Leben Ja zu sagen*.

Ich selbst bin von Herzen »alten Werten« zu-gewandt, aber genauso für das Neue offen (www.efreitag.com) (sekretariat.freitag@t-online.de) etc.

Romantisch zu sein und doch mit der Zeit zu gehen muss keineswegs ein Widerspruch sein. Wie könnte der, der auf der Suche nach Gott ist, mit einem Ersatz zufrieden sein, wo doch das Original in seinem Herzen wohnt?

Lassen wir noch einmal Shakespeare zu Wort kommen: »*Welch ein Meisterwerk ist der Mensch, wie edel durch Vernunft! Wie unbegrenzt an Fähigkeiten! In Gestalt und Bewegung wie bedeutend und wunderwürdig! Im Handeln ähnlich einem Engel! Im Begreifen ähnlich einem Gott!*«

Visionen

Stellen Sie sich vor, am Ziel Ihrer Wünsche zu sein, und vertrauen Sie darauf, dass es möglich ist, ein erfülltes Leben zu führen. Sich in der erwünschten Situation zu »sehen« ist wichtiger als die Frage, wie Sie dorthin gelangen. *»Meine Wege sind nicht Eure Wege«*, sagt der Schöpfer-Geist. Visionen zu haben und ihnen zu vertrauen sind die Grundpfeiler des erfolgreichen Lebens. Mit Affirmationen verstärken Sie Ihre Schöpferkraft, visionäre Gedanken helfen Ihnen auf Ihrem Weg der Wandlung.

Sehnsucht in Ihrem Herzen

Sie haben einige Male gelesen, dass zwei zusammenkommen müssen, um ein Drittes hervorzubringen. Ihre Idee und Ihre Begeisterung darüber sind der Weg zur Erfüllung Ihrer Träume. Mit Begeisterung ist gemeint, dass Sie sich »herzlich« freuen sollten, wenn Sie an Ihre Ziele denken, und dass Sie sich mit ihnen Tag und Nacht *sehnsuchtsvoll* beschäftigen sollten.

Von einem indischen Heiligen wird berichtet, dass er einem seiner Schüler sehr drastisch vermittelte, wie er selber zu einem Weisen werden würde. Der Weise tauchte den Schüler im heiligen Fluss Ganges unter Wasser, bis er voller Not nach Atem rang. In letzter Sekunde ließ der Meister den Novizen frei und fragte, was er sich soeben am meisten ersehnte, als er unter Wasser war. Luft war verständlicherweise seine Antwort, und der Meister sagte: *»Wenn du dich so sehr nach Wissen sehnst wie soeben nach Luft, dann wirst du sein wie ich.«*

Sie können mit Bestimmtheit darauf vertrauen, dass sich Ihre Begehren erfüllen, wenn Sie sich von der Sehnsucht Ihres Herzens leiten lassen.

Angst ist der Weltfeind Nr. 1

Jeder hat Angst, natürliche Angst, und sie ist nichts, weswegen wir uns schämen müssten. Man kann sagen, dass wir als Menschheit nur überleben konnten, weil wir in grauer Vorzeit Angst vor den Eventualitäten eines unwägbaren Lebens hatten. Angst lässt uns zögern, wenn wir uns einer Sache nicht sicher sind. Sie warnt uns, wenn Gefahr im Verzug ist. Angst ist ein wichtiger Wegweiser und keineswegs grundsätzlich von Übel.

Viele aber haben Angst vor allem *Möglichen* und vor entglittenen Phantasien, sodass ihre übersteigerte Sorge zu einem gravierenden Umstand ihrer Welt wird. Wenn jemand bereits Angst vor der Angst hat, dann wird es höchste Zeit, dass er etwas unternimmt, um baldmöglichst wieder zu sich selbst zu finden.

In der Verhaltenstherapie heißt es: »*Tue, wovor du dich fürchtest, und das Ende der Angst wird nahe sein.*« Überwinden Sie sich notfalls mit sanftem Nachdruck, wenn Sie Angst vor einem Fahrstuhl haben. Tun Sie ganz bewusst all das, was Ihnen Unbehagen bereitet, damit die falschen Götter aus Ihnen ausziehen. Angst ist die Reaktion auf etwas, was (meistens) nicht *wirklich* ist. Man nennt sie in der angewandten Psychologie einen »Schatten« in Ihrem Gemüt. Suchen Sie nach den Ursachen Ihrer Ängste, und beginnen Sie mit zunehmendem Vertrauen »gegenzuhalten«.

Stellen Sie sich mehrmals täglich in tiefer Entspannung vor, dass Sie all das mit Freude tun, was Sie bisher verunsicherte. Das heißt, imaginieren Sie, »sehen« Sie sich am Ziel Ihrer Wünsche. Ihr Unterbewusstsein wird bald reagieren, und Sie werden Ihre Ziele erreichen und Ihre Ruhe finden.

Lampenfieber
Die Opernsängerin Vera D. beschwor das große Ich und überwand das kleine, das sie ängstigte, indem sie sich ihrer wunderbaren Stimme bewusst wurde.

Prüfungsangst
Studenten verlieren ihre Panik vor den »Scheinen« und dem Staatsexamen, wenn sie sich Mut suggerieren und den glücklichen Ausgang der Prüfung vor ihrem inneren Auge sehen. Wer über lange Jahre hinweg fleißig lernt, kann sich auch vertrauensvoll und mit ruhigem Gewissen von einer gestrengen Prüfungskommission befragen lassen.

▶ Ich suchte den Frieden, da fand er mich und gab mir mein Glücklichsein.

Angst haben heißt, negative Gedanken zu »pflegen«

Etwas, was Sie befürchten, wird wirklich werden, wenn Sie Ihrer Befürchtung Macht geben. Kein negativer Gedanke kann sich manifestieren, es sei denn, Sie selber geben ihm »Raum« in Ihrem geistigen Haus. Rufen Sie in Momenten der Stille nach Ihrem Schutzgeist, und »Er« wird Ihnen antworten. Streben Sie Gelassenheit und innere Ruhe an, und alles wird sich zum Guten wenden.

Der Weg ist kurz

Es sind nur wenige Schritte zum Ziel. Suggerieren Sie sich täglich morgens und abends mit einprägsamen Formeln, was werden soll. Sie sollten sich vollkommen klar darüber sein, was Sie erstreben.

Fühlen Sie sich mehrmals täglich bereits am Ziel Ihrer Wünsche. Stellen Sie sich vor, dass Sie einem Freund von Ihrem Glück berichten, »sehen« Sie, wie er sich mit Ihnen freut!

»Sehen« Sie, wie Ihre Nachbarn sich Ihnen freudig zuwenden, um Ihnen zu Ihrem Glück zu gratulieren. Beginnen Sie noch heute, an das Gute zu glauben, *damit es Wirklichkeit* werden kann.

Was Sie vermeiden sollten

Vergleichen Sie sich nicht mit anderen.

Versuchen Sie nicht, es allen recht zu machen.

Vermeiden Sie Selbstmitleid.

Denken Sie *nicht* an das, *was Sie nicht wollen.*

Was Sie tun sollten

Lernen Sie die Verantwortung für sich zu übernehmen.

Seien Sie gut zu sich, dann werden auch andere Ihnen Gutes tun.

Setzen Sie sich realistische Ziele und verfolgen Sie sie konsequent.

Lernen Sie aus Ihren Misserfolgen; sie zeigen Ihnen, wo Sie stehen.

Vertrauen Sie auf die »Macht« in Ihnen.

Erkennen Sie, dass die beste Verteidigung vor den Unwägbarkeiten des Lebens das Wissen um die Gesetze des Denkens und Glaubens ist!

Lachen Sie täglich einige Male.

Verzeihen Sie, weil dann auch Ihnen verziehen wird.

Sprechen Sie sich aus, weil sich sonst Unausgesprochenes addiert und Macht über Sie gewinnt.

Erfüllen Sie anderen des Öfteren einen Gefallen.

Machen Sie täglich einen Spaziergang.

Verändern Sie eine unangenehme Gewohnheit.

Gehen Sie hinaus und laufen Sie.

Lachen Sie ein Kind an.

Lesen Sie dieses Buch noch einmal.

Singen Sie unter der Dusche.

Erlauben Sie sich, brillant zu sein.

Hören Sie einem Freund zu.

Freuen Sie sich von ganzem Herzen über ein Kompliment.

Helfen Sie einem alten Menschen.

Erfüllen Sie immer Ihre Versprechen.

Empfehlen Sie dieses Buch.

Führen Sie zu Ende, was Sie begonnen haben.

Legen Sie ein Familienalbum an.

Seien Sie wieder einmal ein Kind.

Lauschen Sie der Stimme der Natur.

Zeigen Sie Ihre Glückseligkeit.

Es ist in Ordnung, wenn Sie manchmal um Hilfe bitten.

Kommen Sie zu einem meiner Seminare, damit wir uns besser kennen lernen.

Behandeln *Sie sich* wie einen guten Freund.

Erlauben Sie, dass ich in Ihnen einen guten Freund sehe.

Betrachten Sie aufmerksam eine Blume.

Verschwenden Sie ein bisschen Zeit.

Sorgen Sie sich nicht um morgen.

Erlauben Sie, dass Sie sich irren.

Ich empfehle Ihnen, in mir einen guten Freund zu sehen.

Lassen Sie es geschehen, dass Ihnen jemand hilft.

Lernen Sie etwas, das Sie schon immer lernen wollten.

Rufen Sie einen Freund an, und verabreden Sie sich mit ihm.

Verändern Sie etwas Kleines in Ihrem Leben, damit das Große freie Bahn hat.

Erstellen Sie eine Liste der Dinge, die Sie gut machen.

Gehen Sie in eine Bibliothek und hören Sie die Stille.

Schließen Sie die Augen und stellen Sie sich das Meer vor.

Sagen Sie einem geliebten Menschen, wie sehr Sie ihn lieben.

Geben Sie einem Stern einen Namen.

Denken Sie an das, was Sie haben, damit es mehr wird.

Denken Sie an das, was Sie noch nicht haben, aber erhalten werden, weil Sie daran denken.

Schenken *Sie sich* jeden Tag Freude.

Planen Sie eine romantische Reise.

Und vor allem: *Pflegen Sie die Liebe.*

▶ Spirituelles Wissen entsteht aus dem Wunsch der Seele nach Erleuchtung.

Sie sind der neue mögliche Mensch

Als ich am Anfang des Buches von neuen möglichen Menschen in der Ichform sprach, bereitete ich Sie insgeheim darauf vor, eines Tages Ähnliches von sich selber zu sagen.

Lesen Sie aufmerksam diesen Abschnitt durch und entscheiden Sie, wie nahe Sie dieser Beschreibung jetzt selber sind.

»In Ihrem Herzen brennt ein Feuer, und Sie sind von Sehnsucht erfüllt. Infolge Ihrer bewussten Existenz geschehen Wunder über Wunder. Sie beherzigen, was Sie von sich erkannt haben, und ›seltsame Dinge‹ gehen vor. Es ist vollkommen normal, dass Sie sich ›berufen‹ fühlen. Beginnen Sie, die ›Welt‹ zu transzendieren und zu erkennen, dass Ihre Heimat in allem ist.

Ihre bisherige Gottesvorstellung ist dem in Ihrem Bewusstsein erwachenden, lebendigen Gott gewichen, und Sie verstehen sich als ein Wesen, das viele ist. Ihr Bewusstsein hat kosmische Dimensionen angenommen, und Sie erkennen sich als das ›Ich bin‹, als der eine in der Erscheinung von vielen.

Sie brauchen im weltlichen Sinne nichts zu tun, um diesen Zustand herbeizuführen, folgen Sie einfach dem ›Ruf‹ Ihrer Seele. Erkennen Sie, dass Sie in diese Welt gekommen sind, um den Menschen zu helfen, sich selbst zu finden. Indem Sie ihnen selbstlos helfen, geschieht es, dass auch Sie ›eins‹ mit Gott werden und dass Sie in diesem Einssein seine Eigenschaften annehmen.

Wenden Sie sich voller Sehnsucht der ›anderen Seite‹ der Welt zu, und Sie werden mit dem sichtbaren und unsichtbaren Teil der Schöpfung mehr und mehr ›übereinstimmen‹. Sie werden auf geistige Reisen gehen und an mehreren Orten zugleich sein. Wenn Sie in das Bewusstsein Ihrer Allgegenwart eingegangen sind, dann empfinden Sie zugleich die Verantwortung, Not und Elend aufzulösen.

Sie sind als selbstverwirklichter Mensch für die Welt zu einem harmonisierenden Element geworden. Ihre Liebe zu allen Geschöpfen lässt um Sie herum ein Kraftfeld entstehen, das allen Frieden bringt.

Wenn Sie sich hingeben und sich mit der Quelle verbünden, dann wird es geschehen, dass Sie die Gnade des Allerhöchsten erfahren. Wenn Sie sich mit etwas Beständigem verbinden, werden *auch Sie beständig. Beständigkeit und Frieden kehren in Sie ein und haben durch Sie eine Wohnstatt in der Welt gefunden.*

Indem Sie nach dem Allerhöchsten streben, werden auch an Ihrem Weg ›Blumen‹ stehen. Wer an die Himmelspforte klopft, dem wird aufgetan, das heißt für Sie ganz persönlich, wenn Sie Ihren Geist auf das Gottgleiche richten, dann werden Sie gottgleich, und Sie werden all die Kraft haben, die Sie benötigen. Sie gehen anderen voraus und haben zur Aufgabe, Leidenden den Weg zum höchsten Bewusstsein zu weisen.

Wer den Geistigen Gesetzen folgt und seinen Geist auf das Ganze richtet, der wird ganz selbstverständlich besondere Eigenschaften hervorbringen, die außerhalb des weltlichen Verständnisses liegen. Von Erwachten wird berichtet, dass sie über Wasser gehen. Diese Aussage sollte als Gleichnis verstanden werden und bedeutet für Sie, dass Sie über den ›Dingen‹ stehen. Die ›Dinge‹ sind die Gesetze der Erde, und darüber zu stehen besagt, die Gesetze des ›Himmels‹ und der Erde in sich zu vereinen.

Wenn Sie heil sind, dann können Sie andere heilen. Ihre Heilungsgebete werden von der Macht des ›heilen Geistes‹ getragen, und Sie stellen die verlorene Verbindung des Menschen zu seinem ›Ursprung‹ wieder her.

Ihr Weg ist der Weg der ›Auferstehung‹ und des Erwachens. Sie haben um Füße gebeten, und es sind Ihnen Flügel gegeben worden.

Auferstehung bedeutet, der Schöpfung zu dienen und sich dazu göttlicher Eigenschaften zu bedienen.

›Auf-zu-erstehen‹ ist das Ziel allen Lebens, und Sie sind auf dem Weg in das Licht, das heller ist als tausend Sonnen.«

Verwenden Sie den folgenden Text als Affirmation und wiederholen Sie ihn täglich zweimal.

Ich bin der neue mögliche Mensch

In meinem Herzen brennt ein Feuer, und ich bin von Sehnsucht erfüllt. Es geschehen Wunder über Wunder. Ich beherzige, was ich erkannt habe, und es wird nun das sehr Besondere zu meiner Erscheinung gehören. Ich weiß in den Tiefen meines Herzens, dass ich »gerufen« worden bin.

Ich überwinde die Polarität der Welt und erkenne meine wahre Heimat jenseits von Raum und Zeit.

Meine bisherige Gottesvorstellung ist dem erwachenden, lebendigen Gott im Land der Lebenden gewichen. Ich verstehe mich mehr und mehr als ein Wesen, das viele ist. Mein Geist hat kosmische Größe, und ich bin das »Ich bin«, der eine in vielen.

Ich brauche im weltlichen Sinne nichts zu tun, um diesen Zustand herbeizuführen, und folge einfach dem »Ruf« meiner Seele.

Ich erkenne, dass ich in die Welt gekommen bin, um den Menschen zu helfen, sich selbst zu finden. Indem ich ihnen helfe, geschieht es, dass sie »eins« mit der »Allgegenwart« werden und dass sie in die große Gemeinschaft der »Heilen« aufgenommen sind.

Ich bin mit dem sichtbaren und dem unsichtbaren Teil der Schöpfung »eins«. Da ich im höchsten Selbst, im Bewusstsein der Quelle von allem verankert bin, weiß ich um meine Verantwortung, am großen Ganzen mitzuwirken.

Ich bin als selbstverwirklichter Mensch für die Welt zu einem harmonisierenden Faktor geworden, und meine Liebe zu allem Lebendigen lässt um mich ein Kraftfeld entstehen, das allen Frieden bringt.

Wenn ich mich hingebe und mich mit Gott verbünde, dann geschieht es, dass ich die Gnade des Allerhöchsten erfahre. Weil ich mich mit etwas Beständigem verbunden habe, bin auch ich be-

ständig. Beständigkeit und Frieden haben in mir eine Wohnstatt gefunden.

Indem ich nach dem Allerhöchsten strebe, klopfe ich an die Himmelspforte, und mir wird aufgetan. Ich habe meinen Geist auf das Gottgleiche gerichtet, Vater und Sohn sind eins geworden. Ich erfahre all die Hilfe, die ich benötige, um zu helfen. Ich habe die Aufgabe angenommen, anderen vorauszugehen und in vielfältiger Form für sie »da« zu sein.

Ich folge den Geistigen Gesetzen und richte meinen Geist auf den Wunsch des Ganzen. Ich bringe göttliche Eigenschaften hervor, die außerhalb des weltlichen Verständnisses liegen. Es ist die Evolution meines Bewusstseins, dass, wenn ich nach den höchsten Weihen strebe, ich über irdische Gesetze erhoben bin.

Ich habe begonnen, über den »Dingen« zu stehen. Die »Dinge« sind die Gesetze der Erde, und darüber zu stehen heißt, dass sich die Gesetze des »Himmels« und die der Erde in mir vereinen.

Wenn ich heil bin, dann kann ich andere heilen, und so strebe ich nach meiner Heiligkeit. Meine Gebete für die Welt sind von der Macht des »Großen Geistes« getragen, und sie stellen die verlorene Verbindung der Menschen zu ihrem »Ursprung« wieder her.

Mein Weg ist der Weg des Erwachens, ich habe mich erhoben, und meiner Seele wurden Flügel geschenkt.

Wenn ich diene, dann wird mir alle Hilfe gegeben, derer ich bedarf, und mir kommen die kosmischen Kräfte zu Hilfe.

Meine Auferstehung bedeutet, dem Schöpfer zu gehorchen und mich meiner göttlichen Eigenschaften zu bedienen.

»Auf-zu-erstehen« ist das Ziel meines Lebens, und ich bin auf dem Weg zu dem Licht, das heller ist als tausend Sonnen.«

▶ Mit Ihnen ist ein »Wunsch« lebendig geworden, ihn zu erfüllen sollte all Ihr Streben sein.

Der positive Schlussstrich

Ich habe Sie mit diesem Buch begleitet, um Ihr Weltbild positiver zu gestalten.

Je länger Sie sich mit seinem Inhalt befassen, desto klarer wird es Ihnen sein, dass unser neues Bewusstsein unsere Welt verändern wird. Begnügen Sie sich vorerst damit, dass es Ihre Welt sein wird, die sich ändert und Ihnen eine bessere Lebensqualität ermöglicht.

In einer weltweiten geistigen Revolution, sehr viel weitreichender als alle technischen Errungenschaften, wird das »neue Wissen« das Gesicht der Welt er-*neu*-ern. Je bewusster wir alle sind, desto mehr werden wir das göttliche Prinzip des Lebens verstehen und zum Wohl des Ganzen beitragen. Der Sprung vom Menschen zu den Göttern ist vollbracht, und so haben Sie im »Reich der Götter« Ihren Platz gefunden, *der Wunsch, der mit Ihrer Existenz verbunden ist, hat sich erfüllt.*

Jetzt ist Ihre Zeit des Erwachens gekommen, und Sie sollten sich zu Ihrer Größe bekennen.

Am Ziel unserer Reise angekommen, möchte ich Ihnen für alles Gemeinsame danke sagen, Ihnen alles Gute auf Ihrem Weg wünschen und darauf hoffen, dass wir uns eines Tages persönlich kennen und lieben lernen.

Die »Macht« ist mit Ihnen.

Ich freue mich, von Ihnen zu hören, und verbleibe mit Grüßen, die von Herzen kommen,

Ihr Erhard F. Freitag

Wie wäre es, wenn Sie Ihr Wissen um die Geheimnisse des Lebens
an andere weitergeben?
Durch dieses Werk haben Sie einen tiefen Einblick in die Geistigen
Gesetze bekommen. Sie studieren nun an der Schule des Lebens,
teilen Ihr neues Wissen mit denen, die weniger Einblick in den Sinn
des Seins haben. Ihre Mitmenschen hungern und dürsten nach der
Botschaft von ihrer Erlösung. Geben Sie ihnen vom Brot der Erkenntnis, sodass sie satt werden und Frieden in sie einkehrt.

Chris Griscom sagt:

**»Nur spirituelle Lebenslehrer in großer Zahl
werden eine Wende weltweit einleiten.«**

Die Ausbildung zum
»Spirituellen Seminarleiter/Lebenslehrer«
mit
Zarah Flaschberger
und
Erhard Freitag

Diese Ausbildung wendet sich an Menschen, die sich ihrer Eigen-
verantwortung im Größeren bewußt sind und die sich mit Acht-
samkeit sowohl inneren und äußeren Prozessen als auch der Klarheit des Geistes stellen möchten. Die Erfahrungen zeigen, daß ein
Netzwerk von Gleichgesinnten, die im Willen des Ganzen stehen,
Großes bewirken kann. Wenn in einer Gemeinschaft Gerechtigkeit,
Gleichheit und Miteinander ausgewogen sind, alle an den Ergeb-
nissen, auch an den Erfolgen in fairer Weise beteiligt sind, dann
kann eine weltumfassende Bewegung ausgelöst werden. Der Weg,
den Sie gehen, wird bestimmt durch das, was Sie glauben und durch
Ihre Meinung von sich und der Welt.

Dieses Ausbildungsprojekt stellt eine Brücke vom Ort der Rück-
besinnung zum wahrhaft erfüllten Leben im Hier und Jetzt dar.

*Nähere Informationen und Termine bekommen Sie im
Institut für Hypnoseforschung.*

SANFTE HEILUNG

DURCH

HYPNOSE ®

Das Institut für
Hypnoseforschung
informiert:

Durch Suggestionstherapie (Hypnose) zu einem erfüllten Leben

Qualifizierte Therapeuten an verschiedenen Orten helfen Ihnen, durch die von mir entwickelte Hypnosetherapie Sorgen und Ängste aufzulösen. Ihre Kraftzentrale Unterbewußtsein wartet darauf, Ihnen zu helfen und Sie zu Ihren zukünftigen Erfolgen zu führen. Weitere Informationen beim:

Institut für Hypnoseforschung

Postfach 200816
80008 München
Tel. (089) 7901525
E-mail: sekretariat.freitag@t-online.de
Internet: http://www.efreitag.com

Von der Theorie zur Praxis:
Aktivieren Sie die Kräfte Ihres Unterbewußtseins....

Wie können Sie täglich die Techniken von Erhard F. Freitag optimal anwenden? Lassen Sie sich doch von ihm selbst dabei helfen. Was möchten Sie erreichen? Möchten Sie schlanker werden, mehr Selbstbewußtsein erlangen, erfolgreicher im Leben werden? Erhard F. Freitag erschließt Ihnen mit seinen Kassetten die Kräfte Ihres Unterbewußtseins. Und damit Sie Ihre Ziele noch leichter und schneller erreichen, hat er die WHOLE-BRAIN® Technik des bekannten Wissenschaftlers Dr. Eldon Taylor auf den Kassetten verwendet.

Womit möchten Sie beginnen? Wählen Sie Ihre Wunschtitel aus:

• Konzentration • Angstfrei leben • Frei von Streß • Selbstbewußtsein • Liebe und Partnerschaft • Schlank sein • Selbstheilung • Ruhig schlafen • Wohlstand • Erfolg • Positiv denken • Nichtraucher • Frei von Nervosität • Der Weg zu Gott • Bewußt leben • Entspannung • Gebete • Glücklichsein • Selbsterkenntnis • Kraftquelle Unterbewußtsein • Frei von Schuldgefühlen • Spirituell erwachen

... denn : Mit Ihrer inneren Kraft erreichen Sie leicht und sicher Ihre Ziele

Jedes Programm besteht aus 2 Kassetten:

Kassette 1 - Das Entspannungs-Programm
Die wohltuende Stimme von Erhard F. Freitag führt Sie in eine angenehme Entspannung, dabei regenerieren Sie an Geist und Körper.

Kassette 2 - Die WHOLE-BRAIN® Methode
Unterschwellige Suggestionen ermöglichen Ihnen, Ihre Ziele "so ganz nebenbei" ohne zusätzlichen Zeitaufwand zu erreichen. Sie brauchen nur angenehme Musik zu hören.

Richten Sie Ihre Bestellung bitte an Ihren Fachbuchhändler oder direkt an:

AXENT-Verlag
Steinerne Furt 78 G
86167 Augsburg
Telefon 0821-705011
Telefax 0821-705008

Kostenfreie Informationen erhalten Sie ebenfalls über den AXENT-Verlag.

ARKANA
GOLDMANN

Die Macht Ihrer Gedanken

Kurt Tepperwein,
Kraftquelle Mentaltraining   12141

Dr. Joseph Murphy, Die Praxis
des Positiven Denkens   11939

Erhard F. Freitag/Carna Zacharias,
Die Macht Ihrer Gedanken   12181

Erhard F. Freitag/Gudrun Freitag,
Sag Ja zu deinem Leben   12208

Goldmann • Der Taschenbuch-Verlag

ARKANA
GOLDMANN

Energie und Ekstase

D. v. Weltzien (Hrsg.),
Das Tantra-Praxisbuch   12229

Margot Anand,
Magie des Tantra   13231

Osho,
Mann und Frau   13280

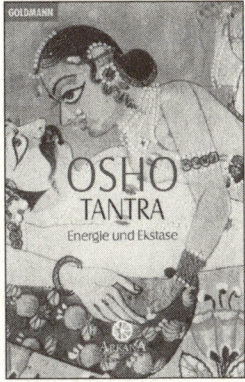

Osho,
Tantra   21520

Goldmann • Der Taschenbuch-Verlag

ARKANA
GOLDMANN

Die Gesetze des Reichtums

Catherine Ponder, Die dynamischen
Gesetze des Reichtums   11879

Catherine Ponder,
Bete und werde reich   11881

Ralph Tegtmeier,
Das kleine Buch vom Geld   11820

Kurt Tepperwein,
Der Weg zum Millionär   21551

Goldmann • Der Taschenbuch-Verlag

GANZHEITLICH HEILEN
GOLDMANN

Verstrickungen lösen – konstruktiv kommunizieren

Moritz Boerner
Byron Katies The Work   14175

Moritz Boerner
Gemeinsam lieben   14215

Anne Dickson
Die Kraft der Emotionen   14211

John Ruskan
Emotionale Klärung   14220